中国科学院规划教材

项目评估

杨华峰　编著

科学出版社
北京

内　容　简　介

本书以《建设项目经济评价方法与参数》（第三版，2006）为指南，全面系统地阐述了项目评估的基本理论、基本原则和基本方法，注重理论与实践相结合、方法与应用相结合。

全书共13章，包括项目评估概论、项目市场分析、项目建设与经营条件分析评估、项目技术方案评估、财务效益与费用估算、资金来源与融资方案评估、财务效益评估、国民经济效益评估、社会效益评估、不确定性分析与风险分析、方案经济比选、改扩建项目与并购项目经济评估和项目后评估。

本书既可作为高等院校的经济、管理专业的教材或教学参考书，也可作为各级政府部门、金融机构、投资公司、咨询机构、企事业单位工作人员的参考书。

图书在版编目(CIP)数据

项目评估／杨华峰编著．—北京：科学出版社，2008
中国科学院规划教材

ISBN 978-7-03-020519-3

Ⅰ．项…　Ⅱ．杨…　Ⅲ．项目评估-高等学校-教材　Ⅳ．F224.5

中国版本图书馆CIP数据核字(2008)第014422号

责任编辑：陈　亮　张　宁／责任校对：陈玉凤
责任印制：徐晓晨／封面设计：耕者设计工作室

科学出版社出版
北京东黄城根北街16号
邮政编码：100717
http://www.sciencep.com
北京虎彩文化传播有限公司印刷
科学出版社发行　各地新华书店经销
*
2008年2月第　一　版　　开本：B5(720×1000)
2019年8月第九次印刷　　印张：18 1/2
字数：345 000

定价：38.00元

（如有印装质量问题，我社负责调换）

作者简介

杨华峰，男，1964 年 7 月出生，湖南常德人。管理学博士，工商管理博士后，管理学教授，注册咨询师。美国 Lock Haven 大学访问学者。现为湖南省企业战略管理与投资决策研究基地首席专家，湖南省循环经济研究基地方向带头人。长沙理工大学技术经济与管理研究所所长，管理学院党总支书记，技术经济及管理学科带头人，硕士研究生导师。中国技术经济研究会理事，湖南省技术经济与管理现代化研究会常务理事，湖南省统计学会常务理事，湖南省市场学会常务理事，湖南省系统工程学会理事，湖南省电力行业协会管理专家，对外经济贸易大学中国世界贸易组织研究院特约研究员，湖南文理学院客座教授。科技部科技型中小企业技术创新基金评审专家。

多年来坚持从事工商管理的教学与科学研究工作。主持完成湖南省社会科学基金、湖南省自然科学基金、国家电力公司等省部级课题 10 余项，主持完成横向课题 20 余项。出版了《基于循环经济的企业竞争力评价研究》、《企业科技进步评价理论方法与实践》、《电力市场营销学》、《现代市场营销管理》、《投资项目经济评价》、《投资经济学》、《管理信息系统》、《现代企业经营管理理论与实务》、《技术经济学》等专著和教材。在《光明日报》、《中国高等教育》、《中国高教研究》、《经济管理》、《系统工程》、《求索》、《财经理论与实践》、《科技进步与对策》等国内外刊物公开发表论文近 80 篇。

科研和教学成果获得了多项省部级政府奖励。其中，1998 年获地质矿产部科技成果三等奖，1999 年获湖南省科技进步二等奖、第五届湖南省社会科学优秀成果特别奖，2000 年获湖南省精神文明建设“五个一工程”入选作品奖，2001 年获湖南省高等教育优秀教学成果三等奖、第三届“华中电力集团开发奖教基金”一等奖和新时期全国优秀学术成果一等奖，2002 年获第六届湖南省社会科学优秀成果二等奖、湖南省自然科学优秀学术论文二等奖，2004 年获湖南省第七届哲学社会科学优秀成果三等奖、第四届湖南省青年科技奖。

2001 年 9 月被湖南省委组织部、人事厅、科学技术厅授予湖南省优秀中青年专家，2002 年 5 月被评为湖南省首届优秀青年社会科学专家，2002 年 6 月被湖南省社会科学规划领导小组、湖南省委宣传部确定为“新世纪湖南省首批青年社会科学研究人才百人工程培育对象”，2005 年 3 月入选湖南省新世纪“121 人才工程”第三层次。

前　言

项目评估是项目投资前期工作的重要内容，对于加强固定资产投资宏观调控、提高投资决策的科学化水平、引导和促进各类资源合理配置、优化投资结构、减少和规避投资风险、充分发挥投资效益具有重要作用。

过去，我国实行不分投资主体、不分资金来源、不分项目性质，一律按投资规模大小分别由各级政府及有关部门审批的企业投资管理办法，企业没有投资自主权，项目评估工作往往流于形式，投资效果不好。《国务院关于投资体制改革的决定》（国发［2004］20 号）规定，对于政府投资项目实行审批制，对于企业非政府投资建设的项目，一律不再实行审批制，区别不同情况实行核准制和备案制，以贯彻“谁投资、谁决策、谁收益、谁承担风险”的基本原则。

与《国务院关于投资体制改革的决定》相适应，为指导投资项目的评估工作，国家发展和改革委员会和建设部于 2006 年 7 月 3 日批准发布了《建设项目经济评价方法与参数》（第三版）（发改投资［2006］1325 号）（以下简称《方法与参数》），包括《关于建设项目经济评价工作的若干规定》、《建设项目经济评价方法》和《建设项目经济评价参数》三个文件。

《方法与参数》要求健全建设项目经济评估工作制度。政府投资项目的经济评价工作应由符合资质要求的咨询中介机构承担，并由政府有关决策部门委托符合资质要求的咨询中介机构进行评估。承担政府投资项目可行性研究和经济评价的单位不得参加同一项目的评估。政府投资项目的决策，应将经科学评估的经济评价结论作为项目或方案取舍的重要依据。

投资项目总体上是要取得经济效益，经济评估就是从投资的效益方面考察项目，评估项目的经济合理性和财务可行性，适用于审批、核准、备案制三类投资项目，不仅能保证政府投资的经济利益，也能使其他社会投资从中受益。

因此，在市场经济条件下，项目评估的理论和方法是项目评估人员和各类企业或组织的管理者、决策者应当了解与掌握的一门实用性及操作性很强的科学。为提高各类投资者、设计人员和咨询人员项目评估的水平，促进投资者与金融机构科学决策，更新设计与评价人员的知识，有效推动工程咨询业参与国内外市场竞争，作者结合教学与科研工作实际以及多年从事项目评估活动及投资咨询活动的实践，根据《方法与参数》、《投资项目可行性研究指南》（试用版）（国家发展与改革委员会审定出版，计办投资［2002］15 号）及其他相关文件和规定，编写了《项目评估》一书。

本书结构如下：

第一章，项目评估概论。本章对项目及项目评估基本问题进行了阐述。具体包括项目及投资项目的含义，从项目评估角度介绍了项目的分类。重点研究了项目评估、可行性研究的含义及关系，项目评估的原则、内容和程序。

第二章，项目市场分析。项目市场分析是项目可行性研究和项目评估的前提，也是决定项目建设必要性的关键。本章主要讲述项目市场分析的基本原理、市场分析的内容和方法。具体阐述了项目市场调查、市场预测的概念、步骤及方法。

第三章，项目建设与经营条件分析评估。项目建设与经营条件是指项目本身的建设施工条件和项目建成或交付使用后的生产经营条件。本章研究项目建设与经营条件的评估，具体包括：资源条件、原材料供应条件、燃料、动力供应条件、交通运输条件、环境条件、厂址条件等。

第四章，项目技术方案评估。本章包括项目技术方案评估概述、生产工艺及设备方案评估、产品方案与生产规模分析、项目节能分析和项目节水分析。概述了技术方案评估的原则和应考虑的因素，具体研究了工艺技术选择和主要设备选择分析评估的内容和方法。

第五章，财务效益与费用估算。本章阐述了建设投资构成及其估算方法、建设期利息、流动资金的构成及其估算方法，叙述了总成本费用的构成及其估算方法、各种税费的估算，分析了营业收入的估算及补贴收入的处理。另外，对维持运营投资进行了说明。最后，分析了财务效益与费用估算表之间的关系。

第六章，资金来源与融资方案评估。本章包括项目融资主体、资金来源、资金结构、资金成本及分析方法、融资方案优化方法等。项目的融资方式、成本与项目的效益高度相关，在投资主体多元化和资本市场逐步形成的条件下，资金来源多样化，融资与借贷的风险都明显增加。因此，本章研究了项目融资风险分析方法。

第七章，财务效益评估。本章概括了财务效益评估的基本问题，阐述了融资前和融资后项目财务效益评估的内容和方法，从静态分析和动态分析两个角度叙述了财务效益评估的指标，对项目偿债能力、财务生存能力、报表编制和指标计算方法进行分析。同时，对非经营项目的财务效益评估要求予以说明。

第八章，国民经济效益评估。本章分析了国民经济效益评估的目的和意义，明确了需要进行经济分析的项目类型，确定了经济费用与经济效益计算的原则，详细叙述了国民经济效益与费用的识别原则和特殊问题，对影子价格的选取、测算与调整原则进行详细说明，对国民经济效益评估的报表编制和指标计算进行了阐述。

第九章，社会效益评估。社会效益评估是项目评估的重要组成部分，它与财务效益评估、国民经济效益评估、环境效益评估相互补充，共同构成项目评估的科学内容。本章概述了项目社会效益评估的概念、原则和意义，研究了项目社会效益评估的主要内容和方法，使读者对项目社会效益评估的基本问题有基本把握。

第十章，不确定性分析与风险分析。本章分析了不确定性和风险产生的因素，详细叙述了不确定性分析中的盈亏平衡分析和敏感性分析的原理和方法，对风险识别、风险估计、风险评价和风险应对的内容进行了分析研究，并简述了常用的风险分析方法。

第十一章，方案经济比选。方案经济比选是在对各种技术上可行的方案进行技术经济对比分析计算，并结合其他因素详细论证、比较的基础上做出抉择，是项目评估工作的重要组成部分。本章分别叙述了项目独立方案、互斥方案的比选原则和方法，并对有约束条件和不确定因素下方案的经济比选方法进行了分析。

第十二章，改扩建项目与并购项目经济评估。改扩建项目是企业为了生存与发展进行的生产性的长期投融资决策，它是企业发展规划的重要组成部分。并购项目在对企业价值合理评估的基础上，通过收购和兼并等资本运作活动，优化资源组合，建立新的生产设施或扩充现有生产能力。本章概述既有企业改扩建项目和并购项目经济评价的特点和方法。

第十三章，项目后评估。项目后评估是通过对建设项目的经济效益、社会效益与决策阶段的目标相比较，对建设和运营的全过程做出科学、客观的评估，总结经验教训，有效反馈信息，为未来项目的决策和提高完善投资决策管理水平提出建议。本章概述了项目后评估的意义和程序，对项目实施各阶段项目评估的具体内容进行具体分析。

综观全书内容，具有以下特点：

第一，全面系统地阐述了项目评估的基本理论、基本方法与基本原则，理论与实践相结合，方法与应用相结合。

第二，密切结合我国投融资体制改革的实践，依据《方法与参数》及国家有关文件和规定，丰富与完善了项目评估的内容，具体体现在：①将财务效益与费用估算作为独立章节来写，强化了财务效益与费用估算的准确性对于提高项目经济评估结论准确性的重要性，为后续的财务分析奠定坚实的基础。②新增资金来源与融资方案评估一章，有利于规范项目的融资主体、资金来源渠道及可靠性、资金结构、资金成本分析。③完善了财务效益评估内容，区分了融资前和融资后效益评估 。④在传统不确定性分析的基础上，强化了风险分析，并对不确定因素方案经济比选的方法进行探讨。⑤对改扩建项目和并购项目经济评估特点和方法进行分析。

本书既可作为高等院校的经济、管理专业的教材或教学参考书，也可作为各级政府部门、金融机构、投资公司、咨询机构、企事业单位的工作人员和项目评估决策者的参考书。

衷心感谢中国科学院教材建设委员会将本书列入“中科院规划教材”，这为本书出版提供了良好机遇。同时，感谢科学出版社的大力支持，感谢为本书的出版付出艰辛劳动的编辑。

在本书编写过程中，参考并引用了大量的相关文献和资料，吸收了国内外有关文献的有益观点，在此一并深表感谢！

由于作者水平和资料有限，本书难免会有不妥之处，敬请广大读者批评指正。

杨华峰

2007 年 10 月

目　录

前　言

第一章

项目评估概论 …… 1

1.1　投资项目及其分类 …… 1

1.2　项目评估与可行性研究 …… 4

1.3　项目评估的原则、内容和程序 …… 8

第二章

项目市场分析…… 15

2.1　市场分析概述…… 15

2.2　项目市场调查…… 18

2.3　项目市场预测…… 29

第三章

项目建设与经营条件分析评估…… 43

3.1　项目建设资源条件分析评估…… 43

3.2　原材料、燃料和动力供应条件分析评估…… 46

3.3　交通运输条件分析评估…… 48

3.4 环境保护条件与治理措施 …… 49
3.5 厂（场）址选择 …… 51

第四章 项目技术方案评估 …… 60
4.1 项目技术方案评估概述 …… 60
4.2 生产工艺及设备方案评估 …… 63
4.3 产品方案与生产规模分析 …… 71
4.4 节能分析 …… 76
4.5 节水分析 …… 81

第五章 财务效益与费用估算 …… 84
5.1 财务效益与费用估算概述 …… 84
5.2 投资估算 …… 87
5.3 营业收入与补贴收入估算 …… 99
5.4 总成本费用估算 …… 100
5.5 税费估算 …… 110
5.6 维持运营投资估算 …… 114
5.7 财务效益和费用估算表及其关系 …… 114

第六章 资金来源与融资方案评估 …… 126
6.1 融资主体 …… 126
6.2 资金渠道及筹措 …… 128
6.3 融资方案分析 …… 136

第七章
财务效益评估 …… 144
7.1 财务效益评估概述 …… 144
7.2 盈利能力分析 …… 149
7.3 偿债能力分析 …… 160
7.4 财务生存能力分析 …… 165
7.5 非经营项目的财务分析 …… 169

第八章
国民经济效益评估 …… 170
8.1 国民经济效益评估概述 …… 170
8.2 国民经济效益评估的项目范围 …… 172
8.3 国民经济效益与费用的识别 …… 174
8.4 影子价格选取与调整 …… 179
8.5 国民经济效益评估报表 …… 183
8.6 国民经济效益评估指标 …… 188

第九章
社会效益评估 …… 190
9.1 社会效益评估的概念、原则和意义 …… 190
9.2 社会效益评估的主要内容 …… 194
9.3 社会效益评估的主要方法 …… 199

第十章
不确定性分析与风险分析 …… 206
10.1 不确定性分析与风险分析概述 …… 206
10.2 盈亏平衡分析 …… 210
10.3 敏感性分析 …… 217
10.4 风险分析 …… 224

第十一章

方案经济比选 …… 233

11.1 方案经济比选概述 …… 233
11.2 独立方案的比较与选择 …… 235
11.3 互斥方案的比较与选择 …… 237
11.4 有约束条件下项目的排队与选择 …… 242
11.5 不确定性因素下的方案比选 …… 244

第十二章

改扩建项目与并购项目经济评估 …… 248

12.1 改扩建项目经济评估 …… 248
12.2 并购项目的经济评估 …… 255

第十三章

项目后评估 …… 260

13.1 项目后评估概述 …… 260
13.2 项目前期工作后评估 …… 267
13.3 项目实施阶段后评估 …… 269
13.4 项目运营的后评估 …… 273
13.5 项目后评估的实施 …… 276

主要参考文献 …… 280

第一章

项目评估概论

本章提要： 本章对项目及项目评估基本问题进行了阐述。具体包括项目及投资项目的含义，从项目评估角度介绍了项目的分类。重点研究了项目评估、可行性研究的含义及关系、项目评估的原则、内容和程序。通过学习本章要使读者掌握项目评估的概念、原则、程序和内容，并对全书的内容有基本了解。

1.1 投资项目及其分类

1.1.1 项目与投资项目

项目是一个特殊的将被完成的有限任务，它是在一定时间内，满足一系列特定目标的多项相关工作的总称。

此定义实际包含三层含义：第一，项目是一项有待完成的任务，且有特定的环境与要求；第二，在一定的组织机构内，利用有限的资源（人力、物力、财力等）在规定的时间内完成任务；第三，任务要满足一定性能、质量、数量、技术指标等要求。由此可看出：项目是独特的，没有完全一样的两个项目；项目是一次性的，受工期、质量、费用三要素制约。

项目的实施需要资金，资金要增值需要找项目。从这一点而言，无论哪类项目，都可以归结为投资项目。

关于投资项目的含义，有不同的表述。联合国工业发展组织《工业项目评估手册》的表述为："一个项目是对一项投资的一个提案，用来创建、扩建或发展某些工厂企业，以便在一定周期内增加货物的生产或社会的服务。"从项目评价的角度出发，认为："一个项目就是一个投资的单位，它可以从技术上、经济上区别于其他各项投资。"

世界银行非常重视对贷款项目的管理，认为："所谓项目，一般指同一性质的投资（如设有发电厂和输电线路的水坝）、同一部门内一系列有关或相同的投资或不同部门内的一系列投资（如城市项目中市区内的住房、交通和供水等）。有些项目，只为特定的投资或比较全面的调查研究提供技术援助。""项目还可以包括向中间金融机构的贷款，为它的一般业务活动提供资金或向某些部门的发展计划发放贷款。""所以，项目通常既包括有形的，如土木工程的建设和设备的提供，也包括无形的，如社会制度的改进、政策的调整以及管理人员的培训等。"

我们通常所说的投资项目，是指在规定期限内，为完成某项投资或一系列投资发展目标而规划和实施的活动、政策、机构以及其他方面所构成的独立整体。

任何一个投资项目都有一定周期，称为项目周期，也称项目发展周期，它是指一个项目从设想、立项、筹资、建设、投产运营直至项目结束的整个过程。项目周期大体可以分为建设前期、建设期和运营期。

建设前期从广义的角度看也就是可行性研究时期，这一时期主要进行技术、经济的研究分析。对一个项目而言，前期工作的重要程度是无可比拟的，因为其中包含着那么多要调查、研究、分析的问题，是找出对的事情来做；项目的实施阶段则是要把事情做对。相比而言，前期工作难度更大，因此也就需要更慎重，更需科学的方法和民主的氛围。

建设期也称投资期，是指项目资金正式投入开始到项目建成投产为止所需要的时间，可按合理工期或预计的建设进度确定。

运营期分为投产期和达产期两个阶段。投产期是指项目投入生产，但生产能力尚未完全达到设计能力时的过渡阶段；达产期是指生产运营达到设计预期水平后的时间。

1.1.2 投资项目分类

投资项目可以从不同分析角度进行分类，没有一种分类方法可以涵盖各种属性的项目，与项目评估密切相关的主要分类如下。

1. 按投资项目的目标分类

投资项目按项目的目标分为经营性项目和非经营性项目。经营性项目通过投资，以实现所有者权益的市场价值最大化为目标，以投资牟利为行为趋向。绝大多数生产或流通领域的投资项目都属于这类项目。

非经营性项目不以追求营利为目标，其中包括本身就没有经营活动、没有收益的项目，如城市道路、路灯、公共绿化、航道疏浚、水利灌溉渠道、植树造林等项目，这类项目的投资一般由政府安排，营运资金也由政府支出。另外有的项目的产出直接为公众提供基本生活服务，本身有生产经营活动，有营业收入，但产品价格不由市场机制形成。在非经营性项目中，有些能回收全部投资成本，项目有财务生存能力；有些不能回收全部投资成本，需要政府补贴才能维持运营；有些能够回收全部投资成本且略有节余。对于这类建设项目，国家有相应的配套政策。

2. 按投资项目的产品（或服务）属性分类

按项目的产品（或服务）属性，投资项目分为公共项目和非公共项目。公共项目是指为满足社会公众需要，生产或提供公共物品（包括服务）的项目，如上述第一类非经营性项目。公共物品的特征是具有非排他性或排他无效率，有很大一类物品无法或不应收费。一般认为，由政府生产或提供公共物品可以增进社会福利，是政府的一项合适的职能。

非公共项目是指除公共项目以外的其他项目。相对于“政府部门提供公共物品”的是“私人部门提供的商品”，其重要特征是供应商能够向那些想消费这种商品的人收费并因此得到利润。

3. 按投资项目的投资管理形式分类

按项目的投资管理形式，分为政府投资项目和企业投资项目。政府投资项目是指使用政府性资金的建设项目以及有关的投资活动。政府性资金包括：财政预算投资资金（含国债资金）；利用国际金融组织和外国政府贷款的主权外债资金；纳入预算管理的专项建设资金；法律、法规规定的其他政府性资金。

政府按照资金来源、项目性质和宏观调控需要，分别采用直接投资、资本金注入、投资补助、转贷、贴息等方式进行投资。企业投资项目是指企业不使用政府性资金的投资项目。

4. 按投资项目与企业原有资产的关系分类

按项目与企业原有资产的关系，分为新建项目和改扩建项目。改扩建项目是指既有企业利用原有资产与资源，投资形成新的生产（服务）设施，扩大或完善原有生产（服务）系统的活动，包括改建、扩建、技术改造、迁建、停产复建等。改扩建项目与新建项目的区别在于，改扩建项目是在原有企业基础上进行建设的，在不同程度上利用了原有企业的资源，以增量带动存量，以较小的新增投入取得较大的新增效益，建设期内项目建设与原有企业的生产同步进行。

5. 按投资项目的融资主体分类

按项目的融资主体，分为新设法人项目和既有法人项目。新设法人项目由新组建的项目法人为项目进行融资，其特点是：项目投资由新设法人筹集的资本金和债务资金构成；由新设项目法人承担融资责任和风险；从项目投产后的财务效益情况考察偿债能力。

既有法人项目要依托现有法人为项目进行融资，其特点是：拟建项目不组建新的项目法人，由既有法人统一组织融资活动并承担融资责任和风险；拟建项目一般是在既有法人资产和信用的基础上进行的，并形成增量资产；从既有法人的财务整体状况考察融资后的偿债能力。

1.2 项目评估与可行性研究

1.2.1 可行性研究的含义

可行性研究是一个综合的概念，它是一门运用多种学科的知识，寻求使投资项目达到最好经济效益的综合研究方法。项目可行性研究是指在项目决策之前，通过对拟建项目有关的市场、社会、经济、环境、技术等各方面情况进行深入细致的调查研究，对各种可能的技术方案进行系统分析和比较论证，对项目建成后的社会、经济、生态效益进行科学的预测和评价，来考察拟建项目技术上的先进性和合理性、社会经济生态上的合理性和有效性、建设上的可能性和可行性，进而为投资项目评估和决策提供依据的整个活动过程。

一个完整的可行性研究一般包括投资机会研究、初步可行性研究、详细可行性研究三个具体工作阶段。各个阶段的工作任务、工作内容、工作成果、估算误差、所需时间和费用等有所区别。

1. 投资机会研究

投资机会研究亦称投资鉴定，亦即寻求最佳投资机会的活动。投资机会研究的主要目的是对政治、经济、环境进行分析，寻找投资机会，鉴别投资方向，选定项目，确定初步可行性研究范围，确定辅助研究的关键方面。投资机会研究要求迅速而准确地确定投资方向，所研究的问题比较粗略，主要依靠较粗的估算而不是详细的计算来确定。

投资机会研究的内容包括：客观分析投资环境，预测客观环境可能发生的变化，寻求投资机会。特别是要对市场供需态势进行分析，研究企业经营目标和战略，分析企业内外部资源条件等。

机会研究是可行性研究的第一阶段，如果机会研究的结论表明投资项目是可行的，则可进入下一阶段，即进行更深一步的研究。

2. 初步可行性研究

初步可行性研究亦称预可行性研究，是指在机会研究的基础上，对项目可行与否所作的较为详细的分析论证。初步可行性研究是在机会研究的基础上，对项目方案的技术、经济条件进一步论证，对项目是否可行进行初步判断。初步可行性研究的目的是判断项目的构想是否有生命力，评价是否应当开始进行详细的可行性研究和辅助研究。初步可行性研究的内容包括：项目的技术可行性分析，即对项目所采用的技术手段和项目产出物的技术要求等方面所进行的可行性分析与评价；项目的经济可行性分析，即对项目工作的经济投入与产出和项目产出物的技术经济效果等方面的分析和评价；项目的运营可行性分析，即对项目所需的各种条件和项目产出物投入运营后所需的各种支持条件的分析与评价。在上述分析基础上，进行综合可行性分析。

经过以上初步研究分析结果做出初步可行性研究结论，并编制项目初步可行性研究报告或项目建议书。

3. 详细可行性研究

详细可行性研究（或称可行性研究）是投资决策的重要阶段。在该阶段，要全面分析项目的全部组成部分和可能遇到的各种问题，并最终形成可行性研究的书面成果——《可行性研究报告》。

这一工作的内容是在初步可行性研究的基础上，通过对与项目有关的资料、数据的调查研究，分析项目的技术可行性、经济可行性、运营可行性以及项目的不确定性和各种风险，各种环境影响和各备选方案的优劣，从而提出项目是否值得投资和如何进行建设的可行性意见，为项目决策审定提供全面的依据。详细可行性分析一般要比初步可行性分析详细和复杂，必须坚持客观性、科学性、公正性、可靠性和实事求是的原则。

可行性研究的最终成果是可行性研究报告，它是投资者在前期准备工作阶段的纲领性文件，是进行其他各项投资准备工作的主要依据。可行性研究是投资者进行投资决策的依据，为投资者筹措资金提供依据；同时，也为投资决策者进一步进行与投资项目有关的商务谈判和签订有关合同或协议提供依据；另外，还可以为项目工程设计、设备订货、施工准备、机构设置和人员培训等提供依据。

1.2.2　项目评估与可行性研究的关系

项目评估是指在可行性研究的基础上，根据国家有关部门颁布的政策、法律法规、方法和参数等，从项目（或企业）、国民经济和社会的角度出发，由投资决策部门或贷款机构（中介咨询机构）对上报的拟建项目可行性研究报告进行全面审核的再评价工作。其任务在于审查和判断拟建项目可行性研究的可靠性、真实性和客观性，对拟建项目投资可行性、合理性及效益、费用进行的审核和评价以及最佳投资方案的确定是否合理等提出评估意见，编写出项目评估报告，作为项目投资决策的直接依据。

项目评估与可行性研究是项目前期咨询的两项重要内容，两者关系密切，有许多共同之处，亦各有其特点。

1. 项目评估与可行性研究的共同点

（1）两者同处于项目发展周期的建设前期。两者同处于项目建设的前期，都是前期工作中不可缺少的重要准备工作阶段，都是在投资决策前为项目实施所进行的技术经济分析论证工作。可行性研究是继项目建议书批准后，对投资项目在技术、工程、外部协作配套条件和财务、经济和社会上的合理性及可行性所进行的全面、系统的分析和论证工作；而项目评估则是在项目决策之前对项目的可行性研究报告及其所选方案所进行的系统评估。它们都是项目前期工作的重要准备，都是对项目是否可行及投资决策的咨询论证工作。

（2）两者的出发点一致。项目评估与可行性研究都以市场研究为出发点，遵循市场配置资源的原则，按照国家有关的方针政策，将资源条件同产业政策与行业规划结合起来进行方案选择。

（3）目的和要求基本相同。两者的目的均是要提高项目投资科学决策的水平，共同为实现项目投资决策的科学化、民主化和规范化服务，减少投资风险，避免投资决策失误，提高投资效益，使资源得到最佳配置，有效节约资源。可行性研究与项目评估都要求进行深入、细致的调查研究，进行科学的预测与分析，实事求是地进行方案评价，力求资料来源可靠，数据准确，结论客观而公正。

（4）基本原理、内容和方法是相同的。这两项工作无论从经济评价指标计算的基本原理、分析对象、分析依据还是分析内容都是相同的。都是运用国家已规范化的评价方法和统一颁布的经济参数、技术标准和定额资料等，采用同一衡量尺度和判别基准，通过建设必要性、市场条件、资源条件、工程技术、经济效益等方面的技术经济分析论证，以及项目未来经济与社会效益的科学预测，判断项目投资的可行性和合理性，得出可行与否的结论。

2. 项目评估与可行性研究的区别

项目评估与可行性研究存在诸多相同之处，从理论和实践方面来看，两者又有明显的区别，主要表现在以下几个方面：

（1）任务有所差异。可行性研究除了对项目的合理性、可行性、必要性进行分析、论证外，还必须为建设项目规划多种方案，并从工程、技术经济方面对这些方案进行比较和选择，从中选出最佳方案作为投资决策方案。项目评估是对项目可行性研究报告进行全面的审核和再评价的工作，一般则可以借助于可行性研究的成果，并且不必为项目设计多个实施方案，主要审查与判断项目可行性研究的可靠性、真实性和客观性，对拟建项目投资是否可行和确定最佳投资方案提出评估意见。

（2）执行单位不同。为了保证项目决策前的调查研究和审查评价活动相对独立，应由不同的机构分别承担这两项工作。可行性研究通常由项目的投资者或项目的主管部门来主持，投资者既可以独自承担该项工作，也可委托给专业设计或咨询机构进行，而委托的单位或机构的工作主要体现投资者的意见和建设目的，是为决策部门和投资主体服务的，并对项目业主负责。项目评估一般由项目投资决策机构或项目贷款决策机构（如贷款银行）组织实施或授权给专门咨询机构，对上报的可行性研究报告进行评估。

（3）研究的角度不同。可行性研究是站在直接投资者的角度来考察项目的，而项目评估则是站在贷款银行或有关部门的角度来考察项目的，主要侧重于考察项目建设的可能性与借款的偿还。

可行性研究主要是从企业角度，侧重于产品市场预测，对建设必要性、建设条件、技术可行性和财务效益合理性进行研究分析，着重考察投资项目的微观效益，据此决定其取舍。而投资决策部门主持的项目评估，必须站在国家的立场上，对项目可行性研究报告的内容和报告的质量进行评估，综合考察可行性研究的社会经济整体效益，侧重于项目投资的宏观效益。贷款银行对项目进行的评估，则主要从项目还贷能力的角度，评价项目的融资主体（借款企业）的信用状况及还贷能力。

（4）在项目管理工作中所处的阶段不同。两者在项目投资管理工作过程中所处的阶段不同。在项目建设过程中，可行性研究在前，项目评估在后。可行性研究工作是处于投资前期的项目准备工作阶段，它是根据国家、地区和行业发展规划的要求，对拟建项目进行技术经济分析、社会与经济效益预测和方案论证比较，是项目投资决策的基础，是项目评估的重要前提，但它不能为项目投资决策提供最终依据。项目评估是处在前期工作的项目审批决策阶段，是对项目可行性研究报告提出评审意见，最终确定项目投资是否可行，并选择最佳投资可行方案。项目评估是投资决策的必备条件，是可行性研究的延续、深化和再研究，项目评估人员要充分利用可行性研究的成果，进行周密的调查研究与分析论证，独立地为决策者提供直接的、最终的依据，比可行性研究更具有权威性。

此外，可行性研究与项目评估报告撰写内容格式和成果形式不同。项目评估报告主要对项目建设必要性、建设与生产条件、技术方案、经济效益和项目总评估等方面进行评估，对可行性研究报告全部内容进行全面审核，此外还要分析各种参数、基础数据、定额费率和效果指标的测算和选择是否正确，同时在报告中必须附有关于企业资信、产品销售、物资供应、建设条件、技术专利、资金筹措等一系列的证明和协议文件，以判断和证实项目可行性研究的可靠性、真实性和客观性。

值得注意的是，可行性研究与项目评估是投资决策过程中的两个基本环节，二者相辅相成、缺一不可，虽然具有一定区别，更具有内在联系。一方面，可行性研究是项目评估的对象和基础；项目评估要在可行性研究的基础上进行，是可行性研究的延伸和再评价。另一方面，可行性研究的内容和成果必须要通过项目评估的抉择性建议来实现。

1.3 项目评估的原则、内容和程序

1.3.1 项目评估的原则

项目评估是投资决策的重要手段。投资者、决策机构、金融机构以项目评估的结论作为实施项目、决策项目和提供贷款的主要依据，所以，要力求保证项目评估结论的客观性。要做到客观、公正地评估项目，需要坚持以下原则。

1. 分析因素的系统性

项目评估时，要全面、系统分析影响项目的各因素。这是由于，决定项目是否可行，不但包括项目内部因素，如项目的技术水平、产品质量、产出物和投入物的价格等，而且包括外部因素，如项目所需的外部配套条件、国家的金融政策、税收政策和一定时期的区域规划等。所以，在进行项目评估时，必须全面、系统地考虑，综合分析、评价项目的可行性。

2. 分析方法的科学性

在项目评估中，要进行大量的分析和评价，这就要求选择科学合理的分析评价方法。

一是要坚持定量分析与定性分析相结合，以定量分析为主的原则。项目评估中的经济评价是要对拟建项目在整个计算期的经济活动，通过效益与费用的计算，对项目经济效益进行分析和比较。一般来说，项目经济评价要求尽量采用定量指标，但对一些不能量化的经济因素，不能直接进行数量分析，对此要求进行定性分析，并与定量分析结合起来进行评价。

二是要坚持动态分析与静态分析相结合，以动态分析为主的原则。项目经济评价的核心是折现，所以分析评价要以折现（动态）指标为主。非折现（静态）指标与一般的财务和经济指标内涵基本相同，比较直观，但是只能作为辅助指标。

三是要遵循“有无对比”原则分析项目。“有无对比”是指“有项目”相对于“无项目”的对比分析。“无项目”状态指不对该项目进行投资时，在计算期内，与项目有关的资产、费用与收益的预计发展情况；“有项目”状态指对该项目进行投资后，在计算期内，资产、费用与收益的预计情况。

“有无对比”求出项目的增量效益，排除了项目实施以前各种条件的影响，突出了项目活动的效果。在“有项目”与“无项目”两种情况下，效益和费用的计算范围、计算期应保持一致，具有可比性。

3. 采用价格的合理性

项目评估都是对未来活动的估计，投入和产出都在未来一段时间发生，采用的是预测价格对费用效益进行估算。效益与费用计算口径要对应一致。将效益与费用限定在同一个范围内，才有可能进行比较，计算的净效益才是项目投入的真实回报。

4. 实施方案的最优性

投资决策的实质在于选择最佳投资方案，使投资资源得到最佳使用。项目评估应该符合投资决策的要求，进行投资方案的比较和选择。在进行项目评估时，应根据项目的具体情况（如生产规模、可利用的资源、投资的时间等）拟定若干个有价值的方案，并通过科学的方法分析、比较，选择最佳实施方案。

5. 选择指标的统一性

判断项目是否可行或者选择最佳实施方案，需要一系列的技术经济指标，而这些指标的确定是经过多年的潜心研究和实践验证的，指标体系是科学合理的。当然，在进行项目评估时，可以根据侧重点的不同，选择不同的指标，但应力求选择指标的统一性。

6. 选取数据的准确性

数据准确是指所用数据要符合客观情况，不能人为地使用扩大或缩小的数据。数据来源可靠是指所用数据来自正常渠道，如国家统计部门、外贸部门、商业部门和经济信息中心等单位的统计资料和预测数据。项目评估实际上是对有关拟建项目的各方面信息资料进行综合、加工、分析和评价的过程。数据来源可靠、准确与否，直接决定着项目评估结论的客观性和公正性。所以，在项目评估时，一定要选取来源可靠、数据准确的信息。

1.3.2 项目评估的内容

项目评估的基本内容包括以下几个主要方面。

1. 项目市场评估

任何项目都要以市场需求为前提，并且项目的最终目的是为了满足市场需求，从而获得经济利益。在市场经济的条件下，任何经济活动都是围绕市场这个主体展开的。因此在进行投资项目可行性分析与评估中，必然要求将市场的分析评估放在首要的战略位置。项目市场分析主要是指通过市场调查和预测，了解和掌握项目产品的供应、需求、价格等市场现状，对项目产出品的市场容量、价格、竞争力、营销策略以及市场风险进行分析预测和研究。一方面为确定项目建设规模和产品方案提供依据，同时为项目建成后的市场开拓奠定基础。

2. 项目建设与经营条件评估

主要评估拟建项目是否具备基本的建设条件和生产条件。主要包括：

(1) 项目建设资源条件评价。没有必需的资源条件作保证，就无法使投资项目顺利建成，以至造成项目建设工期长、工程造价高、建成投产或交付使用后效益差等，因此，必须对项目建设条件的资源条件认真审查、分析和评价，以确保项目顺利建成投产或交付使用。

(2) 原材料、燃料和动力供应条件分析。分析原材料、燃料、动力是否有可靠保证，是否经济合理。

(3) 项目交通运输条件分析。项目交通运输条件关系到项目建设和生产所需的物资能否及时保证供应，直接影响产品的生产成本，是项目建设与生产的重要条件和关键环节。交通运输条件是指为保证正常生产经营所需的厂内和厂外运输条件，应主要评价和分析项目的外部运输条件，因为这是保证项目生产供应和产品销售的环节。

(4) 环境保护条件分析。建设项目不仅要消耗大量的资源，而且会对环境在不同方面带来不同程度的影响。因此，在建设项目中加强环境保护，资源节约，推行可持续发展战略是实现地区或全球可持续发展战略的重要内容。环境保护条件分析主要研究和确定项目产生的污染物和污染源，进而提出适当的治理措施，减排降耗。

(5) 厂址选择分析。分析厂址的自然条件（如工程地质、水文地质、地形、气象等）是否适宜，是否符合生产力合理布局和总体规划的要求；还包括厂址选择的方法等。

3. 项目技术评估

项目技术评估是关系项目投入产出的一个重要因素。不同的技术方案，投资不同，其产生的效益也会不同。通过对技术方案的评估，分析其工艺技术和设备的先进性和适用性，以保证选择最佳的技术方案。技术评估的内容包括：①技术评估的原则及工作程序、内容。②技术、设备方案选择评估。包括技术、设备的先进性和经济合理性、适用性评估；技术设备的安全可靠性、协调一致性评估，以及引进设备和技术的国内配套能力和消化吸收能力评估等；技术、设备的选择方法等。③项目规模分析，包括影响项目规模的因素分析以及项目经济规模的确定方法。

4. 财务效益费用估算

即分析评估项目财务分析所需的基础数据，包括建设投资、流动资金及建设期利息等，并预测项目投产后各年的生产经营成本、营业收入、营业利润、营业税金及附加等基础数据，为进行财务效益评估做准备。

5. 项目财务效益评估

财务效益评估是在国家现行财税制度和价格体系的前提下，从项目的角度出发，计算项目范围内的财务效益和费用，分析项目的盈利能力和清偿能力，评估项目在财务上的可行性，明确项目对财务主体的价值以及对投资者的贡献，为投资决策、融资决策以及银行审贷提供依据。

6. 项目国民经济效益评估

国民经济效益评估是在合理配置社会资源的前提下，从国家经济整体利益的角度出发，计算项目对国民经济的贡献，分析项目的经济效率、效果和对社会的影响，评价项目在宏观经济上的合理性。

7. 项目社会效益评估

项目社会效益评估是应用社会学和人类学的一些基本理论和方法，系统地调查和收集与项目相关的社会因素和社会数据，了解项目实施过程中可能出现的社会问题，研究、分析对项目成功与否有影响的社会过程，提出保证项目顺利实施和效果持续发挥的建议和措施。

8. 项目不确定性与风险分析

项目的不确定性和风险分析是项目评估的一个重要组成部分。由于投资项目的建设需要一定的周期，其项目评估是基于对市场需求未来趋势的估计和预测，以及国民经济未来一定时期发展趋势的估计，但是未来的市场究竟如何？国民经济发展趋势究竟怎样？这是难以准确预测的。所以，建设一个投资项目就要准备承担一定的风险。投资项目的不确定性和风险分析就是通过对各种不确定因素对项目经济评价指标的影响，来预测项目可能承担的风险，进而分析项目经济效益，评价可靠性如何。

9. 项目总评估

项目总评估是在对以上几个方面评估的基础上，归纳分析结果和评估意见，进行最后的综合平衡、分析判断，对拟建项目必要性以及技术、经济的可行性进行总的评估，得出项目评估的明确结论，从而编制评估报告。

1.3.3 投资项目评估的程序

项目评估程序是指开展项目评估工作应当依次经过的步骤。投资项目评估不仅是一项经济技术性很强的工作，而且是一项重要、复杂、难度较大的工作。具体到每一个项目的评估都是一次独特的研究过程，所有可供选择的评估工具和方法都应该有选择地、符合实际地运用到这一过程。要使项目评估顺利地进行并取得可靠的效果，达到预期的目的，就要遵循科学的程序。不同类型的项目，其投资额不同，涉及面不同，因而对其进行评估的程序也不完全一致。就一般项目而言，其评估的程序大致如下。

1. 准备和组织

项目评估是在建设项目的可行性研究报告提出之后和决策之前，对项目进行全面、细致地分析、论证和评价，以最终确定该项目是否确实可行。对投资项目的评估，要根据项目自身的特点，简单的项目，可指定专人负责；对于重点项目和大中型项目，由于其内容复杂，涉及面广，技术性强，应组织专门的评估小组。成立评估小组或评估委员会时，要注意组织结构的完整性，既要有财务经济分析人员，又要有工艺技术分析人员；不仅有市场分析预测人员，而且有熟悉工程建筑的人员等。评估小组内部，要明确分工、落实责任、互助配合，并制定好评估工作计划，有步骤、有目的地开展工作。

2. 制定工作计划

评估工作计划是评估工作的基础，一般应包括：①明确评估的目的。即根据项目的性质、特点，明确项目评估的原因、背景、需要解决的问题和达到的目标。②确定评估内容。如工程咨询公司或项目贷款评估机构，要根据评估项目的特点及其复杂程度，采取不同的评估方式，确定进行分析评估的具体内容。③确定评估方法。为了达到评估的目的，确定采用什么方法、采用什么资料等。④确定评估进度。根据调查、评价和审查分析的内容、范围，时间要求是否紧迫，制定出项目评估的时间进度。

3. 收集、整理资料

收集、整理项目评估的有关资料是项目评估的重要工作，是审查、评估项目的重要依据，是一项难度、业务量都比较大的基础工作。收集的资料一般包括直接资料（实地调查资料）和间接资料（书面数字资料）两个方面。一方面，审阅待评项目的可行性研究报告等文件材料，予以查证核实，检查资料的完整性、真实性。另一方面，根据项目具体情况，进行调查研究，进一步搜集必要的数据和资料。对收集到的数据资料还应进行加工整理，汇总归类，并编制出各种调查表、测算表、分析表以及简要的文字说明等，为正式开展分析评估提供依据。

4. 分析评估

在开展调查研究和收集资料数据的基础上，对项目进行全面的审查、分析、评估，编写评估报告初稿。其具体步骤是：①评估分析项目（或企业）的概况，进行市场分析和建设条件分析。即主要对项目单位的基本情况进行审查分析，如项目的地理位置、自然条件、机构组成、人员素质以及主要产品的品种、结构、销路、价格和与之相关的基础设施、能源、交通运输等情况。据此可对项目做出初步的判断。②分析评估项目的技术可行性。主要分析技术是否先进适用，工艺设计方案是否合理可靠等。③评估项目的规模和市场预测。根据项目发展的预定规模和市场的发展趋势，预测分析项目原材料、能源、交通运输、预防污染的保证程度以及产品在市场上的销售情况等。④项目的基础数据的预测和分析评估。即根据有关书面资料和实际调查研究的资料，评价审查项目建设的总投资和分年投资，预测投产后各年的生产成本费用、经营收入、利润及归还贷款的情况等，为项目经济效益评估做好准备。⑤进行财务效益和国民经济效益评估。根据预测分析的基础数据计算财务效益和国民经济效益评估的有关指标，并结合定性分析评估项目的社会效益以及对环境生态平衡的影响等。⑥进行不确定性与风险分析。进行项目评估的基础是根据现状预测分析得出的，由于预测数据的时间差异和地区差异，使这些数据都带有近似性，同时由于项目的投资要在未来产生效果，项目评估是对未来发展的预测和估计，所有的项目都具有内在的不确定性和风险性，因而进行项目不确定性与风险分析是项目评估中的必要步骤。⑦进行项目总评估，提出问题和建议。

5. 编写评估报告

即在上述各项审查分析的基础上，根据审查分析和评估的结果编写项目评估报告，提出对项目评估的意见和结论，并报送有关部门。

第二章

项目市场分析

本章提要：项目市场分析是项目可行性研究和项目评估的前提，也是决定项目建设必要性的关键。本章主要讲述项目市场分析的基本原理、市场分析的内容和方法。具体阐述了项目市场调查、市场预测的概念、步骤及方法。学习本章将使读者掌握市场分析的基本理论与方法。

2.1 市场分析概述

2.1.1 市场分析的意义

任何项目都要以市场需求为前提，并且项目的最终目的是为了满足市场需求，从而获得经济利益。在市场经济的条件下，任何经济活动都是围绕市场这个主体展开的。因此在进行投资项目可行性分析与项目评估时，必然要求将市场的分析预测放在首要的战略位置。

项目市场分析主要是指通过市场调查和市场预测，了解和掌握项目产品的供应、需求、价格等市场现状，对项目产出品的市场容量、价格、竞争力、营销策略以及市场风险进行分析预测和研究。

项目市场分析是项目可行性研究和项目评估的重要内容。项目产品是否有市场和能否实现市场目标是项目可行与否的前提条件，通过市场分析，了解投资项目的产品是否符合社会需求，生产什么产品有利，产品的目标市场在哪里。只有确定了项目的市场可行性，才能为进一步分析财务和经济效益的可行性提供条件。

项目市场分析是确定项目合理经济规模、设计项目产品方案的重要依据。通过市场分析确定市场需求量，了解竞争对手的情况，最终确定项目建成时的最佳生产规模和产品方案，使企业在未来能够保持合理的盈利水平和持续发展能力。

总之，通过市场分析，可以搜集对项目有用的各种信息；可以为决策者进行项目决策提供必要的、科学准确的数据；可以帮助管理者熟悉市场环境；可以使项目的管理者合理地配置各种资源；可以使项目的总目标得以顺利地实现。

2.1.2 市场分析的主要内容

市场分析包括市场调查与市场预测。所谓市场调查是指对市场进行全面的或局部的了解，即以购买与消费商品的个人与团体为对象，在市场经营的各个阶段，运用科学的方法搜集、记录、整理、分析所有的情报资料，进而掌握市场现状与发展趋势。市场调查主要是调查项目产品的市场容量现状，价格现状以及市场竞争力现状。

1. 市场需求分析

市场需求分析是对在一定时期、一定条件下，在一定市场范围内消费者愿意并且能够购买某种产品的数量及其构成进行分析。其任务在于调查了解影响项目产品需求的因素及其影响程度，进而确定项目产品市场需求量。项目产品市场需求量有现实需求量与潜在需求量之分。

调查和分析研究市场需求情况，主要目的在于掌握市场需求量的大小、市场面的大小、市场占有率的大小以及如何运用有效的经营策略和手段。其具体内容如下。

(1) 国际国内市场需求现状。项目产品国际国内市场的消费总量、地区分布，不同消费群体对产品品种性能和服务质量的要求，消费用途结构状况等。分析现有市场对拟建项目产品的需求量和销售量，是供不应求还是供过于求。

(2) 市场潜在的需求量有多少，即该产品在市场上可能达到的最大需求有多少。

(3) 不同的市场面对该产品的需求情况以及每一个市场面的饱和点及潜在的能力。

(4) 市场经营组合的调查，包括产品、价格、广告和销售渠道等综合的分析比较，充分发挥自己的优势。

(5) 开拓国际市场，项目产品目前和一定历史时期的出口量、品质、国别、贸易方式、出口量占国际产量及贸易量的比例，分析研究本项目的产品如何打入国际市场。

2. 市场供给分析

市场供给分析是指对在一定时期、一定条件下，在一定市场范围内，商品生产者或供应者愿意并且能够向市场供应的某种产品的数量及其构成进行分析。其目的在于调查分析项目产品的国内供给能力和国外供给能力，进而确定项目产品市场供给量。

（1）调查国际和国内市场的供应现状。包括项目产品国际国内市场生产能力、总产量及地区分布，主要生产企业名称、生产能力、产量、品种、性能及质量水平。分析项目产品实际供给量和潜在供给量、国内供给量和国外供给量。了解现有生产能力中未被利用的比例及其原因，短期有无利用之可能，防止低估供给量。

（2）根据企业的计划，分析现有企业增产潜力的大小。

（3）了解该产品的拟建或在建项目的生产规模和竣工日期，估计新增生产能力的大小。

（4）同行竞争者的分析，他们在市场中的地位和作用，有哪些优点和缺点，本项目如何扬长避短发挥优势。

（5）项目产品进口状况。项目产品目前和一定历史时期的进口量、品质、国别、贸易方式、进口量占国内产量及贸易量的比例、进口量占国际产量及贸易量的比例。

3. 价格状况分析

产品价格是计算项目的基础，也是影响项目效益的关键因素。消费者对某一项目需求量的变化与这一项目产品的价格变化方向相反，如果项目产品的价格下降，则需求者的需求量上升；反之，项目产品的价格上升，则需求者的需求量下降。所以，在项目评估时，需要对项目产品价格进行分析预测。价格分析包括国内价格及变化情况、国际价格及变化情况和进出口价格及变化情况。具体调查项目产品国内市场价格的历史演变过程及变化规律、最高价格和最低价格出现的时间和原因；调查项目产品国际市场价格（进口到岸价格和出口离岸价格）、历史演变过程及其变化规律，分析价格合理性、有无垄断或倾销等情况；调查不同类型项目产品价格形成机制，如产品价格是国家宏观调控价格还是市场形成价格。

4. 市场竞争分析

主要是分析项目产品在国内外市场的竞争程度，市场竞争主要对手的生产、营销、市场份额及其竞争力状况，了解和掌握项目产品的市场竞争态势及其变动趋向，以便采取各种有效竞争对策，获取更大的市场份额。其内容主要包括：竞争者的类别、同类产品的竞争状况、各主要竞争者的状况、项目投资者可能获得的市场占有率、覆盖率和可能的销售量及其变动趋势等。

如果拟建项目产品的目标市场上存在一个或数个强有力的竞争对手，那么当企业进入市场时，可能会遭到该市场内已有企业的联合抵制，企业就很难在市场上立足。或者当原有企业已经掌握了市场上最稀缺或优质的资源，那么新企业即使可以进入该市场，也很难在市场上长期生存和发展。

因此，充分分析与研究项目产品的市场竞争能力，对于企业进行投资决策和采取相应竞争策略是非常必要的。

5. 市场风险分析

市场风险分析是在产品供需、价格变动趋势和竞争能力等常规分析已达到一定深度要求的情况下，对未来国内外市场某些重大不确定因素发生的可能性，及其可能对项目造成的损失程度进行分析。

市场风险分析包括关于新技术、新材料、新工艺的发展趋势的调查和分析。现代科学技术发展突飞猛进，新技术、新材料、新工艺的产生，必然取代原有的材料和工艺。随着新产品和新替代产品的出现，导致部分用户转向购买新产品和新替代产品，减少了对项目产品的需求，影响项目产品的预期效益。因此，项目企业要了解新技术、新材料的发展情况、发展趋势和发展速度。

随着新的竞争对手的加入，市场趋于饱和，导致项目产品市场占有份额的减少，市场竞争加剧，出现产出品市场买方垄断，项目产出品的价格急剧下降；或者，出现投入品市场卖方垄断，项目所需的投入品价格大幅上涨，这种激烈价格竞争，导致项目产品的预期效益减少。

这些情况的出现，必将影响项目的预期收益。在可行性研究中，应根据项目的具体情况，找出项目存在的主要风险因素并分析风险程度。同时，还应注意与项目有关的政策法规、标准的变化，这是由于，相关政策法规的变化也可能引起市场震荡，影响项目产出品的价格，或者影响项目主要投入品的供应。

2.2 项目市场调查

项目市场调查是指运用科学的方法，有目的地、系统地收集、记录和整理与项目产品有关的需求、供给、竞争、价格等市场信息资料，借以分析、了解市场现象的过去、现在和未来的发展变化，得出项目产品在项目寿命周期内有无市场、市场现实需求量和潜在需求量大小、市场占有率、价格水平等结论，为确定项目合理建设规模和制定产品方案提供可靠依据的活动过程。

2.2.1 项目市场调查的分类

投资项目市场调查即通过一些步骤和方法，收集、记录、整理和分析市场情况，了解市场的现状及发展趋势的过程。以此重点分析拟建项目的产品是否有市场以及项目建设的可行性。

投资项目市场调查是一项具体而细致的工作。企业对市场的情况总会有一个从不熟悉到熟悉，从部分熟悉到完全熟悉的过程。因此，市场调查工作也要有一个逐步深入和发展的过程。这就要求每一个企业必须根据具体情况，正确地选择市场调查的类型。市场调查可以从不同的角度进行分类。

1. 按照市场调查的性质分类

（1）探测性调查。当企业对需要调查的问题所涉及的范围和内容尚不清楚时，就应采用探测性调查作为试探，以便进一步调查。

（2）描述性调查。即针对需要调查的问题，采用一定的方法，对问题进行如实的记录，了解有关这一问题的实际情况和影响的因素。这种调查研究是通过实际的资料，了解和回答“何时”、“何地”、“谁”等方面的问题。多数的市场调查都属于描述性调查，如对市场需求潜量、市场占有率、促销方法和销售渠道等的调查研究。

根据描述性调查的资料，找出一些相关因素，为进一步进行因果性调查和预测性调查提供资料。因此，描述性调查的资料对统计推论是十分有用的。

（3）因果性调查。即在描述性调查的基础上，进一步研究各种问题和各种相关因素之间的因果关系。比如，有的产品为什么滞销或畅销，有的用户为什么喜欢这种厂牌，产品的品质、价格、包装、服务和销售渠道对销售量到底有什么影响，在许多因素中哪一个因素是主要的或决定性的因素，等等。

（4）预测性调查。即通过收集、分析和研究过去和现在的各种市场情况资料，运用预测方法，研究和估计未来一定时期内市场情况。

上述几种调查是相互联系、相互制约，逐步深入的，探测性调查主要是指出问题、描述性调查主要是说明问题、因果性调查主要是分析问题的原因、预测性调查主要是预测未来市场的需求和变化，从而为企业进行决策及解决问题提供科学的依据。

2. 按照市场调查的范围分类

（1）需求调查与销售调查。供需两者是紧密相关的。需求调查一般包括消费调查，市场活力调查，商标、广告的调查等；销售调查包括价格调查、销售渠道调查及促销调查等。

（2）量的市场调查与质的市场调查。量的调查是指计量调查与计数调查，其调查的目的是为掌握量或数；质的调查是指对调查对象的性质、特点进行调查。

（3）静态的市场调查与动态的市场调查。静态的调查是在特定的时间、地点来进行的；动态的调查是通过较长期地观察和了解调查对象的演变过程，来研究掌握其变化趋势及其规律的。

（4）抽样调查与普遍调查。抽样调查是应用数理统计理论，抽取适当样本进行调查，并根据其调查数据和结果推断总体；普遍调查是对调查对象全部逐个调查，其结果虽然比前者准确，但在人、财、物以及时间上都不够经济。

3. 按市场调查的连续性分类

（1）经常性调查。就是对所确定的调查内容进行连续不断的调查，以便经常了解其变化状况和发展动态。

（2）阶段性调查。就是将整个调查工作有计划地分为若干个阶段进行，通过不同阶段的调查结果的对比分析，大致了解调查对象的发展变化趋势。

（3）一次性调查。间隔一定时间（一般为一年以上）对现象进行调查登记，为解决某一问题提供专门依据。间隔的时间可能相等也可能不等。

2.2.2 项目市场调查的步骤

投资项目市场调查是一项科学性很强的实践工作，必须有计划，分阶段地进行。由于调查的具体问题、时间、场合以及采取方式和拥有条件的不同，在具体步骤上不一定完全一致，但一般说来，市场调查包括以下几个阶段。

1. 准备工作阶段

主要是通过初步情况分析和探测性调查，明确调查的主题。这是市场调查的起点，也是关键的一步。调查问题不确定，调查的对象和方法也就无从谈起。如果错误地判断了企业面临的实质性问题，即使组织了最严密的调查工作，也是一种浪费，而且错误的研究方向会导致错误的结论和错误的决策，从而使企业蒙受损失。确定调查问题是一项复杂而细致的工作，由于企业决策者对面临的问题有时是十分模糊的，需经有关人员的深入研究和分析才能抓住实质，对问题做出准确的判断。

（1）初步情况分析。根据企业出现的有关市场问题或某种需要，首先组织调查人员搜集已经掌握的各种资料，进行初步分析。初步情况分析需要的主要资料有：①企业内部资料。企业内部的信息资料是非常丰富的，必须充分利用。包括销售方面的资料，用户方面的资料，企业财务方面的资料和其他资料。②企业外部资料。企业外部资料包括政府的统计资料、政府公报、企业间的经验交流材料、公开出版的期刊、书报、研究成果、调查报告、广告商或同行业会刊等。

通过上述资料的搜集和分析，明确企业所面临的主要问题之所在，初步了解和发现各影响因素之间的相互关系。

（2）探测性调查。这是一种非正式调查。调查人员根据初步情况分析得出的概念和存在的问题，找企业有关人员进行非正式座谈，访问某些专家、用户和有关营销人员（销售经理、推销员、中间商、零售商等），听取他们的意见和评价。

经过初步情况分析和探测性调查，将问题范围缩小，便于调查人员进一步研究问题之所在，确定调查主题，就可转入下一阶段。

2. 正式调查阶段

正式调查主要包括以下几项工作。

（1）确定调查目标。确定调查目标，即根据调查问题确定本次调查所要达到的目的和结果。市场调查是为企业制定各项经营决策提供信息服务的，要通过科学的调查方法对有关经营决策问题的全部情况加以系统、客观的调查研究，为经营决策提供准确可靠的依据。为此，必须先确定调查目标，形成调查主题，围绕主题明确调查的基本内容。

（2）制定调查计划。市场调查计划是市场调查的行动纲领。在调查计划中，应明确以下几点：①确定调查资料。是通过实地调查搜集第一手资料，还是整理第二手资料。②确定调查方法。采用什么方式、方法搜集资料最为合适。③确定调查对象和调查单位、填报单位。明确调查客体，由谁来提供所需各种资料。④确定调查地点。在什么地方调查才能搜集到所需资料。⑤确定调查时间。明确调查了解的资料所属时间，以及调查工作的期限。⑥确定调查次数。是进行一次性调查还是多次性调查。⑦确定调查预算。如何以合理的开支实现调查目标。

总而言之，要通过计划合理确定调查的资料、方法、对象、地点、时间、次数、预算等。

（3）设计所需调查表格。设计理想的调查表格是做好市场调查工作的重要基础，它直接影响被调查者的配合意愿和回答问题的准确性。设计调查表格实际上是提问设计，它不仅是一种科学，更是一门艺术。所设计的提问和表格必须既易于回答，又能准确获得所需信息。调查表中一般包括三类主要信息：①基本信息，即达到调查目标所必需的信息；②分类资料，即将被调查者按不同特性分类的资料；③鉴明性信息，如被调查者的姓名、单位、地址等。原则上应将基本信息置于最前面，然后依次排出②③两类信息。只要前面的问题得到回答，对于后面的问题被调查者不愿回答或者中止，也无关大局。

（4）抽样设计。当调查方法确定后，调查人员应合理确定抽样对象、抽样方式、抽样结构、样本容量以及调查的费用、时间、组织等。

抽样对象和抽样方式的选择依据不同的调查目标而有别。如抽样对象既可是消费者个人，也可是工商企业，抽样方式可以是简单随机抽样，也可以采取类型抽样或等距抽样等其他组织方式。

确定样本容量直接影响调查的精确性、可靠性和经济性。合理确定样本容量要考虑抽样误差、抽样精度的要求，运用经验分析法或定量计算法确定。

（5）实地调查。就是调查人员按计划规定的时间、方法、对象、内容等深入实地进行具体调查，搜集有关资料。现场实际搜集的资料真实、准确与否，直接决定调查结果的精确度和可靠度。因此，必须组织好力量，进行调查人员的选择和培训，使他们明确调查的问题和目标，掌握有关知识和能力，保证调查按计划进行。

3. 结果处理阶段

市场调查资料收集结束后，就进入结果处理阶段，一是整理和分析调查资料，二是提出调查报告和进行追踪。

（1）整理分析资料。就是把搜集到的资料进行整理和统计分析的工作。①整理资料。就是对得到的资料进行审查整理、分类排列。审查主要是为了检查调查资料是否有误，如样本是否符合要求，调查的记录是否完备等。整理主要是把调查得到的零碎、分散、杂乱的资料加以筛选、综合和归纳，以保证资料的真实、系统和完整。在审查整理过程中，发现有误应当纠正或删去，同时还要考虑补充被删掉或不完整的部分。分类主要是为了便于查找、归档、统计和分析。分类后还要加以编号排列。② 统计分析。包括两方面的内容。一是进行统计计算，即有目的地绘制各种计算表、统计表，分析判断各种调查及误差产生的原因。二是运用调查资料所得到的数据和事实，分析和说明调查情况，得出调查结论。

（2）提出调查报告和追踪。市场调查的结果必须撰写详尽的报告，提供给企业决策时使用和参考。调查报告有两种形式：一是专门报告，其内容详细明确；二是一般报告，其内容简明扼要。不论编写哪种形式的报告，都必须使其内容紧扣主题，力求客观、重点突出、文字精练，并使用必要的图表。调查报告的大体内容包括：①前言。包括调查目的及范围，调查人员组成，调查时间和方法等。②正文。主要包括调查概况、调查结论与依据、调查者的建议与意见等。③附件。包括各种统计图表、附录、参考资料等。

提出调查报告后，还需要追踪了解调查报告是否被利用，建议是否被采纳，意见是否被接受。如果是，则需要进一步了解建议采用程度和实际效果，并尽力促使报告中建议方案的实现。

2.2.3 投资项目市场调查的方法

项目市场调查的方法是指市场调查人员在实地调查过程中，向被调查者搜集各种信息资料所采用的方法。运用何种调查方法，取决于市场调查的目的、内容和调查对象的特点。常用的项目市场调查方法主要有：

1. 询问法

询问法是以询问的方式作为搜集资料的手段，把所要调查的事项通过访问和通讯的形式向被调查者询问，以获取所需资料的调查方法。它是市场调查中最常用的一种方法。

询问法按调查者与被调查者接触的方式，可以分为面谈调查、电话和电脑网络调查、邮寄调查、留置调查等具体方法。按照询问的内容，询问法可分为事实询问、意见询问和解释询问。

（1）面询法。就是采取“走出去”或“请进来”的方式，调查者与被调查者面对面地交谈来收集所需信息。调查者一般要根据事先准备好的顺序提出问题，听取被调查人的意见，也可根据情况调整交谈内容。

当面询问可以是个别面谈，也可以是集体座谈，集体座谈一般是为了了解存在于某一群体中的特殊要求，可以活跃气氛，互相启发，有利于对问题进行更深入的讨论，有时会得到意想不到的有用信息。

询问的策略也是影响调查成效的重要因素，询问中应注意：①正确引导被调查者了解调查目的，消除疑虑，启发其回答问题，积极配合调查。②艺术性地追问深入内容。调查者要根据被调查者的配合情况策略性地加以追问，以保证其回答内容的全面性和真实性。③准确记录。必须准确概括和记录被调查者的回答，没有听清或没有记下的问题一定要请被调查者解释或复述，切不能估计，更不得杜撰。

面询法的优点是有一定灵活性，调查内容可以广泛深入，资料的真实性较大。但其缺点是调查费用高，调查结果好坏直接受到调查人员水平高低的影响。

（2）电话调查。就是调查人员按照抽样的要求和样本的范围，通过电话联系向调查对象询问意见和建议。这种方法的优点是可以在短时间内调查若干用户，调查费用较低，搜集资料迅速。其缺点是受通话时间限制和对方配合意愿的影响大，不便于询问复杂内容，调查对象仅限于通讯发达的地区和用户。

（3）邮寄调查。就是将设计印制好的问卷或调查表邮寄给被调查者，由其自行填写后寄回，再加以整理分析的一种调查方法。这种方法的优点是：调查的范围广泛，被调查者有充分考虑时间，调查费用较低等。其不足是调查时间较长，调查表回收率低，难以对调查问题做深入征询等。

（4）留置问卷调查。就是调查人员将问卷当面交给被调查人说明要求和回答方法后，留置于被调查处，由其自行填写寄回或由调查人员定期收回。这种方法的优点是弥补了邮寄调查回收率的缺陷，提高问卷回收率，并可多次留置，特别适用于固定样本的调查。其缺点是不仅费时费力，而且费用较高。

2. 观察法

观察法就是调查人员通过一定的方法观察被调查者的行为及现场事实来搜集资料的方法。观察的方法可以是调查人员深入现场直接观察，也可以用一些现代记录仪器观察调查的范围，大多用于商标调查、消费者购买习性、广告效果的测定等。观察法按观察方式和方法的不同又可分为：直接观察法、痕迹观察法、行为记录法等。

（1）直接观察法。就是由调查人员直接到调查现场进行观察记录，获取所需要的信息。

（2）痕迹观察法。就是通过观察被调查者留下的痕迹来分析判断和获得所需信息。例如，某汽车经销商同时兼营汽车维修业务，他们为了了解在哪家电台做广告效果最好，对于维修的汽车，他们首先派人查看汽车里收音机指向哪家电台，从而统计分析收听频率最高的电台，为选择广播台做广告提供依据。

（3）行为记录法。就是获得被调查者的同意，在调查对象附近进行收录、拍摄，或通过监听、监视设备进行调查记录的一种调查方法。

观察法的优点是：能够比较客观地搜集资料；可以直接调查事实和被调查者的现场行为；调查结果较符合实际；若抽样设计科学合理，可得到较满意的统计推断结果。其缺点是：只能报告发生的事实，无法了解到内在原因和被调查者的建议和意见；花费较高；调查结果在一定程度上受到调查人员业务水平的制约。

3. 实验法

实验法是将所要调查的问题放在一定的场合进行小实验，然后再对实验结果进行分析研究，判断其是否值得大规模推广以及是否需要改进的调查方法。例如，企业对新开发的产品进行试销或请用户试用，听取顾客对产品价格、广告、质量等的反映和购买情况，为决定生产批量和营销策略提供依据。

实验法的优点是：方法较为科学，可以获得比较正确的原始资料，其缺点是：时间花费较长，取得资料的速度慢；选择社会经济因素极类似的实验点较困难，而且对变动的因素不易掌握。

4. 抽样调查方法

市场调查按其范围有普遍调查（普查）和抽样调查两种方式。由于市场是一个复杂庞大的总体，企业的用户不仅数量众多，而且分布广泛，如果采用普查，不仅耗费大量的人财物力，而且调查时间长，不能及时取得调查结果，时效性比较差。所以，市场调查经常采用抽样调查的方法。

所谓抽样调查，就是根据一定的要求从调查对象的总体中抽取一部分个体

（也称样本），进行观察，并依据所获得的数据资料总体的特征进行具有一定可靠性的推断，从而达到认识、了解总体的一种调查方法。

抽样调查不仅能够对某些总体庞大、分布松散、不可能或没必要进行普查的社会经济问题进行较为准确的推断，而且省时、省力、节约开支，提高调查的经济效果。

抽样调查推断的理论基础是概率论的大数法则。大数法则表明，如果被研究的总体是由大量相互独立的随机因素构成，而且每个因素对总体的影响都不大，则这些大量综合平均的结果将使每个因素的个别影响相互抵消，而显示它们共同作用的倾向，使总体具有稳定的性质。大数法则的一系列定理为抽样推断提供了数学依据。

抽样调查的方法可分为概率抽样和非概率抽样两大类。概率抽样是按随机原则抽取样本的方法，它完全排除人的主观决断，在总体中，每一个个体被抽取的机会均等，且样本统计测量值的误差可用概率原理进行计算。从理论上讲，概率抽样是最理想、最科学的抽样方法，它能保证样本数据对总体参数的代表性，而且它能够将调查误差中的抽样误差限制在一定范围之内。

非概率抽样是按研究调查的目的和要求，人为确定一定标准来选择或抽取样本的方法。在总体中，每一个个体被抽到的几率是不均等的，其样本统计测定值的误差不能用概率原理计算。

常用的抽样方法有：简单随机抽样、分层随机抽样、分群随机抽样等；非概率抽样常用的方法有随意抽样、配额抽样、判断抽样等。

（1）简单随机抽样法。简单随机抽样是对调查对象的任何一部分，不做任何有目的选择，以纯粹随机原则直接从总体中抽取样本，进而推算总体的一种方法。这种方法是保证总体中每个个体被抽取的机会均等的方法，又称为纯随机抽样法。它是最基本的抽样形式，是完全随机地选择样本。此法要求有一个完美的抽样框，或者总体中有一个个体的详尽名单。

（2）分层随机抽样法。分层随机抽样又叫分类随机抽样或类型抽样，就是将调查对象的总体根据调查目的和特性加以分组，然后再从各组中随机抽取一定单位构成样本的方法。

分层抽样的主要目的在于增加样本的代表性，避免单纯随机抽样的样本过于集中某种特征或缺乏某种特性的现象，降低抽样平均误差。进行市场调查时，可根据实际需要对调查总体加以分层，如按销售额、库存额、城市的大小等加以分层。

分层抽样中抽取的单位总数是事先确定的，各层是按一定标准分配抽样数目。由于分配标准的不同，分层抽样又分为比例抽样、精确抽样和经济抽样。

比例抽样是按照各层单位的数量占总体单位数量的多少，等比例地分配各层

样本单位数量的方法。各层样本单位数的计算公式为

$$n_i = n \cdot \frac{N_i}{N} = W_i \cdot n$$

式中：n_i——每层样本单位数；

N_i——每层总体单位数；

N——总体单位总数；

n——样本单位总数；

W_i——每层总体单位数占总体单位总数的比重。

比例抽样适用于总体各层的标准差大致相近的情况，否则应采用分层精确抽样。

精确抽样以各层的标准差与单位数的乘积大小分配各层抽样数目，因而兼顾了层的大小及差异程度大小，使样本分配更加合理和有效，各层应抽样本单位数的计算公式为

$$n_i = (N_i \sigma_i / \sum N_i \sigma_i) \cdot n$$

式中：σ_i 为每层标准差。

以上两种方法仅考虑统计推断的准确性，而未考虑调查费用的大小。

经济抽样是兼顾各层差异程度和调查费用两者，在不影响可靠度的情况下，适当调查各层抽取样本数，以减少调查费用的方法。各层应抽样本单位的计算公式为

$$n_i = (N_i \sigma_i / \sqrt{C_i}) / (\sum N_i \sigma_i / \sqrt{C_i})$$

式中：C_i 为各层中每个单位的调查费用。

在上述三种方法中，精确抽样误差小，经济抽样费用低，比例抽样最简便。如有必要，各层内部仍可进一步分层。

(3) 分群随机抽样法。分群随机抽样首先将全部总体分为若干部分，每一部分称为一个群，把每一群作为一个抽样单位，在群内进行抽样；然后，在被抽中的群中做全面调查。例如，在市场调查的入户调查中，可以对被选作抽样单位的某个大院的每家每户进行调查。

分群抽样同分层抽样都是将总体划组抽样，但作用却不同。分层抽样划组分类，是为缩小总体，使总体变异减少，抽取的单位仍然是总体的基本单位；而分群抽样划组为群，却是要扩大单位，抽取的不是总体基本单位而是群。换言之，分群抽样的初级单位之间具有相同性，次级单位须有差异性；而分层抽样的初级单位之间具有差异性，次级单位须有相同性。

(4) 系统抽样法。系统抽样法又叫等距抽样或机械抽样法，它是事先将总体各单位按某标志排列，然后依固定顺序和间隔来抽取一定容量调查样本的方法。

其抽样间隔是总体单位数除以规定抽取样本容量数的商；系统抽样的随机性表现在抽取第一个样本单位，当第一个单位确定后，其余的各个单位也就随之确定了。

按系统抽样方式抽取调查单位，能够使抽出的调查单位更均匀地分配在全部总体中，因此，系统抽样的误差一般比简单随机抽样要小，特别是当研究现象标志变异变大，而在实际工作中又不可能抽取更多的单位进行调查时，系统抽样比简单的随机抽样要有效。

（5）任意抽样法。任意抽样法是假定总体的特性是相同的，且任意选出的样本特性与总体并无差异，样本的选择完全根据调查人员的方便来决定的一种非随机抽样法。例如对街上来往行人的调查就属这种类型。在市场调查中，任意抽样法通常用于预备调查和试探性调查。

（6）配额抽样法。配额抽样法是对总体按某种特性分成不同群体并事先分配样本数量（配额），然后再由调查人员按分配的样本数量主观选取样本的方法，它实际上是一种分层非随机抽样法。

（7）判断抽样法。判断抽样法又叫计划抽样法，是根据专家的判断或调查的主观判断决定抽取样本的方法。

2.2.4　市场调查应注意的问题

投资项目市场调查既是一门科学，也是一门艺术。市场调查取得资料的多寡和真实与否、能否达到预期目标，在很大程度上取决于调查人员是否熟练掌握和运用适当的调查技术和艺术。通常应注意以下几个方面的问题。

1. 调查表的设计

调查表是把要调查的问题和调查项目加以具体化和表格化，为调查人员询问和被调查者回答提供依据。调查表格设计好坏，直接关系到所获得信息的准确性和可靠性。设计不当的调查表，往往会造成材料遗漏和差错，以致影响汇总和分析。所以，调查人员应当根据心理学原理，设身处地地进行设计，以引导被调查者的积极合作和全面准确的理解与回答。为此，设计调查表应注意以下几点：

（1）调查项目必须使被调查者愿意回答、方便回答、准确回答。

（2）调查项目应当是为实现调查目的所必需的项目，而且要简明扼要。

（3）各个调查项目之间、几次调查之间，应尽量做到互相关联，以利验证结论的准确性。

（4）要根据调查内容和目的，灵活选择调查表的形式、格式等，以便达到预期的效果。

2. 提问的设计技术

提出调查问题的方式有很多，概括起来，可分为开放式和封闭式两种。开放式就是不限定回答范围的提问方式，如自由回答法；封闭式是指定回答范围的提问方法，如二项选择、多项选择、统计表法等。

（1）自由回答法。就是让被调查者自由地、无任何限制地回答所提出的问题。例如，你对××牌空调的功能、质量、价格、外观、包装及售后服务有何意见？

这种方法的优点是：由于采取自由式提问，可以造成一个良好的调查气氛，由于问卷上没有任何拟定答案，回答者可尽量发表自己的意见，因而可获得一些预想不到的建设性意见。其缺点是答案比较分散、整理分析困难；取得被调查者的配合比较困难。

（2）二项选择法。就是调查者提出问题后拟定两项备选答案，由调查者从中选择一个进行回答。例如，你家中是否已买彩色电视机？答案为是或否。

这种方法的优点是：回答方便，被调查者易于接受；答案简单明确，易于统计分析。其缺点是：限制太大，不能够看出被调查者在态度上的差异。

（3）多项选择法。就是由调查者在提出的问题后拟出若干备选答案，让被调查者从中选择一个或几个作为回答。

这种方法克服了二项选择那种强制选择的缺点；可适当区分被调查者在态度上的差异；统计工作量也不大。但缺点是很难完全排列所提问题的全部答案，易受调查者的主观影响。

（4）优先顺序法。就是由被调查者根据自己的经验、认识程度、专业知识、需要、兴趣等，对调查问题所列答案排出先后顺序的方法。

（5）程度评判法。就是要求被调查者对所提问题表示自己的态度和认识。

3. 词语选择

在调查表中词语的选择很重要，它直接影响被调查者对问题的准确理解和回答的真实性，所以在选择词语时必须注意：

（1）问题清楚、明确。

（2）避免使用多意词或笼统的提问。

（3）避免用引导性问题或暗示性问题。

（4）避免提出涉及私人生活的问题。

4. 问题的排列次序

心理学研究表明，调查排列的前后顺序有可能影响被调查人的情绪和合作意愿。因此调查表设计中应注意问题的先后顺序。

一般说来，采用当面提问时，开头宜采用开放式的问题，先造成一个良好的、和谐的谈话气氛，保证后面的调查能够顺利进行。在采用书面调查时，开头应当是容易回答且有趣味性的问题，调查的核心内容放中间部分，专门性的或特殊性的问题放在最后。

5. 调查表的制作

调查统计表是根据调查的项目、内容及分析研究的需要而预先设计好的表格，它由总标题、纵标目、横标目、数字资料组成。制作统计表时，标题应当醒目，确切说明表的内容、地区和时间。统计内容力求扼要，主词栏与宾词栏可按被调查单位的特点、调查对象的性质进行适当分组，其排列顺序一般是先局部后全体。统计表的数字项应当真实，并注明数字来源。

2.3　项目市场预测

项目市场预测是在项目市场调查的基础上，运用科学的预测方法，对项目产品未来市场供求、竞争、价格的变动态势和变动趋向做出预计和推断，为合理确定项目投资方向和投资规模提供依据。项目市场预测可以从不同角度进行分类，按照预测的空间层次不同，分为国际市场预测和国内市场预测。国内市场预测又可分为全国性市场预测和地区性市场预测、城市市场预测和农村市场预测。按照预测的时间层次不同，分为近期预测、短期预测、中期预测和长期预测。按照预测的性质不同，分为定性市场预测和定量市场预测。按照预测的具体内容不同，分为市场需求预测、市场供给预测、市场价格预测、企业产品市场占有率和销售量预测、产品的市场生命周期预测等。项目市场预测的结论是制定投资项目产品方案，确定项目产品规模所必需的依据。

2.3.1　市场预测原则与步骤

1. 市场预测的原则

（1）连贯的原则。客观事物的发展变化过程常常表现出它的延续性，通常称这种现象为“惯性现象”。经济现象的发生、发展、变化等有一定的延续性，也就是说，经济过程的研究对象的过去和现在会向未来延续，因此就可以用以推测未来。在市场预测过程中，运用这一原则可以了解、掌握和分析项目生产经营的延续性，找出规律性的变化和发展变化趋势，从而为企业制定合理的产品方案和项目规模提供依据。

（2）相关的原则。任何事物的发展变化都不是孤立的，而是在与其他事物的相互影响、相互作用下进行的。经济现象也有着内在的相互联系，总有一定内在的相关性，深入分析预测现象与相关事物的依存关系和影响程度，可以揭示市场的变化特征和发展规律，并可用来预测其未来。

（3）类推的原则。经济变量的发展变化有许多是相似的，在预测中通过寻找并分析相似事物，可以发现规律，根据已知事物的变化特征推断具有近似特性的预测对象的未来。

（4）实用的原则。进行预测，是为企业经营决策提供依据。因此，市场预测不是纯理论性的工作，而是实用性的工作，要用经济理论为指导，用科学的方法和手段，根据市场经济过程的需要，去寻找经济现象之间存在的内在规律，做出科学预测，以取得较好的经济效益。

2. 市场预测的步骤

（1）明确预测目标，拟定预测方案。确立目标主要是确定预测的对象和目的。由于预测的具体内容不同，所需资料数据和采用的方法也不同，为使预测目标具体化，还要制定切实可行的预测计划，具体规定预测结果希望达到的精确度和时间期限等。

（2）收集、整理、分析资料。根据预测目标的要求，广泛收集所有历史资料，并对资料进行分析、处理，这是预测的基础工作。搜集资料要注意真实、可靠、全面，既要搜集企业内部资料，也要搜集企业外部环境方面的资料。预测资料的来源包括：①国家统计部门的资料；②本行业的过去和现在的统计资料；③国内外有关的技术经济资料；④情报部门提供的信息、参考资料；⑤其他方面的资料（报刊、杂志、非正式途径等）。

搜集到资料后，要对大量资料进行分析、处理，剔除不适用资料。

（3）选择预测方法并进行预测。根据收集到的资料和预测目标及各种预测方法的适用条件和性能，选择合适的预测方法。预测方法选用的是否合适，将直接影响预测的精确度和可靠性。预测方法有多种，且各种预测方法有其特点，一般要选用两种或两种以上的预测方法，定量方法和定性方法结合。运用定量预测方法，要建立数学模型，根据预测模型，输入有关资料、数据，进行计算或处理，即可得预测结果。

（4）分析预测结果。即分析预测结果的准确性和可靠性。预测结果受到资料的质量好坏、预测人员的经验能力、预测方法本身的局限性等因素的影响，很难确切地估计预测对象的未来情况。此外由于预测对象内、外部其他因素的变化，还要分析各种影响预测精确度的因素，以及这些因素的影响程度和范围，估计出预测误差的大小。若有必要，还要对原来的预测值进行修正，得出最终预测结果。

（5）编写预测报告。预测报告，即对整个预测过程的概括和总结。在报告中要写明预测的对象、目的、预测的资料、数据及分析处理情况、选择的预测方法和建立的预测模型、预测的定量定性分析的结果。

预测报告要提交有关部门和单位作为可行性研究和项目决策的依据。

3. 预测资料的分析与处理

数据是资料的具体形式之一，可以反映研究对象的特征和变化。数据的真实、完整、及时、准确对预测结果有着至关重要的作用，因此在预测过程中，要对搜集的数据资料进行分析处理，剔除虚假数据，纠正异常数据，还要对有关数据进行统计处理。

数据按其形式可分时间序列数据和截面数据。

时间序列数据即按时间顺序排列的统计数据，这类数据反映研究对象在一定条件下发展变化的过程，从中可分析到有价值的信息。

截面数据是在相同或近似相同的时间点上收集的有关总体各个单位的数据，描述现象在某一时刻或某一时期所达到的水平。用于同一时间、不同调查单位的分析比较。

搜集哪一类数据，要根据预测的要求而定。对数据的分析处理主要从以下几方面考虑。

（1）分析数据的真实性。只有真实可靠的数据，才能作为预测的依据。因此对搜集到的数据资料要进行分析鉴别。

由于体制上的问题等原因，统计部门提供的某些统计数据与实际值可能有一定误差，如能通过调查研究，掌握某些统计数据与实际值的差额或误差程度，则应对统计数据适当加以修正。真实性检查包括逻辑检查和计算检查。逻辑检查主要检查内容是否合理，有无矛盾，是否符合实际。计算检查主要检查数字有无差错，指标计算方法是否恰当，计算单位是否正确，指标之间平衡关系是否保持。

对于某些判定不真实的数据，在没有条件进行修正的情况下，应予以剔除，以避免对预测准确性的影响。

（2）分析数据的可比性。很多统计数据均以货币金额为测量单位，为使统计数据有可比性，需将各年的有关金额折算为以某年不变价格为基础的币值。

（3）异常数据的分析处理。在一系列数据中，有些数值变动幅度较大的数据，通过背景调查和定性分析，不能反映预测对象的实际情况，这样的数据就视为异常数据。对于异常数据，通常采取剔除法或修正的方法进行处理。

2.3.2 定性预测法

1. 调查研究预测法

是指预测人员运用各种调查方式取得大量实际资料，对这些资料进行加工整理和分析研究，从中找出规律，并结合自己的实践经验来判断和推算未知事件发展前景的方法。

预测是近几十年发展起来的一门新兴学科。近年来，数学方法、自然科学方法、计算机在预测过程中得到广泛应用，预测实现了数学化、模型化和计算机化，但虽然如此，我们也不能片面地认为，在预测过程中只有应用数学模型才是科学的，而把调查研究预测方法视为不科学的。因为在预测中应用数学手段仍有一定局限性。对那些重大经济和科学技术问题的预测，在应用数学手段的同时，往往辅以调查研究预测法。

（1）一般调查法。

一般调查法是运用传统的调查研究方法如召开座谈会、蹲点调查等方法获取资料进行预测。具体包括典型调查法、咨询法、实验法等，在市场调查中已述及，这里不重复。

（2）直接推算法。

直接推算法是通过有关指标直接推算预测的方法。通常有：

①点面推算法。

点面推算法，即以点推面或以局部推算总体的一种方法。一般通过典型调查或抽样调查的方法取得若干个“点”或一个局部的资料，根据这些资料推算总体的预测值。

点面推算法要注意局部资料的代表性，尽量减少误差。

②比例推算法。

这种预测方法是根据预测对象与某一已知数之间存在的比例关系，从已知比例去推算预测对象数值的一种方法。

2. 专家预测法

专家预测法是以专家为索取信息的对象，运用专家自己的知识和经验，考虑预测对象的外部环境和内部条件，直观地对预测对象进行综合分析研究，寻求经济现象的特性和发展规律，并进行预测的一类定性预测方法。

我们通常所说的专家一般指在某个领域有专门知识和特长的人员，从形式上看，表现为工作时间、学历、学位或专业职称，而从实质上应选择在学术上有建树、有独到见解、有真才实学的人。

专家的选择方法一般有以下途径：①本机构（部门）和相关单位权威和熟悉业务的最高层领导推荐。②从在学术刊物、报刊上发表论著的作者中物色。③从学术团体、机构等方面选择。④通过上级部门介绍，查询有关专家档案、人才库等。总之，选择专家既要选择精通专业、有一定名望和学术代表性的专家，也应注意选择边缘学科专家。既选择这些领域中的权威人士，又要选择声望不高但确有真才实学的人。

专家预测法有两种方法：一是头脑风暴法，二是德尔菲法（Delphi method）。

（1）头脑风暴法。

头脑风暴法是以专家的创造性思维来索取未来信息的预测方法。头脑风暴法按智能结构，分为个人头脑风暴和集团头脑风暴两种。

个人头脑风暴也称专家个人判断预测法。以专家个人的创造性思维获取信息，充分发挥个人思维能力，不受外界其他因素影响，没有心理压力。但是，由于个人的知识、经验、经历的不同，掌握资料不同，预测结果难免有局限性。

集团头脑风暴法亦称专家会议预测法。通过召开专家会议发挥专家的创造性思维获取信息。专家会议有助于专家之间信息交流和相互启发，使专家们思维发生“共振”。集思广益，取长补短，获取更多的借息。使预测分析更加细致，方案和对策更加具体。

专家会议预测法要取得理想的效果，关键在于组织好专家会议，组织专家会议应注意以下问题。

①选择合适的专家。根据预测目的、对象选择专家，既选择预测专家、熟悉预测对象的专业方面专家，也注意选择相关领域的专家。

专家集体人数根据预测规模而定，一般10～50人。

②被选中的专家最好互不相识，若彼此认识的应从同一职称或级别中挑选，使专家感到平等意识，不受约束，便于畅所欲言。

③要为头脑风暴法创造一个能真正自由发言的环境，组织者要向专家讲明政策，使专家无所顾虑，言由心衷。鼓励勇于修改意见的专家，为其提供优先发言的机会。

④头脑风暴的领导工作，可以由预测专家小组负责，便于启发诱导。

头脑风暴法通过专家创造性思维获取大量信息，考虑各种预测因素，提供较全面的方案。但这种方法受到专家个人表达能力、心理因素、盲从意识的影响。而德尔斐法则可以弥补这些不足。

（2）德尔菲法。

德尔菲法是美国兰德公司（Rand Corporation）在20世纪40年代末首先使用的一种预测方法，现在被广泛应用于经济、社会等各领域。

德尔菲是古希腊的一座城市，因阿波罗神殿而出名，传说众神每年都要来德尔菲聚会，以占卜未来。因此，德尔菲成为预测未来的神谕之地，后人用德尔菲比喻高超的预见能力，故将此法命名为德尔菲法。

德尔菲法是由主持预测的单位，选定有关的专家，采用函询的方式，收集专家的意见，加以综合整理，再匿名反馈给专家。这样经过几次的征询及反馈，使各种不同意见逐步趋向一致，从而得出比较符合市场规律的预测结果。

德尔菲法的预测程序一般如下：

①确立预测目标。

确定预测要求、预测组织者（或成立预测小组）。

②选择参加预测的专家，设计函询调查表。

专家的选择要根据预测的要求选择，要有代表性，专家人员根据预测问题的大小而定。一般 15～20 人。

函询表的设计要把需回答的问题讲清楚，有关时间数量指标要准确，表格力求简明，围绕预测目标提出问题，问题的数量要适宜。

③函询阶段。

选定了专家，制定了函询表后就开始函询工作，在进行的整个过程中，自始至终应不让专家彼此发生联系，由预测小组函询或派专人与专家联系。预测组织者把函询表有关资料寄送给每位专家，专家们“背靠背”按照自己的想法提出预测意见；组织者把这些意见整理分析后把结果反馈给专家，再次征询专家的预测意见。这样经过三至四轮就可获取较为一致的意见。

④得出预测结论。

根据几次提供的资料和几次反馈后的意见，已基本趋于一致，这时预测组织者便可结束征询，得出预测结论。

德尔菲法是在专家会议基础上发展起来的一种预测方法，有如下几个特点：

①匿名性。德尔菲法采用匿名函询方式征求意见，对被选择参加预测的专家，要保密，不公开其姓名、职务、职称，专家之间彼此不通气，这样可以使专家个人意见得到充分发表，可以参考前一轮的预测结果以修改自己的意见，而无须担心会有损于自己的威望。

②反馈性。反复征询专家意见，收集反馈情况，每位专家都可以知道全部意见的倾向及持不同意见的理由等，有助于相互启迪，最大限度的发挥专家的智慧，容易将正确意见集中起来，提高预测的全面性和可靠性。

③收敛性。经过反复征询，专家们对同一预测问题的意见趋于一致，从而可得出预测结论。

④预测结果的统计特性。为了科学地综合专家们的预测意见和定量表示预测结果，每次信息反馈，都要用数量统计法进行分析整理，由专家们提出最高、最低和最大、最小的预测值。然后再计算出各种数据的平均值和标准差。

专家回答意见，常常涉及时间和数量指标，对此类指标，常用中位数和上、下四分位点的方法处理，求出预测的期望值和区间。

2.3.3　时间序列预测法

1. 时间序列预测方法的步骤

时间序列，也叫时间数列或动态数列，是将某种统计指标的数值按时间先后顺序排列所形成的数列，由时间和数据两种因素组成。

时间序列预测法是通过编制和分析时间序列，根据时间序列反映出来的发展过程、方向和时间序列，从而对事物未来状况进行预测。

运用时间序列预测法，一般步骤如下。

（1）搜集历史资料，编成时间序列，绘制统计图。

搜集资料要尽可能丰富，对搜集到的历史资料必须加工整理。编制时间序列应注意数据时间长短应相等，指标的含义，计算单位应一致等。

（2）分析时间序列，从中找出事物随时间变化而变化的规律。

时间序列中每一时期的数值都是由许多不同的因素共同作用的结果，为便于分析，通常对各种可能发生作用的因素进行分类，一般分为：长期趋势，季节变动，随机变动等。

长期趋势是长期连续规则性的变动，预测对象的数值随时间的推移增加或减少，有明显变动方向，可呈直线趋势序列，也可呈曲线趋势序列。

季节变动通常指以一年为周期的规律性变动。其本质是指周期变化的变动。一般是指能预测到的、固有规律作用于经济活动的结果。

不规则变动又称随机变动，其变化无规律可循，这种变动都是由偶然事件引起的，如自然灾害、战争、政策调整等因素的影响。

（3）选用合适的模型（方法）进行预测。

时间序列预测方法有多种，每种都有其特点，要根据预测对象的有关条件选用合适方法。

2. 平均数预测方法

（1）简单平均法。也称算术平均法。即根据过去和现在实际发生的资料，求其平均值，以此平均数作为下一期的预测值。

例：某企业 2007 年 1～5 月份的销售额分别是 280 万元、200 万元、180 万元、150 万元、160 万元，则按简单平均法预测 6 月份的销售额为

$$y = \frac{280 + 200 + 180 + 150 + 160}{5} = 194(\text{万元})$$

（2）加权平均法。当各个时期时间数据重要程度不同时，用加权的方法计算加权平均数进行预测的一种方法。即对各个时期的实际资料数据进行加权，再用各个时期实际资料所加的权数之和去除，作为下期的预测值。

例：2007年1～5月份某企业某产品的销售额分别为400万元、430万元、360万元、500万元、600万元，取1月份权数为1，以后各期权数分别为2、3、4、5，则按加权平均法预测下月该产品的销售额Y为

$$Y=(400\times 1+430\times 2+360\times 3+500\times 4+600\times 5)/(1+2+3+4+5)$$
$$=489(\text{件})$$

3. 移动平均预测法

移动平均法，又称滑动平均法，是在算术平均基础上发展起来的预测方法。

（1）一次移动平均预测法。是利用靠近预测值的各个时期实际数据计算平均数，把这个平均数作为预测期的预测值。其计算公式如下：

$$M_t^{(1)}=(Y_t+Y_{t-1}+\cdots+Y_{t-N+1})/N$$

式中：t——周期序号；

$M_t^{(1)}$——第t周期的一次移动平均数；

Y_t——第t周期的实际值；

N——计算移动平均数所选定的数据个数。

例：某企业2007年1～5月份的每月实际销售额分别为1万元、0.8万元、0.9万元、1.1万元、1.2万元，则6月份销售额的预测值是多少？

解：根据上述公式，取$N=3$。

6月份的预测值$y=(0.9+1.1+1.2)/3=1.066$（万元）

（2）二次移动平均预测法。如果时间序列有明显的线性变化趋势时，不能用一次移动平均法预测，这是由于移动平均法预测要落后于实际数据的变化，形成滞后偏差，使预测值偏低。因此，当时间序列具有线性变化趋势时，选用二次移动平均法。二次移动平均数，是对一次移动平均数再作一次移动平均。二次移动平均数预测，不是用二次移动平均数直接预测，而是在二次移动平均基础上，建立线性预测模型，然后利用模型预测。

二次移动平均数的预测公式为

$$\hat{Y}_{t+T}=a+bT$$

式中：t——目前时间周期序号；

T——目前周期到预测周期间隔个数；

$\hat{Y}_{t+T}$——第$t+T$周期的预测值；

a——线性模型的截距；

b——线性模型的斜率。

$$a = 2M_t^{(1)} - M_t^{(2)}$$

$$b = \frac{2}{N-1}[M_t^{(1)} - M_t^{(2)}]$$

例：某项目建成投产后 2006 年 4 月至 2007 年 2 月的产品产量如表 2-1 所示，用二次移动平均法预测 2007 年 3、4 月份的产品产量。过程如下。

解：首先，计算一次、二次移动平均值，见表 2-1。

表 2-1　某项目产品产量（单位：万元）

时间	2006 年									2007 年	
	4 月	5 月	6 月	7 月	8 月	9 月	10 月	11 月	12 月	1 月	2 月
时间序列 t									9	10	11
产量 Y_t	10	15	8	20	10	16	18	20	22	24	20
$M_t^{(1)}$ $(N=3)$			11.0	14.3	12.7	15.3	14.7	18.0	20.0	22.0	22.0
$M_t^{(2)}$ $(N=3)$					12.7	14.1	14.2	16.0	17.6	20.0	21.3

其次，分别计算预测模型的参数 a、b：

$$a = 2M_t^{(1)} - M_t^{(2)} = 2 \times 22.0 - 21.3 = 22.7$$

$$b = \frac{2}{N-1}[M_t^{(1)} - M_t^{(2)}] = 2/2 \times (22.0 - 21.3) = 0.7$$

则得预测模型为

$$\hat{Y}_{t+T} = a + bT = 22.7 + 0.7T$$

若预测 2007 年 3、4 月份的产品产量为

$$\hat{Y}_{t+1} = a + b \times 1 = 22.7 + 0.7 \times 1 = 23.4\ (\text{万元})$$

$$\hat{Y}_{t+2} = a + b \times 2 = 22.7 + 0.7 \times 2 = 24.1\ (\text{万元})$$

4. 指数平滑预测方法

（1）一次指数平滑法。当时间序列数据呈水平变动为主时，用这种方法预测，其计算公式为

$$S_t^{(1)} = \alpha Y_t + (1-\alpha) S_{t-1}^{(1)}$$

式中：$S_t^{(1)}$——第 t 周期的一次指数平滑值；

Y_t——第 t 周期实际值；

α——平滑系数（$0<\alpha<1$）；

$S_{t-1}^{(1)}$——第（$t-1$）周期的指数平滑值。

一次指数平滑法是以最近周期的一次指数平滑值作为下一周期预测值。

$$\hat{Y}_{t+1} = S_t^{(1)}$$

计算指数平滑值需先确定初始值 $S_0^{(1)}$ 和平滑系数 α。$S_0^{(1)}$ 是初始平滑值，一般取最初几个实际值的平均值作为初始值。α 的取值常按下列规律选取：

①实际数值虽无明显规律，但长期趋势时间序列较稳定，则 α 取小值在 0.05～0.2 之间。

②若实际数值变化缓慢，α 取较小值，在 0.1～0.4 之间。

③如果时间序列具有迅速明显的变动倾向时，α 则应取较大的值，一般在 0.3～0.6 之间。

应该注意的是，α 的取值要与定性分析相结合，往往取几个不同的值，然后计算预测结果，把结果与过去资料或今后资料定性分析相对照，确定 α 的值。

一次指数平滑法对实际序列有平滑作用，平滑系数 α 越小，平滑作用越强。一次指数平滑法只能预测一期，如果时间序列呈线性变化时，要应用二次指数平滑法。

（2）二次指数平滑法。二次指数平滑法是对一次指数平滑值再作一次指数平滑的方法。但不能用二次指数平滑值直接进行预测，而是利用两次平滑值，通过求解平滑参数，建立数学模型进行预测。

二次指数平滑值的计算公式为

$$S_t^{(2)} = \alpha S_t^{(1)} + (1-\alpha)\ S_{t-1}^{(2)}$$

式中：$S_t^{(2)}$——第 t 周期的二次指数平滑值；

$S_t^{(1)}$——第 t 周期的一次指数平滑值；

$S_{t-1}^{(2)}$——第（$t-1$）周期的二次指数平滑值；

α——平滑系数。

二次指数平滑公式的运用，也有初始值 $S_0^{(2)}$ 和 α 的选取问题，因为随着时间的推移，初始值的影响是很小的，因此可选 $S_0^{(2)} = S_0^{(1)}$。由于时间序列具有线性，预测模型为

$$\hat{Y}_{t+T} = a_t + b_t T$$

式中：$\hat{Y}_{t+T}$——第 $t+T$ 周期的预测值；

a_t——线性模型的截距；$a_t = 2\ S_t^{(1)} - S_t^{(2)}$；

b_t——线性模型的斜率；$b_t = \frac{\alpha}{1-\alpha}\ [S_t^{(1)} - S_t^{(2)}]$；

T——目的周期到预测周期间隔期数。

2.3.4 相关与回归分析法

在自然界和社会经济领域中，各种现象之间存在着各种各样的相互关系，如气温与降雨量、粮食产量与化肥施用量等。这些相互关系一般可分为两类。

第一类，各种变量之间的关系可用理论分析的方法，严格地推导出一定的函数关系，也就是说具有确定性的关系；另一类，是变量之间的函数关系不能从理论上严格地推导出一定的关系来，这种关系称非确定的关系。对于这类非确定的关系，可在大量统计资料的基础上，利用相关分析来区分这些变量是否存在相关关系以及相关的程度等，进而确定它们之间的定量关系的近似表达式。

回归预测法就是从分析研究各种经济现象之间的相互关系出发，确定回归方程式，然后根据自变量的数值变化代入回归方程式，去预测因变量数值变化的一种方法。

一元回归分析是根据大量统计资料，研究两个变量之间的统计规律及有关回归关系的计算方法和理论。由一元回归分析确定的预测模型称为一元回归预测模型。

研究三个或三个以上变量之间的统计规律且有关回归关系的计算方法和理论，称多元回归分析。由多元回归分析确定的预测模型称为多元回归预测模型。

回归预测时应注意：必须是具有相关关系的经济现象之间才能运用回归预测法；预测对象（因变量）和相关因素（自变量）之间的关系必须是密切的，而相关因素（自变量）之间的关系必须是不密切的，且自变量的数值也能够求出。

1. 回归预测一般过程

（1）确定自变量。选择与预测对象关系最密切的因素作为自变量，根据预测目的需要确定一个或几个自变量。

（2）建立预测模型。根据理论分析和相关分析，如果有几个重要因素同时对预测对象有影响作用且密切相关，则选用多元回归方程式；如果在几个因素中，其中某一因素基本起决定作用，其他因素影响作用不大，可选用一元回归预测。若自变量与因变量之间数据分布呈线性时间序列，可确定用线性回归方程式；如果呈曲线时间序列，可确定用非线性回归方程式。

（3）确定回归方程式的有关系数，求出回归方程式。

（4）对回归方程式进行效果检验。可利用求相关系数、F 检验、T 检验判断回归方程效果。若效果好可用于预测。

（5）利用回归方程进行预测，并对预测结果进行估计，计算置信区间。

2. 一元回归预测法

一元回归预测法，是分析一个自变量和一个因变量之间的相互关系，利用一元回归方程进行预测。

在影响事物变动的因素中，如果其中有一个因素是基本的、起决定作用的，而且自变量与因变量之间的数据分布呈线性趋势，即可运用一元线性回归方程进行预测。其模型为

$$y = a + bx$$

式中：y——因变量，即预测对象；

x——自变量，即引起预测对象变化的因素；

a、b——回归系数。

根据最小二乘法原理，求回归系数可用下面两种方法：

一是解联立方程组，其方程是

$$\sum y = na + b\sum x$$

$$\sum xy = a\sum x + b\sum x^2$$

二是把上述方程之解，化为较为简单的形式，用下列公式直接求得 a、b 的值

$$b = [n\sum xy - \sum x\sum y]/[n\sum x^2 - (\sum x)^2]$$

$$a = (\sum y - b\sum x)/n$$

例：8 个企业生产某种产品，月产量和生产费用之间存在依存关系，具有线性趋势，试根据表 2-2 所示资料建立一元线性预测模型。

表 2-2　8 个企业月产量和生产费用资料

企业	产品产量 x（千吨）	生产费用 y（万元）	x^2	xy
1	1.2	62	1.44	74.4
2	2.0	86	4.00	172
3	3.1	80	9.61	248
4	3.8	110	14.44	418
5	5.0	115	25.00	575
6	6.1	132	37.21	805.2
7	7.2	135	51.84	972
8	8.0	160	64.00	1280
合计	36.4	880	207.54	4544.6

将计算结果代入方程组

$$\sum y = na + b\sum x$$

$$\sum xy = a\sum x + b\sum x^2$$

解之得，$a=51.31$，$b=12.90$

$$y = 51.31 + 12.90x$$

3. 二元线性回归预测

二元回归预测，是根据两个自变量的变动，来预测因变量发展趋势和水平的方法。即研究相互关联的三种经济现象数量变动依存关系的方法。其方程式为

$$Y = a + bX + cZ$$

式中：Y——表示因变量，即预测对象；

X、Z——分别表示影响因变量变化的两个自变量；

a、b、c——表示回归系数。

为使预测方程式 $Y=a+bX+cZ$ 较为精确，就应使总误差的平方和最小，即使

$$Q = \sum(\hat{Y} - Y)^2 = \sum(\hat{Y} - a - bX - cZ)^2$$

最小。

分别求 Q 对 a、b、c 的一阶偏导数，并令其为零，得

$$\begin{cases} \dfrac{\partial Q}{\partial a} = -2\sum(Y - a - bX - cZ) = 0 \\ \dfrac{\partial Q}{\partial b} = -2\sum(Y - a - bX - cZ)X = 0 \\ \dfrac{\partial Q}{\partial c} = -2\sum(Y - a - bX - cZ)Z = 0 \end{cases}$$

化简并整理得

$$na + b\sum X + c\sum Z = \sum Y$$

$$a\sum X + b\sum X^2 + c\sum XZ = \sum XY$$

$$a\sum Z + b\sum XZ + c\sum Z^2 = \sum YZ$$

解此联立方程便可得到 a、b 和 c。

例：某连锁服装店的销售额受规模大小和促销费用的影响，并且有线性相关关系，根据表 2-3 显示有关统计数据建立二元线性模型。

表 2-3　服装连锁店销售额、规模、促销费用资料

商店	年销售额 Y（万元）	规模 X（米^2）	年促销费用 Z（万元）
1	368	172	20
2	389	164	20

续表

商店	年销售额 Y（万元）	规模 X（米^2）	年促销费用 Z（万元）
3	665	281	55
4	854	355	25
5	341	129	30
6	556	220	40
7	366	113	45
8	469	350	25
9	546	315	40
10	288	151	20
11	1067	516	55
12	758	456	30
13	1170	584	50
14	408	350	25
15	650	405	30
合计	8895	4561	510

解：通过计算可得

$$\sum Y = 8895 \quad \sum X = 4561 \quad \sum Z = 510$$

$$\sum XY = 3\ 189\ 972 \quad \sum XZ = 165\ 335 \quad \sum ZY = 33\ 0955$$

$$\sum X^2 = 1\ 685\ 575 \quad \sum Z^2 = 19\ 550 \quad \sum Y^2 = 6\ 289\ 597 \quad n = 15$$

把这些数据带入上述公式，得

$$8895 = 15a + 4561b + 510c$$

$$3\ 187\ 972 = 4561a + 1\ 685\ 575b + 165\ 335c$$

$$330\ 955 = 510a + 165\ 335b + 19\ 550c$$

解联立方程，得

$$a = -51.312$$

$$b = 1.405$$

$$c = 6.382$$

故二元线性方程式为

$$Y = -51.312 + 1.405X + 6.382Z$$

第三章

项目建设与经营条件分析评估

本章提要： 项目建设与经营条件是指项目本身的建设施工条件和项目建成或交付使用后的生产经营条件。本章研究项目建设与经营条件的评估，具体包括：资源条件、原材料供应条件、燃料、动力供应条件、交通运输条件、环境条件、厂址条件等。从总体考察，项目建设条件有项目自身系统内部的条件，也有与之协作相配套的外部条件；有可以控制的静态稳定条件，也有难以控制的动态不确定条件。因此，项目建设条件的评估应从项目的基本条件和建成以后的生产条件入手，着重分析评估影响项目的不确定条件。

3.1 项目建设资源条件分析评估

通过对投资项目建设资源条件分析评估，为投资项目建设和生产提供可靠和稳定的物质基础，如果没有必需的资源条件作保证，就无法使投资项目顺利建成，以至造成项目建设工期长、工程造价高、建成投产或交付使用后效益差等，因此，必须对项目建设的资源条件认真审查、分析和评价，以确保项目顺利建成投产或交付使用。项目资源条件分析主要指对自然资源条件的分析。

3.1.1 自然资源的特点

1. 资源的有限性

资源是可供开发利用并且属项目需要的自然资源，如矿藏、农林、生物、土地及水资源等，资源条件直接关系到项目开发方案和建设规模的确定。自然资源包括矿产资源、水利水能资源和森林资源等。按其更新恢复能力，可以分为非再生资源和可再生资源。非再生资源的特点在于一旦被开发出来，进行加工利用后，就不能够再生长出来，或者即使能再生长出来，也要经过极其漫长的地质年代，如各种矿产资源。因此，各种非再生资源的可利用数量是有限的。对于绝大部分矿产资源，它们的储藏量是有限的。

可再生资源的特点在于被开发利用之后，经过一定的时间或过程能够重新生长出来，这类资源主要是指水及森林资源等。土地资源和水资源虽然是可再生的，但在一定时期，一定范围内也是有限的。因此，要合理利用有限的资源，使项目发挥更大的经济效益和社会效益。

2. 资源分布的不均衡性

不同地区的自然条件是千差万别的，不同的自然资源要在不同的自然条件下才能形成，从而各地区的自然资源分布呈现出不均衡性。任何一个投资项目在一定程度上都要依赖于项目所在地的自然资源，而且该项目本身效益发挥的好坏，资源条件也起着重要的作用。因此，通过对项目所在地资源条件的评价，能够为项目的建设与否以及具体方案的选择提供依据；根据现有的资源分布情况，因地制宜，对该项目进行合理布局，以科学利用自然资源，促进项目效益的提高。

3.1.2 资源开发利用的基本要求

1. 符合资源总体开发规划的要求

国家对重要资源的开发利用制定总体开发规划，不同地区根据本地的自然条件大都制定适合本地要求的资源总体开发的规划，因此投资项目的资源开发应在总体开发规划的指导下合理进行。例如，水利水电项目，应符合流域（河流、河段）综合开发规划和国土整治的要求。对可再生资源（森林、农牧产品等）的开发利用，还要注意保证资源的连续补偿。

2. 符合资源综合利用的要求

综合利用资源是解决我国资源相对紧缺的重要途径，对资源的开发利用要达到多层次、多目标的综合利用要求，避免浪费资源。许多矿区往往不只生产一种资源，而是有多种资源可供开采，因此要对共生矿、伴生矿和伴生气等的开发利用方案同时加以设计，根据资源特征提出合理的、多层次的、多目标的综合利用方案，做到物尽其用，尽可能节约资源。

3. 符合节约资源和可持续发展的要求

由于资源的有限性，在研究资源开发利用的强度和开采速度时，应处理好远期与近期的关系，要注意资源可供数量、质量、服务年限、开采方式、利用条件等，尽量做到经济合理地开发。对不可再生资源在符合规划前提下，实行有序开采，避免过度开采；对可再生资源，要按照其生长规律合理安排开采速度。

4. 资源储量和品质的勘探深度应达到规定要求

资源的储量和品质勘探深度，应达到国家有关部门规定要求，以确保资源开发项目建设的可靠性。在编制资源开发项目的评估报告时，矿产开采项目应附有国家矿产资源储量委员会批准的储量报告；水利资源开发项目应附有关部门批准的水利资源流域开发规划；森林采伐项目应附有关部门批准的采伐复垦规划。

5. 符合保护生态环境的要求

人类的发展必须寻求一条人口、经济、社会发展和资源、环境相互协调的道路。资源的不当开采将破坏生态环境的平衡，引起环境的恶化，最终影响到人类自身。因此，在资源开发过程中应该达到环保要求，力求减少对生态平衡的破坏。

3.1.3 资源条件分析评估的内容

1. 资源开发的合理性

主要分析资源开发利用项目是否符合资源总体开发规划的要求，是否符合资源综合利用的要求，是否符合可持续发展的要求。要处理好资源开发利用与资源保护和储备、可持续发展的关系。

在项目的资源研究中，如果开采出的某种资源能用于不同产品的生产，则应进行技术经济分析，选择经济效益最好的用途。同时，生产同一产品，往往可以选择多种资源进行生产，这时也必须进行经济效益分析，以选择技术上最适用，经济上最合理的资源。

2. 资源可利用量

主要针对拟建项目性质，研究矿产资源的可采储量或水利水能资源的蕴藏量或森林资源的蓄积量等，提出合理的开发（开采）规模和开发（开采）年限。矿产开采项目，应根据国家批准的储量、品位、成分和开采价值的报告，在进一步勘探核查的基础上，提出项目的矿产可采储量；水利水能开发项目，应根据流域开发总体规划，分析研究、提出水利水能资源合理开发利用量。森林采伐项目，应根据森林蓄积量调查资料以及有关部门批准的采伐与恢复规划，研究提出项目的原木可采伐量。

3. 资源自然品质

应根据投资项目的特点，分析研究资源品质，为制定项目技术方案提供依据。对于金属矿和非金属矿开采项目，应分析研究矿石品位、物理性能和化学组分、洗选难易程度；对于煤炭开采项目，应分析研究煤炭的热值、灰分、硫分、结焦性能等；而石油天然气开采项目，应分析研究油气的化学组分、物理性能（黏度、凝固点等）；针对水利水能开发项目，应分析研究河床稳定性、泥沙含量、有机物含量、水体形态（水位、水温、流速）等。

4. 资源赋存条件

主要分析研究资源的地质构造和开采难易程度，以便确定开采方式和设备方案。对于矿产开采项目，应分析地质构造、岩体性质、矿体结构、矿层厚度、倾斜度、埋藏深度、灾害因素、涌水量等；对于石油天然气开采项目，应分析研究油气藏压力、含油气地质构造、孔隙率、渗透率等；对于水利水能开发项目，则应分析研究拟建项目河段内地质构造、地震活动和其他危害因素以及水能梯级分布情况。

5. 资源开发价值

要密切注意科技进步对资源的发现和利用的影响，分析研究资源能否开发利用，能否取得预期的经济效益。在对资源开发价值进行评价时应充分考虑资源综合利用因素。矿产开采项目，应分析计算单位矿产品生产能力投资、单位矿产品的开采成本、露天矿的采剥比、地下矿井的采掘比等指标。森林采伐项目，应分析单位原木生产能力投资。水利水能开发项目，应分析单位供水能力投资、每千瓦电力装机容量投资以及防洪、灌溉、航运、养殖等的综合利用效益。

对于稀缺资源或供应紧张的资源，要注意开辟新资源的前景及有无替代资源，是否采取节能工艺和措施等。

3.2 原材料、燃料和动力供应条件分析评估

3.2.1 原材料供应条件分析

原材料供应条件是指项目建设施工所需要的建筑材料和项目生产经营所需的原料、辅助材料、半成品及供应条件。不同类型的投资项目，所需的原材料是千差万别的，而且每一个投资项目的原材料需求也是多种多样的。在项目评估中，应主要对原材料的稳定性进行分析评估，同时重点分析技术规格、供应规模、合理储备量以及原材料的价值和运费。

（1）分析和评价项目所需主要原材料的名称、品种、规格、需要量、可供量、供应方式、供应渠道、组织管理方式、运输条件等，进而分析原材料的供应

保证程度。

（2）分析项目所需主要原材料的质量和性能。即分析项目所需主要原材料的质量和性能能否满足生产技术工艺要求，即原材料的物理、化学、机械等性能如何，是否符合要求。比如，煤炭是火力发电厂的重要原料，煤炭的化学成分含量、热值不同，直接影响火电厂的技术、经济代价以及环境等。

（3）分析项目所需主要原材料的价格、运输费用变化情况及其对项目经济效果的影响。不同质量、不同来源的原材料，其价格是不同的，在很多情况下，原材料的价格及其变化程度直接影响着项目的技术可行性和经济合理性。因此，要根据原材料价格过去、现在的变化情况，预测其未来的变化趋势。

（4）分析原材料的运输和存储。项目所需的原材料的运输距离的长短、运输方式的选择、运输费用的多少，储备量是否合理、存储设施条件如何等，将直接影响项目生产过程的持续性和稳定性。尤其是在原材料来源和运输易发生困难，影响到连续生产的情况下，项目的存储设施规模关系到能否保证项目所需的原材料保持合理储备。

（5）分析在原材料质量能保证的前提下，有无价廉物美的代用品，能否就地取材和减少运费。

（6）如果是引进技术的项目，要考虑所需国内原材料的质量、规格是否符合新工艺、新技术、新设备的要求；对确需进口的原材料，要对国外供应来源、种类、数量、价格进行严格审查，充分考虑国际市场价格升降趋势和发生各种不确定事件的可能性，同时还要积极寻求国内产品代替的途径。

3.2.2　燃料、动力供应条件分析

燃料主要包括固体燃料、液体燃料和气体燃料；动力则包括供水、供电、供气、供风等动力设施条件的能力。燃料和动力的数量、品种和质量对投资项目的建设和生产能否顺利进行至关重要，对产品的成本和质量的关系甚为密切。因此，应认真分析燃料和动力供应条件。

（1）分析评估项目所需燃料、动力的需求量和可供量。项目所需原料种类通常可根据项目本身生产工艺和设备选型的要求，并依据所选燃料、动力对产品生产过程、成本、质量、厂区环境、生态平衡的影响程度而定。我国部分地区原料、动力资源缺乏，如华北地区地表水已近枯竭，地下水位也逐年下降；电力供应在一定时期、一些地区也较紧张。因此，国家对燃料、动力控制比较严格，虽然市场已放开，但仍受宏观计划的约束及供应总量的限制。所以，应力求避免在燃料、动力供应短缺或不足的地区建设耗能较多的项目，如确需建设，必须在当地宏观经济发展政策指导下，把项目燃料、动力供应需求量纳入当地供应计划。

（2）审查和评估项目工业用水供应条件。投资项目所需工业用水，按其性质

可分为原料用水、锅炉用水、冷却用水、公寓用水和冲洗用水等。项目评估中，对耗水较大的项目要根据项目所需水源、水质的要求，分析和审查正式水文地质资料和化验数据，并分析计算用水量、供水价格对项目产生的影响；同时还应分析生产中所需的工业用水综合利用设施、污水净化设施；以及供水泵站等供水设施方面的条件是否具备和完善。

（3）审查和评估电力供应条件。项目评价中，耗电量较大又要求连续生产的项目，要对电力作专题调查研究和分析评价，认真分析项目用电总量、电力来源以及可供量、输变电费用等因素。还要按生产工艺要求分析评价其日耗电量、年耗电量以及对产品成本的影响；对于大型投资项目，还应分析评价对电网、设备的最大负荷、设备启动负荷和冲击电荷的要求，并注意供电的稳定性分析；如是引进技术项目还应考虑其对供电质量的要求等。

（4）分析和评估所选燃料、动力的合理利用程度以及所选燃料、动力对项目生产过程、产品质量、生产成本和环境、生态平衡的影响。

（5）分析项目所需的其他动力、燃料条件。投资项目所需的其他动力、燃料供应条件主要包括汽、气等动力设施、供应总量、供应方式、价格等因素及其对产品成本的影响。

3.3 交通运输条件分析评估

交通运输条件是指为保证项目正常生产经营所需的厂内和厂外运输条件。厂内运输条件是指原材料、半成品、产成品的水平和垂直运输；厂外运输条件是指厂外运输设备和运输环节的协调与组织管理，是由建设和生产所需运输物资的类型、特性、数量和距离等因素决定的。项目交通运输条件关系到项目建设和生产所需的物资能否及时保证供应，直接影响产品的生产成本，是项目建设与生产的重要条件和关键环节。在项目建设条件评价中，应主要评价和分析项目的外部运输条件，因为这是保证项目生产供应和产品销售的环节。

（1）分析项目所需运输方式和运输设备的选择。即分析项目所采取的运输方式是否经济合理，在时间上有无保证。根据项目产品的性质、特点等对项目拟采取的运输方式进行多方案比较和选择，分别选择铁路、公路和水路运输方式，某些特殊商品还可考虑空运，并进一步对选择的运输方式对货物流向的要求、通过能力及运输能力等因素进行认真的分析。

（2）分析和评价运输过程中的装、转、运、卸、储等各个环节是否协调和便于组织管理，能否保证项目建设和生产活动的正常进行。同时还要具体分析和评价所选择的运输设备和运费的相关关系，寻求既快速又经济的运输方式。

（3）分析和评价有关运输项目的投资保证性。如项目采取铁路运输方式时，应分析和估算铁路接轨、编组站、仓储设施等相关投资的同步建设问题。

3.4　环境保护条件与治理措施

建设项目不仅要消耗大量的资源，而且会从不同方面对环境带来不同程度的影响。环境保护条件分析主要研究和确定项目产生的污染物和污染源，进而研究提出适当的治理措施，减排降耗。因此，实施建设项目环境保护条件分析正是在发展建设项目的过程中推行可持续发展战略最为有效的手段之一，它充分体现了对环境保护以预防为主的思想，对于节约资源，保护环境，促进人类的可持续发展具有重要的意义。

3.4.1　影响环境因素分析

影响环境因素分析，主要是找出项目建设和生产运营过程中污染环境和破坏环境，导致环境质量恶化的主要因素，从而有针对性地制定环境保护措施。

影响环境因素主要是分析污染源和污染物。在生产工艺过程中，设备或装置可能产生各类有毒有害物质，这种设备或装置称为污染源。污染物则是污染源向环境排放的或对环境产生影响的有毒有害物质。所以必须对污染环境因素进行分析，为保护环境做出贡献。

1. 污染环境因素分析

污染环境因素分析主要分析项目建设和生产运营过程中，污染环境和导致环境质量恶化的污染源和主要污染因素。废液、废气和固体废弃物，是破坏环境、影响生态平衡的主要污染物，不仅在经济上造成损失，而且破坏地表土层，危及人民生命安全。此外，噪声、粉尘等也是造成环境污染的重要因素，必须对这些因素的影响进行较全面的分析。

（1）“三废”分析。对于废气的分析，主要应分析其排放点、污染物产生及排放数量、有害成分和浓度、排放特征以及对环境危害程度。废液分析主要分析工业废液（如废水）和生活污水的排放点，计算污染物产生量与排放数量、有害成分和浓度，分析排放特征、排放去向及其对环境危害程度。固体废弃物的分析要计算固体废弃物产生量与排放量、有害成分及其对环境造成的污染程度。

（2）噪声。噪声分析应明确噪声源位置，计算声压等级，分析噪声特征及其对环境造成的危害程度。

（3）粉尘。粉尘分析应具体分析粉尘排放点，计算产生量与排放量，分析组分与特征、排放方式及其对环境造成的危害程度。

（4）其他污染物。主要分析生产过程中产生的电磁波、放射性物质等污染物发生的位置、特征，计算强度值及其对周围环境的危害程度。

2. 破坏环境因素分析

项目是处于自然环境中的人造系统，项目建设和生产必然对周围环境和生态产生影响。破坏环境因素分析主要分析项目建设施工和生产运营过程中，对环境可能造成的破坏因素，预测其破坏程度，尽量避免或减少对环境的破坏，为采取保护措施提供依据。具体包括以下内容：

（1）建设和生产经营活动对地形、地貌和已有设施的破坏情况。在进行这项分析时，首先必须明确项目的性质、规模、产品方案工艺过程，分析产生污染源的位置、数量以及污染物对地形、地貌和已有设施产生哪些影响。

（2）建设和生产经营活动对森林、草原植被破坏引起的土壤退化、水土流失等。

（3）建设和生产经营活动对社会环境、生态平衡和风景、名胜古迹、水源保护区的破坏。

3.4.2 环境保护措施

要使项目对环境的不利影响和破坏尽量降低和有效控制，必须在项目实施时采取必要的相应措施。采取治理措施应遵循以下原则。

1. 治理措施的原则

（1）源泉控制。源泉控制即控制污染源，使污染物的产生降低到最低限度。具体办法有：①新建、扩建、改建项目和技术改造项目以及一切可能对环境造成污染的项目坚决执行“三废”处理工程“三同时”的规定。②对于可能产生环境污染和其他公害的项目，要把消除污染、改善环境和节约资源作为加强经营管理的重要内容，要推广循环经济，开展清洁生产方式，尽量采用闭路循环工艺，大量减少“三废”排放量。③要积极研究和采用无污染或低污染的先进工艺、技术与设备，限期改造、淘汰严重污染环境的落后生产工艺与设备，推广使用环保新技术。④从国外、境外引进技术和设备的项目，必须遵守我国的环保法律、法规和政策，不得损害我国的环境权益和环境保护规定，严禁将国外、境外列入危险特性清单中的有毒、有害废物和垃圾转移到国内处置，严格防止转移污染。

（2）控制污染排放。坚持排放总量控制和达标排放要求，即对污染物的排放要坚决执行环境保护标准，达标后才允许排放。

（3）综合利用，减排降耗。必须从项目设计方案着手，对废弃物中所含有的有害物质或余能进行综合利用，从而实现减排降耗的目的。具体可采取下列积极预防措施：①选择合理的燃料结构，改善燃料方式，加强废渣和废水的综合利用，促进减排降耗。②推广无害工艺，组织密闭生产，消烟除尘，防止有害气体对大气的污染。③对污水进行净化处理，在保证安全可行的前提下，循环使用，提高利用率，防止污染水源。④采取先进传动、挤压、锻造等工艺设备，减少噪声对环境的干扰。

2. 治理措施方案

根据国家有关环境保护、污染排放等法律法规，根据项目的污染源和排放污染物的性质，采用不同的治理措施。具体包括：

（1）废气污染治理。可采用冷凝、吸附、燃烧和催化转化等方法。

（2）废水污染治理。废水污染治理有物理法、化学法、物理化学法、生物法。一般可以采取三级处理法：一级处理是采用物理和化学方法，将废水中部分污染物去除，或转化为非污染物；二级处理是微生物处理，采用生化方法，把污水中有害成分去除，即去除大部分有机物和固体悬浮物；三级处理是高级处理和深度处理，使用物理化学或生物化学等方法使水质达到排放标准。

（3）固体废弃物污染治理。有毒废物采用防渗漏池堆存，放射性废物采用封闭固化，无毒废物采用露天堆存，生活垃圾焚烧，生物降解或填埋，可以利用无毒害固体废弃物制作建筑材料或者作为建材添加物，进行综合利用。

（4）粉尘污染治理。可采用机械除尘、过滤除尘、湿式除尘、静电除尘等方法。

（5）噪声、振动、电磁波污染处理。可采用吸声、隔音、减震、隔震、降辐射等治理措施。

（6）建设和生产引起的环境破坏的治理。对岩体滑坡、植被破坏、地面塌陷、土壤劣化等，应采取防止或减少影响的治理方案。如地下水位下降，地面凹陷，则应向地下注水或打桩防沉降等措施，防止或减少下沉。

（7）建立环境监测制度。根据拟建项目的性质和规模，监测目标和监测方法，对流出物和环境进行监测，为以后设计工作的需要拟定工作方案。

3.5 厂（场）址选择

一个投资项目厂（场）址选择的好坏，会对这个项目的生产建设产生重大影响。投资项目厂（场）址选择一般包括两个环节：一是投资项目建设地区的选择，即选点。建厂地区的选择是指在较大范围内研究和选择投资项目的建设地理区域，要综合考虑国家的宏观计划和生产力布局的要求；二是项目具体厂（场）址选择，即定址，指拟建项目的具体施工建设地点。厂（场）址选择是一个从宏观到微观，先选点后定址的过程。

3.5.1 厂（场）址选择的基本原则

1. 符合国家、地区长远规划和生产力布局的要求

我国根据不同经济地带和经济区域的生产水平，针对各地的资源条件，围绕全国经济发展的总体目标，正在逐步确定发挥地区优势的产业结构，各地区政府也在建立并形成有特色的产业结构。因此，建设项目地点的选择，一般应在国家长远发展规划的指导下，在规定的区域内，满足规划和布局上的需要，不能自行其是。

2. 满足项目对原材料、能源、水和人力的供应等的要求

项目建设地点选择要考虑原材料、能源、水资源、人力资源、生产工艺、市场等因素的影响，即要考虑项目建设指向性的特点，根据项目具体情况，确定建设地点。如对于农产品、矿产品的初加工项目，应考虑靠近原材料产地建厂；对于能源消耗较大的项目，应考虑靠近能源产地建厂；对于采用高新技术的项目，则应考虑项目技术协作条件。

3. 节约和效益的原则

项目建设要尽力做到节约用地，降低建设投资，节省运费，减少成本，提高利润。在项目厂（场）址选择时应尽量控制建设用地，力求节约用地，节约资源。同时，要考虑投资费用、项目建成后的运营成本等问题，根据项目特点，选择靠近原料、能源产地或产品消费市场的地区，还要考虑运输是否方便、公用基础设施是否良好等因素，以尽可能节约投资、降低消耗，取得较大的经济效益。

4. 有利于保护环境和生态平衡

一方面，项目厂（场）址选择要考虑环境条件是否符合建设项目要求，这样才能保证项目建成后正常生产运营。另一方面，项目建设对所在地区环境会产生一定影响。这就要求项目厂（场）址选择时，要求考虑项目对自然环境和生态环境的影响，以人为本，减少对生态和环境的影响，对可能产生的环境问题，采取切实可行的治理措施。

5. 实事求是，科学比选的原则

项目厂（场）址选择时，要尊重现实，实事求是，根据项目特点及对厂址条件的要求，充分调查，确定多个厂（场）址方案，并对多个厂（场）址进行深入

调查研究，进行科学分析和比选，确定厂（场）址选择方案。

3.5.2　厂（场）址选择的具体要求

厂址选择有新建项目和改扩建项目两种情况。改扩建项目由于受老企业影响，厂址选择余地很小；而新建企业厂址选择的内容包括两个层次：选点和定址。选点又称建厂地区的选择，是确定工厂所在的地理区域；定址就是确定拟建企业的具体厂址，确定投资项目具体坐落的位置。

1. 选点的基本要求

（1）厂址选择宜在国家和地区的国民经济发展规划和建设布局及城镇建设规划的指导下，按照生产力合理布局的原则选择建厂地区。

正确处理城市与农村、内陆与边远地区、生产与生活、生产与生态、工业与农业、现在与未来等诸方面的关系。具体来说，要使项目生产布局同各地自然资源和技术经济条件相结合；使各地区主导产业的发展和其他产业的发展相结合，使项目生产力既适当分散又合理集中，充分发挥规模经济效益；要使沿海发达地区经济的超前发展与老少边穷地区的加速发展相结合，外引内联，逐步缩小地区之间的差距；有利于保持生态平衡和巩固国防。

（2）根据不同项目的技术经济特点决定的项目指向性，选择建厂地区。项目指向性是指由于某种因素或条件对某类项目生产的完全劳动消耗量起决定性作用，从而对该类项目具有特殊的吸引力，使该类项目相应地被吸引到存在该种因素或条件的地方。项目指向性是不同产业、不同项目在选择厂址上的特殊要求，应特别重视。

项目指向性可分为：①原料指向，指有些项目应接近原料产地，如多数矿产品、农产品的初步加工工业（榨油厂、制糖厂、选矿厂、钢铁厂等）一般都趋向原料产地。这是由于这些项目在生产过程中，从原料到产品的失重程度大，单位产品原料消耗量数倍甚至数十倍于成品的数量。有些产品原料在运输、贮藏过程中，损失较大。若靠近原料产地建厂，把成品运往消费区，比工厂建在消费区而大量运输原料更为合理。②市场指向，指有些项目应接近消费区。这类项目一般是成品运输困难的项目，或者运输过程中有较大的损耗的项目。如硫酸厂、食品厂、玻璃厂等。③能源指向，是指有些项目应接近动力基地。一般耗电量大的工厂，建厂地点应选择在动力基地，尤其是能提供廉价电能的大型水电站附近。如有色金属冶炼厂、人造纤维厂、电石厂等。④技术指向，是指有些项目应接近科学技术中心。如各种精密仪器、电子计算机等知识密集型、技术密集型的项目，其厂址的选择，应充分考虑科学技术协作的条件。因此一般应在大中城市的科学技术中心或高新技术开发区。⑤劳动力指向，是指有些项目应靠近劳动力比较充足的地区。

（3）全面具体分析各备选地点的建厂条件。一般对建厂条件的分析主要包括：

①市场需求分析，通过市场调查，了解项目产出品在各地区的生产、供应、销售情况，尤其是供需缺口情况，进一步预测该产品未来供需趋势及地域分布，进而确定项目产出品的最主要消费市场和最具潜力的市场在哪个地区。

②劳动力资源条件分析，即分析项目所需的劳动力能否就近解决，劳动力的数量、质量、年龄、性别、工种、文化程度、技术等能否满足项目要求。

③生产技术协作条件分析，厂址选择要符合“专业化协作”和现有工业配置的原则。按照专业化协作组织生产，可以大大节约用地和建设投资，便于采用先进的工艺技术和设备，提高劳动生产率，这是保证投资项目取得较好的经济效益的重要条件。因此，拟建厂址最好选择能够充分利用区域经济优势，便于分工协作和专业化生产的地区。

④环境保护和综合利用分析。项目是处于自然环境中的人造系统，地理位置、地形、地质、气候等环境要求会对项目建设和生产产生影响；反之，项目建设和生产又对周围环境和生态产生影响。因此要分析和评价为保护环境需付出的代价，避免对生态平衡和风景、名胜古迹的破坏。如火电厂、化工厂等有烟尘及有害气体产生的项目，应考虑当地的风向。同时，厂址选择还要考虑各种资源的综合利用，如矿产资源、农林资源的综合利用，如工矿企业的废渣、废气、废水要进行综合回收和处理，挖掘潜力，变废为宝。

⑤分析项目建设、生产和生活对工程地质、水文地质的基本要求。即评价厂址所在地段土壤及地层构造的理化性质是否符合基建工程和生产对地质的要求，应分析项目在施工、生产、生活等方面的用水保证程度。

⑥社会、政治、经济、文化情况分析。即分析项目备选地区的开放意识、产业政策、发展规划、经济形势、生活方式、消费水平、文化传统、教育水平、科技水平、社会治安、道德风尚等影响项目投资的软环境因素。

另外，厂址选择过程中，还要认真分析资源条件、原料、燃料、动力供应条件、交通运输条件等，这些内容前面已详细阐述，这里不再重复。

2. 定址的基本要求

根据上述分析评价确定建厂地区后，就要在已选定地区内确定具体建厂地点。确定建厂地点考虑以下主要因素。

（1）厂区形状和面积应符合厂内总体平面布置的需要，能够按照工艺流程布置厂房和建筑物、管线、道路、仓库等，并留有发展扩建的余地。厂内地势平坦，则土地的平整工作量小；如选择稍有坡度的坡地，则可利用斜面，便于搬运和建置排水系统。通常对大型项目，最有利的坡度是 0.02 以下。当地面坡度为 0.02～0.05 时，就不利于布置横越等高线的建筑物。土壤结构应能承担全厂的全部载重。

(2) 厂址应靠近铁路、公路、河流和有管道运输的地方，便于厂内专用运输线连接外运通道。尽量避免进行工程量巨大的厂外运输工程，从而降低成本费用。

(3) 厂址应靠近水质水量均能满足生产需要的水源，厂区地面与水源地标高相比要小，便于取水，同时废水排放也方便，尽量避免建设投资巨大的引水管道工程。

(4) 厂址应靠近城镇居民点，靠近有生产联系的企业，以便共同使用生产、生活服务设施，以节约工地、减少投资。

(5) 厂址地质构造应稳固，岩土力学性能符合厂房地基要求，地下没有断层、岩溶、流沙和废弃的矿坑，不需要花费巨大的地基处理工程。厂区不应是水浸的湿地，地下水位最好低于拟建的地下室和隧道的深度。

(6) 厂址不应设在居民上风方向和现有或拟建工厂的下风方向，也不应建在窝风、易出现逆温气象的谷地、洼地里，以免废气和烟尘影响居民及工厂职工的身体健康。对于有易燃、易爆、易泄漏危险的项目和强噪声的项目，应远离居民区，寻找一个隔离性的厂区。

(7) 厂址不能选择在有各种有机物和化学废弃物的地段，也不应靠近流行病易发地段，应选择在公共条件好的地段上。

总之，厂址选择涉及多种因素，必须在综合分析评价和多方案比较的基础上，通过合理的定量分析计算，才可以具体确定厂址。因此，下面将介绍厂址选择的常用方法。

3.5.3　厂（场）址选择的方法

1. 分级计分法

分级计分法是将影响厂址选择的所有因素按重要性划分等级、计分，按总值大小选择厂址的一种综合评价方法。其步骤如下。

(1) 列出影响厂址的各项因素；

(2) 按各因素的重要性，定出评价每个因素的分级计分标准；

(3) 将被评价厂址方案的每一个因素的分值相加得总分，总分值最高的方案即为最优方案。

例如，某项目有 A、B、C 三个备选厂址方案。决策部门采用分级计分法选择最佳厂址的过程如下：

①设定地区分级评分标准，见表 3-1，按此标准对三个厂址进行分级打分。其结果见表 3-2。

②设定厂址的分级评分标准，见表 3-3。按此标准对三个厂址分级打分。其结果见表 3-4。

③最后将地区和厂址的评分汇总，综合比较选择最优厂址方案，见表 3-5。

表 3-1 地区分级评分标准

序号	选择因素	分级评分			
		最优	良好	可用	恶劣
1	接近原料	40	30	20	10
2	接近市场	40	30	20	10
3	能源供应	20	15	10	5
4	劳动力来源	20	15	10	5
5	用水供应	20	15	10	5
6	企业协作	20	15	10	5
7	气候条件	16	12	8	4
8	文化条件	8	6	4	2
9	居住条件	8	6	4	2
10	企业配置状况	8	6	4	2
最大总分		200	150	100	50

表 3-2 三个方案地区分级评分比较表

选择因素	A 地		B 地		C 地	
	等级	分数	等级	分数	等级	分数
1	②	30	②	30	③	20
2	②	30	②	30	①	40
3	①	20	①	20	③	10
4	①	20	④	5	②	15
5	③	10	①	20	①	20
6	①	20	③	10	②	15
7	②	12	①	16	②	12
8	③	4	③	4	①	8
9	②	6	①	8	①	8
10	②	6	③	4	③	4
合计	158		147		152	

表 3-3　厂址分级评分标准

序号	选址因素	分级评分			
		Ⅰ	Ⅱ	Ⅲ	Ⅳ
1	位置	80	60	40	20
2	地质条件	50	35	25	10
3	占地	40	30	20	10
4	运输及装卸	20	15	10	5
5	环境保护及整理	15	10	8	2
最大总分		205	150	103	47

表 3-4　三个厂址分级评分比较表

选址因素	A 地厂址		B 地厂址		C 地厂址	
	等级	分数	等级	分数	等级	分数
1	①	80	②	60	①	80
2	③	25	①	50	③	25
3	①	40	②	30	②	30
4	②	15	③	10	①	20
5	②	10	①	15	②	10
合计	170		165		165	

表 3-5　厂址选择综合评价表

厂址方案	地区评价得分	厂址评价得分	评价总分
A 方案	158	170	328
B 方案	147	165	312
C 方案	152	165	317

根据上述的分级计算，总分最高的是 A 方案，因此应选择在 A 地建设该项目。

2. 重心平衡法

重心平衡法是按运输费用最少为决策准则的单目标评价方法，又称最小运输费用法。通常，运输量很大的企业，其运输费用占产品成本很大比重，因而运输费用是影响厂址选择的最主要因素。理智的情况是原料供应与产品销售同在一地，但实际上这种情况是极少的，一般情况是多种原材料需由各地供应，产品也销售到几个甚至多个地区的许多用户，为了使项目运输费用最少，可根据静力学重心平衡原理来确定工厂的地理位置。一般原理如下：

设已知某拟建项目有 n 个原料基地，其供应量分别为 SQ_i（$i=1, 2, \cdots, n$），有 m 个产品市场，其销售量分别为 MQ_j（$j=1, 2, \cdots, m$）。又已知各原料基地、产品市场距离某个中心城市——参照原点的位置，并标明在直角坐标图上，如图 3-1 所示。

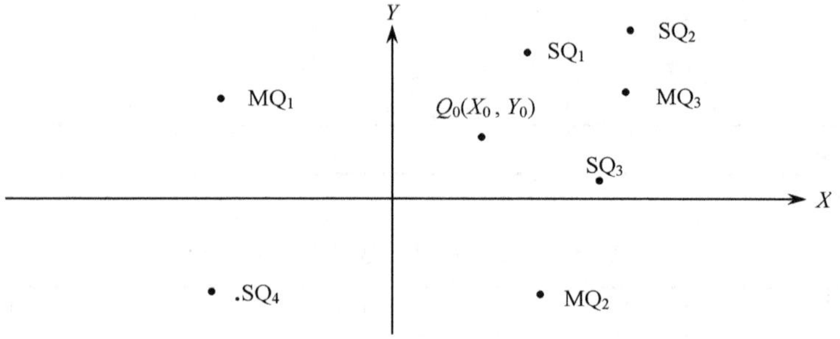

图 3-1

根据静力平衡原理，求其重心坐标为

$$X_0 = \frac{\sum_{i=1}^{n} SQ_i \cdot X_i + \sum_{j=1}^{m} MQ_j \cdot X_j}{\sum_{i=1}^{n} SQ_i + \sum_{j=1}^{m} MQ_j}$$

$$Y_0 = \frac{\sum_{i=1}^{n} SQ_i \cdot Y_i + \sum_{j=1}^{m} MQ_j \cdot Y_j}{\sum_{i=1}^{n} SQ_i + \sum_{j=1}^{m} MQ_j}$$

式中：X_0、Y_0——选定厂址距离中心城市的坐标位置；

X_i、Y_i——第 i 个原料基地距离中心城市的坐标位置；

X_j、Y_j——第 j 个原料基地距离中心城市的坐标位置。

应当注意的是，根据重心平衡原理决定的厂址地理位置，只是一种粗略的估计，还必须根据厂址的其他技术及运输条件来确定厂址选择的具体位置。

3. 技术经济比较法

技术经济比较法是厂址选择中常用的方法，它是通过对项目不同选址方案的投资费用与经营费用的对比来选择厂址。一般步骤如下。

（1）在确定的建厂地区，按照工业住宅建设的一般要求和具体项目的特殊要求，拟定若干厂址方案。对拟建厂址进行初步勘探，并对各项建厂条件进行定性分析和定量计算。

（2）对备选厂址的各项建厂条件加以比较和分析，从中选出 2～3 个较优方案再进行详细的勘察，估算出这些厂址的建设费用和经营费用。

（3）对初选出的 2～3 个方案的建设费用和经营费用进行比较，选出技术上、经济上较为合理的厂址方案。通常建设费用和经营费用均低的方案，即为最佳方案，但如果某方案建设费用大而经营费用小，或建设费用小经营费用大时，则需要用差额投资回收期和年计算费用两个静态指标进行比较。

第四章

项目技术方案评估

本章提要： 项目经济效益是在一定的技术组织措施条件下取得的，只有技术可行的方案，才有进一步进行经济分析的价值。因此，在进行经济分析之前，必须进行技术分析，以肯定其技术的可行性。本章包括项目技术方案评估、生产工艺及设备方案评估、产品方案与生产规模分析、项目节能分析和项目节水分析。概述了技术方案评估的原则和应考虑的因素；具体研究了工艺技术选择和主要设备选择分析评估的内容与方法；通过学习本章，掌握项目技术方案分析评估的范围和内容。

4.1 项目技术方案评估概述

项目技术方案评估是对项目拟采用的设计、工艺设备方案等的全面评价，以考察项目技术对项目的经济效益和社会效益产生的影响及其影响程度的一项综合性的研究工作。

每个投资项目的经济效益和社会效益都是在既定的项目设计、工艺、设备方案等前提下取得的，因此，只有在技术上被认为是可行的投资项目，才有必要进一步进行财务效益评估和国民经济效益评估。

4.1.1 项目技术方案评估的原则

项目技术方案评估应遵循以下基本原则。

1. 先进适用

先进适用是项目技术方案评估的最基本的标准。世界上各种产品的工艺方法都是在不断改进和发展的，任何一个产品的设计，在技术上必须具有现代化的特点，尽量利用新结构、新材料，同时还要尽量降低材料和工时消耗，充分利用现有的技术装备等。

评估技术是否先进适用，可以从以下几个方面考虑：

(1) 首先要判断该技术的成熟程度。成熟的技术应该是经过运用，已取得成功经验的技术。一般，初期阶段的技术虽具有先进性，但尚不成熟，还需要生产和社会检验，有一定的风险性，一般不宜冒险采用；成长阶段的技术因其具有较强的生命力和竞争力而显示出先进性的特点，可在领先性项目中选用；成熟阶段的技术具有商品化的特点，可在一般性项目中采用，但是必须分析和研究其潜在的可能被迅速淘汰的时间期限；处于衰退期的技术则不能继续使用。

(2) 要认真分析该项目技术与项目的经营条件是否相适应。项目的经营条件，主要指国内配套的设备、技术与管理水平、市场需求、原材料种类等。如果项目原计划采用国内配套的设备，但由于项目工艺方法与国内配套的设备不相适应，那么是否采用该工艺就要慎重研究，否则可能造成投资额的增加。同时，选择评价技术还需与项目建设单位的技术水平和管理水平相适应。

通常，先进的技术方法，能够带来较高的劳动生产率，如果市场对项目产品的需要量大，且有持续增长的趋势，那么采用先进技术是相适应的；如果市场对某些项目产品的要求是多品种、小批量、规格繁杂，那么这类项目采用高效率的先进技术方法就不一定相适宜了。

2. 经济合理

项目技术的经济合理是指投入产出中经济上的盈利性。在社会主义市场经济条件下，评价某项技术的经济性，必须处理好以下几个方面的关系。

(1) 项目经济效益与社会效益。从采用某项技术的项目本身而言，经济性表现为投资少、见效快、收益高。但对项目的经济评价时，不能只考虑可以用货币度量的经济效益的高低，还要从政治、社会、生态、环境、资源利用等方面进行分析评价，注重其综合效益或社会效益能否达到最优，项目经济效益要服从社会效益。

(2) 直接效益与间接效益。即在取得项目直接效益的同时应促使其他部门和企业经济效益的实现。

(3) 当前效益与长远效益。任何项目工艺技术的采用，一方面能带来明显的近期经济效益，同时在技术长期使用、消化吸收过程中也表现出长期的经济效益。因此我们要用战略的眼光来评价某项工艺的经济性，避免急功近利的做法。从大局、长远考虑，使当前利益服从长远利益。

3. 节能减排

2006年以来，全国上下加强了节能减排工作，国务院发布了加强节能工作的决定，制定了促进节能减排的一系列政策措施，各地区、各部门相继做出了工作部署，节能减排工作取得了积极进展。从2007年起，项目开工必须符合“六必要条件”①，其中之一就是要按规定完成固定资产投资节能评估。因此，投资项目所采用的工艺方法要能够充分合理、有效地利用有限资源，降低原材料尤其是能源消耗，减少有害物质排放量。

4. 保护环境

改善人类环境、维持生态平衡是当今世界技术发展的重要趋势，技术的优劣也体现在对环境的影响上。项目所采用的技术，在正常使用过程中要能保证安全生产运行。对于生产过程中产生的有害、有毒的废水、废气、废渣等要有相应的技术处理措施，保证达到安全排放标准，保护自然环境、生态环境和人类的健康与安全。

4.1.2 项目技术方案评估应考虑的影响因素

任何一个社会经济系统选择任何一种技术都要受到如下共性因素的制约，这也是我们在对项目拟选技术方案评估时应考虑的主要因素。

1. 需求因素

企业开发引进某项技术，一是为了满足社会对某种产品（或服务）的需要，二是为了取得明显的经济效益。一般来说，技术进步有两种模式，一种是由市场需求引起的技术进步，称为市场吸引模式；另一种是由于追求科学技术的可能性引起的技术进步，称为技术推进模式。有关研究表明市场吸引模式占其中的60％～80％，市场需求是技术开发与选用的一个重要制约因素。

市场需求从两个方面影响技术选择与评价：①市场需求决定项目生产的产品规格、质量以及生产规模、生产类型，进而要求项目选用相应的生产工艺和生产设备。②市场需求结构因社会经济的发展而变化。企业为适应市场动态的发展和需求结构的变化，必须调整技术结构，促进技术发展，以保持市场竞争中的地位。

① 符合国家相关产业政策、发展规划和市场准入标准；按规定完成投资项目的审批、核准或备案；按规定开展建设项目用地审批，依法完成农用地转用和土地征收审批，并领取土地使用证；按规定完成环境影响评估审批；按规定完成节能评估；符合信贷、安全管理、城乡规划等规定和要求。

2. 资源因素

主要是指资金、人力、能源、原料、机器设备以及其他生产资料的制约。其中资金对资金密集型技术形成制约；人力素质与数量制约知识密集型技术的选择；能源对高耗能技术形成制约；原料对加工技术形成制约；机器设备及其他生产资料对技术选择的制约程度取决于国家的技术水平和生产能力以及进口的可能性。

3. 经济技术环境因素

经济技术环境是指能使技术发挥效益的经济技术条件，包括基础设施、技术能力等。基础设施是为生产提供一般性共同条件的设施，直接为项目生产系统运行提供条件的有运输通讯、动力、供水、供气等设施以及厂房、仓库等，间接为项目生产系统服务的有住宅、食堂、医院、学校、商店、公园等公用福利设施和生活服务设施。具备必要的基础设施是项目顺利建设并充分发挥效益的必要条件。技术能力是指对某一生产领域有关的各种知识的理解与掌握程度，也是技术选择应考虑的重要因素。

4. 社会分工环境制约因素

社会分工环境是指生产社会化程度。随着社会发展和技术进步，社会化程度越来越高，生产专业化是生产社会化的重要形式，而专业化的水平在很大程度上影响到技术的选择。这是由于专业化生产水平决定采用什么样的生产组织方式，而按不同生产组织方式构成的生产系统所选用的技术和设备也不相同。通常，专业化水平越高，生产组织方式也就越先进合理，而先进的生产组织方式往往是高效先进的技术得以选用的重要条件。

5. 自然生态环境制约因素

生产过程中，危害自然环境的因素主要有废水、废渣、粉尘、废弃物、放射性物质、噪声等。在项目生产运营中污染物的产生程度可能不同，但一般是不可避免的，必须从源头加以控制。完成环境影响评价审批，是新开工项目“六必要条件”之一，因此，项目技术选择必须考虑是否保护环境，减少排放。

4.2　生产工艺及设备方案评估

4.2.1　工艺技术选择分析

随着现代生产的发展，可供选择的工艺越来越多，必须首先对各种可能采用的工艺进行研究。生产工艺技术是生产原理、生产工艺、流程、参数、制造方法、设备选型、物料、能量平衡和提出配套公用工程需求等全套技术的总称。工艺技术同设备联系在一起，体现项目的生产力水平，是项目经济合理的重要条件。

项目工艺技术是指项目产品拟采用的生产工艺流程和产品制造方法。项目的工艺技术应先进、适用，对项目工艺技术进行评价时应注意以下几个方面的问题。

1. 工艺技术要满足产品生产的需要

市场上各种产品的生产工艺是不断改进和发展的，项目所采用的工艺技术一定要适应生产的要求，因为选用最先进的工艺技术往往对原材料的要求过高，如果配套设备跟不上或技术不易掌握就不能达到预期的生产目标。所以，拟建项目选择传统工艺技术、还是选择现代工艺技术，是选择国外工艺技术还是选择国内工艺技术都应以项目的生产要求为基础。

2. 工艺技术要适应所选用原材料和技术条件要求

即项目所采用的工艺技术，应该能够保证用指定的原材料按时生产出符合要求的数量和质量的产品。同时，还应评估项目工艺与企业的生产和销售条件是否相适应；考察原有设备能否利用，技术和管理水平能否跟上等。

3. 工艺技术要具备先进的技术经济指标

即项目拟采用的工艺技术经济指标要比同类型企业原有工艺技术先进，或者比国内现有的工艺技术先进，或者趋于国际先进水平等。

4.2.2 主要设备方案的分析

工艺设备分析评估的主要内容有：

1. 设备来源分析

即分析研究项目拟采用的设备是由国内采购还是从国外进口，其中哪些可以在国内自行制造，哪些需从外国进口。通常，凡是国内能够制造或者进口一些技术材料就可以仿制的设备，不应从国外进口，当然，也应考虑国内生产的设备技术是否过关，质量是否有保证，供货是否及时，是否能与进口设备配套，价格是否具有相对优势等。通过认真的分析，权衡利弊，做出决策。

2. 设备配套性分析

有些项目从国外引进的整条生产线，由于考虑技术专长、价格等问题，生产线中的各种设备可能是由几家外国制造商提供的。如果遇到这种情况，按国际惯例，通常采取总承包的方式，即由某一家制造商做总承包，负责整条生产线的串通和调试，以确保设备的正常运转及产品质量。

如果项目的关键设备是从国外进口，其余是由国内配套提供的，同样也存在协作配套问题，通常的做法是由项目建设单位和外商、国内制造商、投资银行共同签订协议，并由外商负责整条生产线的配套平衡，以保证项目投产后能正常生产。

3. 设备与建筑设施协调的分析

引进设备能否顺利通过调试，关键是与项目建筑设施的结构、面积、高度是否协调，为此，项目建筑物的设计，要充分考虑设备的安装、调试以及正常运转的要求。

4. 设备与经营条件的分析

拟建项目所采用设备不同，对原材料等要求也不相同。如引进设备一般对原材料的质量要求较高，通常是设备先进程度越高，对原材料的要求也越高。有些原材料由于国内无法供应，需要从国外进口，从而提高项目投产后的外汇支出。因此，对进口设备进行分析时，应尽量避免选择那些主要原材料需要进口的设备，必须引进时，应安排国内有关部门尽快研制引进设备所需的主要原料。同时，引进设备时，必要的备品备件应随机引进两年用量，并尽快安排国内生产。对引进的设备必须懂得操作和维修，以免影响正常生产。

5. 引进设备要同时引进"软件"

"软件"包括使用的专有技术或专利权的许可证以及其他技术资料。在引进设备时，要同时引进技术资料，以保证进口设备顺利采购、安装、调试、操作和维修，值得注意的是引进技术资料应避免引进与本项目无关的或作用不大的技术资料。如果可能，应尽量单独引进"软件"，这样可以节约投资，并且有利于经济发展。

4.2.3 工艺及设备方案评估方法

工艺和设备是实现产品方案的前提，工艺与设备选择是否恰当不仅对项目产品的性能、质量有直接影响，而且对产品生产的经济性、技术相关性和社会环境等也有直接影响。因此工艺与设备的选择应满足以下基本要求。

（1）功能性。即选择的工艺和设备要能生产出来符合规定质量、性能、规格的产品。

（2）经济性。即生产单位产品的工艺成本要低。工艺成本包括工艺设备购置费用、维护费用、原材料、燃料、动力和人工费用等。

（3）相关性。具体包括：①要与原有的生产系统及国民经济上、下关联的生产系统相适应；②要与企业及国内的资源条件，如原材料、能源、劳动力和科技能力等相适应；③要与国家和地区的社会发展目标相适应，有利于提供就业机会，改善劳动条件，保护生态环境等。

通常，工艺与设备的评价按其追求的目标可分为：①以提高生产效率、利用规模经济为目标的技术评价；②以节约原材料、能源和其他物耗为目标的技术选择；③以改善劳动条件，防治环境污染为目标的技术选择。

工艺与设备选择与评价主要方法包括以下几种方法。

1. 专家评分法

专家评分法是利用专家的经验与学识，通过专家评分使评价项目定量化，将多目标评价问题转化为单目标评价问题，进而用单一的综合评价值评选技术方案。

专家评分法的基本步骤是：①首先根据拟选技术方案的具体情况选出评价项目，对每个评价项目均制定出评价等级标准，并用分值来表示（表 4-1）；②根据评价项目及评价标准对拟选技术方案的各个评价项目评定分值；③将各个评价项目的分值经过运算，求出各方案的总分值，以此来决定选择哪个技术方案。

专家评分法按评分的计算方法不同可分为：

（1）加法评分法。为便于叙述，假设拟选技术方案的评价项目数为 n 个，其中第 i 个项目的得分值为 U_i，拟选技术方案的总得分值为 U，平均得分值为 $\overline{U}$，则用加法评分法的计算表达式为

$$U(\text{加}) = \sum_{i=1}^{n} U_i$$

$$\overline{U}(\text{加}) = \frac{1}{n}\sum_{i=1}^{n} U_i$$

加法评分法通常适用于评价项目得分差距很大，而重要程度差异不大（或相同）时。

（2）连乘评分法。这种计算方法的表达式为

$$U = U_1 \cdot U_2 \cdot \cdots \cdot U_n$$

$$\overline{U}=\sqrt[n]{U_1 \cdot U_2 \cdot \cdots \cdot U_n}$$

连乘评分法适用于项目得分差距不大，而重要程度差异较大时；当重要程度差异和评价项目得分差距都很小时，采用连乘评分法或加法评分法均可。

(3) 加权评分法。如果各评价项目的重要程度相差很大，最好采用加权评分法。其步骤是

①首先按评价项目的重要程度给出加权系数 W_i；②确定拟选技术方案对评价项目的满足程度系数 S_i（或分值)；③将各评价项目的权数 W_i 乘以对评价项目的满足程度系数 S_i（或分值)，并将其加总就得到拟选技术方案的总分值 $M=\sum_{i=1}^{n}W_i \cdot S_i$，比较总分值就可选出最优技术方案。

表 4-1　某产品开发方案的评价等级标准

评价项目	评价等级	评价分数
产品的基本构思	有独创性，具有强大的销售力	3
	能与竞争产品相对抗的销售力	2
	与竞争产品程度相同，技术上无特殊优点	1
未来市场	产品寿命周期内新的市场规模大	3
	进入成长期的产品市场需要量大	2
	市场规模大，但竞争对手多	1
生产能力	用现有设备和技术条件就能生产	3
	要增加若干新设备	2
	要增加大量设备	1
盈利程度	能够达到预期的销售额和利润	3
	确保预期的销售额和利润有困难	2
	不能达到预期的销售额	1

2. 价值工程法

价值工程法又称价值分析，是一种提供分析对象价值的理想方法，是技术与经济相结合的现代管理方法。

通常，凡是人们需要用一定代价，取得某种功能的领域都可应用价值工程法，具体可应用于：①对产品改进方案的分析与决策；②对工程设计方案的分析与决策；③对原材料、器件的选择分析；④对各类加工工艺的分析；⑤对节约能源，消除污染措施的分析与对策；⑥对技术性能、技术指标的分析；⑦对管理方法和组织过程的分析与决策等。

价值工程是以产品（作业）为研究对象，以功能分析为核心，以最低的产品

寿命周期成本（总成本）和可靠实现用户所需要的必要功能为目的而进行的有组织的活动。

其中，功能指产品（作业）所具有的效能或所起的作用。成本是指产品研制、开发、设计、制造到使用的整个寿命周期所花费的全部支出。价值指产品（作业）功能与实现该功能所花费的全部成本之间的比值。

$$价值 = 功能 / 成本$$

即产品（作业）的价值与产品（作业）的功能成正比，与实现该功能所花费的成本成反比。

提高产品或作业价值的主要途径有：

(1) 降低成本、保证功能不变以达到增加价值的目的。这是开展价值工程活动初期乃至整个时期采用的基本途径。这一途径用于对现有产品的分析与改进，也是新产品设计或老产品更新换代的基础。降低成本的途径很多，如对现有产品进行结构简化，工艺优化，材料代用、运用科学的生产管理方法等，以求在保证产品功能不变的条件下，降低产品的成本。

(2) 提高功能，保持成本不变以达到增加价值的目的。成本不变，功能提高，客户花同样的钱可以买到更好的产品，这是一条企业与客户双方都能受益的途径。

(3) 提高功能，降低成本，达到增加价值的目的。这是开展价值工程活动追求的理想状态，是技术进步、生产力发展导致产品与设备更新的一般趋势。随着科技进步，人们在产品更新换代中希望在提高产品功能的同时降低产品成本的情况，会越来越多。

(4) 成本略有提高，但功能提高更大，从而达到增加价值的目的。在通常情况下，提高产品功能往往会引起产品成本的相应提高。但只要功能提高的幅度远大于成本提高的幅度，产品的价值仍然会得到提高。在进行价值分析时，应对市场调查和客户心理进行认真的分析，自觉运用这一途径。

(5) 功能略有下降，成本大幅度降低，从而达到增加价值的目的。通常不采用这种途径，但在产品存在超高功能及不必要功能时，或为了适应各种层次用户需要，开发低档产品，薄利多销时，采用这种途径可取得较好的经济效益。

在提高产品或作业的功能的过程中，要注意以下几个问题：

①成本的经济性。即要用最低的成本来获得所要求的功能，这里指的“最低”是有限度的。这就是要继续降低成本，就不得不降低功能了，成本与功能要结合起来考虑。

②功能的必要性。每种产品都必须具备某种功能——消费者购买它的原因，产品的功能越大，产品质量越高。如果功能过剩，也是一种不经济的现象，因为功能的提高意味着产品成本的提高。

③功能与成本的相对性。功能的大小和成本的高低是相对的，在一定的产品技术组织措施条件下，就有一定的功能和成本水平。

④提高价值的可能性和现实性。价值功能的目的是尽可能地提高价值，但可能性与现实性是不一样的，要把可能变为现实，要创造必要的条件。所以，往往可分阶段来提高功能与降低成本，最后获得价值大幅度提高的结果。

如果产品设计方案在技术上有重大突破，可以同时提高功能和降低价值，此时获得的方案，是较满意的方案。

3. 费用-效益分析法

费用-效益分析法是根据各技术方案投资费用、成本费用、所获收益等数据计算有关指标，如净现值、年费用、投资回收期、投资收益率等指标、并按相应的数据进行比较，选择最优方案的经济效果评价方法。这种方法仅从经济效果比较选择技术方案。

（1）设备选择的方法。为了选择经济上合理的设备，需要对设备的购置方案进行分析对比，以便从几种性能、功能等条件相似的设备中选择经济性最好的设备。常用的方法有：

①投资回收期法。投资回收期法是通过比较回收期的长短来选择最佳设备的经济评价方法。投资回收期是指设备投入生产使用后所产生的年平均净收益或节约额偿还设备原始投资所需要的时间。其计算公式为

$$设备投资回收期(年)=设备投资费用/年平均净收益或年节约额$$

不同的设备购置方案，在其他条件相同条件下，回收期越短的方案，投资效果越好。

②费用换算法。费用换算法是通过比较设备的寿命周期费用来选择设备的经济评价方法。设备寿命周期费用是由投资费用和使用费用两大部分构成的。投资费用（购置费）是指为购置设备而一次支出或集中在短时间内支出的费用；使用费用（维持费）是指在整个寿命期内，为保证设备正常运转而定期支付的费用。

根据换算方法的不同，费用换算法可分为年费用法和费用现值法。

年费用法是将设备的最初购置费，按复利计算原则换算为使用寿命期内平均每年的费用，再与年使用费用（维持费用）相加，求出设备每年的总费用。通过比较不同设备购置方案的年总费用，就可选择出最佳方案。年费用的计算公式为

$$设备的年度总费用=初始投资费\times资本回收系数+年维持运营费用$$

式中：资本回收系数$=\dfrac{i(1+i)^n}{(1+i)^n-1}$，可查复利系数表求得；

i——利息率或收益率；

n——使用寿命期。

费用现值法是把设备每年的使用费用按寿命周期和年金现值系数，换算成相当于最初投资费的数额，再加上最初投资费得出设备寿命周期总费用（现值），从中选择寿命周期总费用（现值）最低的设备为最优设备。其计算公式为

$$设备寿命周期总费用(现值) = 最初投资费 + 年维持费用 \times 年金现值系数$$

例：某投资项目需要采购一台精密机床，现有德国、日本两国制造商提供的机床可供选择，其效率相差无几，但使用年限及成本不同，如表 4-2 所示。

表 4-2 设备备选方案

可供选择的机床	使用年限（年）	售价（万美元）	年利率（%）	年平均维持费用（万美元）
德国制造的机床	15.00	12.00	10.00	0.60
日本制造的机床	8.00	5.00	10.00	0.90

由于两种机床的使用年限不同，则应用年费用法比较方案。

解：德国机床年度总费用＝12×0.131 474＋0.6＝2.177 7（万美元）。

日本机床年度总费用＝5×0.131 474＋0.9＝1.837 2（万美元）。

因此，从经济角度分析，选用日本制造的机床最佳。

如果要用费用现值法比较，应该首先把方案的计算期进行调整，常用的方法有最小公倍数法和最短研究期法。

（2）工艺方案的选择。工艺方案的经济评价，是选择在能达到项目设计要求，满足项目经营条件的前提下，工艺成本最低的方案，通常采用工艺成本分析法。其步骤是：

①确定工艺成本。通常可把工艺成本划分为两类，有些费用与产量发生正比例变化，称之为变动费用，如人工费、主要原材料费用；而有些费用与产量的增减无直接关系，称之为固定费用，如折旧费、管理费等。

②画出不同工艺方案的费用与产量关系的坐标图。

③对不同工艺方案进行经济分析，评价和选择。在分析、评价工艺方案时，应根据具体情况区别对待。

项目规模一定，且固定费用相同的工艺方案的评价。假设 Q 为产品年产量（即项目规模），F 为工艺成本中的固定费用，V 为单位产品变动费用，C 为产品年工艺成本。现有两工艺方案 I 和 II：V_1、V_2 分别是它们的单位变动费用，且 $V_1>V_2$。若项目规模一定，且固定费用相等，则有

$$C_1 = V_1 \times Q + F \quad C_2 = V_2 \times Q + F$$

因为 $V_1>V_2$，所以 $C_1>C_2$，因此应选择工艺成本低的方案 II。

固定费用不同的工艺方案选择。仍用上例的资料，假设 $F_1<F_2$，其他条件相同，则有以下三种情况，如图 4-1 所示。

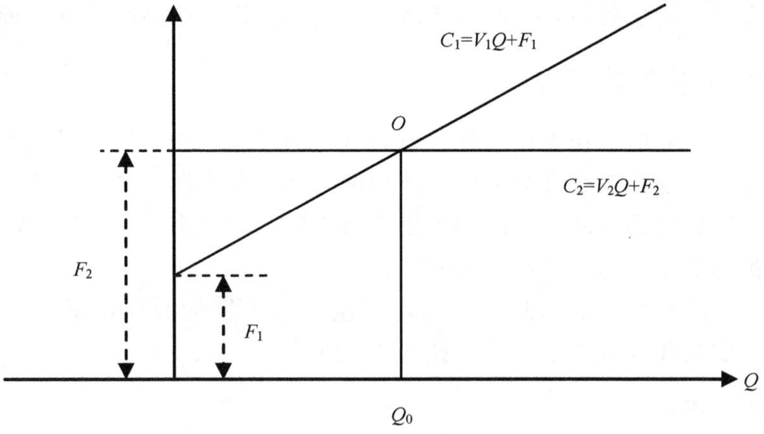

图 4-1　工艺成本

①当 $Q=Q_0$ 时，$C_1=C_2$，这时两个方案的工艺成本相等，可根据具体情况，任意选择；

②当 $Q<Q_0$ 时，$C_1<C_2$，此时选方案 I 较为经济；

③当 $Q>Q_0$ 时，$C_1>C_2$，这时选方案 II 较为经济。

如果工艺方案设计增加新的投资时，应通过计算追加投资回收期比较方案。假设 I_1、I_2 分别为方案 I 和方案 II 的投资额且 $I_1>I_2$，C_1 和 C_2 为方案的工艺成本，且 $C_1<C_2$，则追加投资回收期 P_a 为

$$P_a = (I_1 - I_2)/(C_2 - C_1)$$

追加投资回收期说明方案 I 比方案 II 多追加的投资，经过多少年能够用方案 I 比方案 II 节约的成本额把其收回来，这个指标若低于本行业的基准投资回收期或平均投资回收期，则表明追加投资是合理的；反之，则应选择投资小的方案。

4.3　产品方案与生产规模分析

4.3.1　产品方案分析

产品方案的选择是项目设计的重要内容，产品选择的是否好，是否适销对路，是决定项目建设投产后效益好坏的重要因素，产品选择必须建立在市场调查和科学预测的基础上。

产品选择按其追求的目标分为：一是以提高经济效益为目标的产品选择，强调产品运行费用节约；二是以提高市场竞争力为目标的产品选择，强调产品具有优越的功能；三是以促进技术进步为目标的产品选择，强调产品的技术水平先进。

产品方案分析主要包括产品的市场寿命周期分析和产品的质量分析。

1. 产品的市场寿命周期分析

产品与自然界的一切事物一样，也具有寿命周期，产品的寿命周期通常可以分为自然寿命周期和市场寿命周期。产品的自然寿命周期是指产品投入使用开始到报废为止所延续的时间。产品的市场寿命周期是指一个产品从投入市场开始直到该产品被淘汰停产为止所经历的时间。

通常，产品在市场上的延续时间，根据产品销售量的变化情况可以分为投入、成长、成熟和衰退四个阶段，如图 4-2 所示。

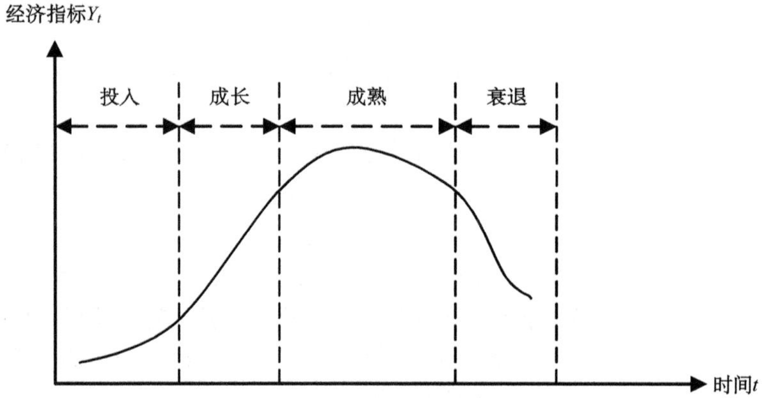

图 4-2 产品市场寿命周期曲线

建设项目在选择产品方案时，应认真分析产品所处的市场寿命周期，结合项目具体情况，做出正确的决策。

（1）投入期。主要是刚投入市场的新产品，这个阶段产品的主要特征是：用户对产品不了解和不熟悉，市场需求难以预测；若采用此产品方案风险较大，项目形成生产能力后一段时间里可能不会盈利，甚至有发生亏损的风险。如果决策正确，选择的产品具有生命力，能很快被市场接受。进入成长阶段，项目产品会因先发制人，抢先占领市场而获取高额利润。

（2）成长期。进入成长期的产品，其主要特征是：由于新产品试销成功，市场销售量迅速直线上升；产品设计和工艺已基本定型，可以组织批量生产，产品成本不断下降，企业获利逐渐上升；此时同行业竞争者逐渐增加，市场开始出现竞争局面。采用此产品方案关键在于决策正确。

（3）成熟期。这个阶段的产品，一般市场需求已趋于饱和，销售量已接近最高点；同类产品已进入市场，竞争十分激烈，产品价格在竞争中有所下降。若采用此阶段的产品方案，应采取谨慎态度，切不可盲从。

（4）衰退期。这一阶段的产品已逐渐老化，已有新产品进入市场，逐步取代此类产品；除少数优质名牌外，市场销售量日益下降；市场竞争突出地表现在价格的竞争，由于产品价格大幅度下降，生产企业已无大利可图。通常，新建项目应力求避免采取此类产品方案。

2. 产品质量的分析

产品质量是指产品适合一定用途、满足市场需要所具备的属性。包括物理、化学、机械的特性（如强度、硬度、化学成分、功率等）；还包括尺寸、形状、外观、色泽、气味等方面的要求以及时间上、使用上和经济上的各项要求，如耐用程度、使用寿命、操作、安全可靠、使用经济等。投资项目选择的产品方案，应该是具有生命力及良好质量特性的方案。

4.3.2 建设规模分析

1. 项目建设规模的含义

项目建设规模也称生产规模，是指项目在正常年份可能达到的生产能力或使用效益。生产规模是可以变化的，这种变化通常有两种情况：一种是生产设备条件不变，也就是生产能力不变的情况下生产批量的变化；另一种是生产设备条件变化时的生产批量的变化。项目技术评价中考虑的生产规模主要指后一种，即通过分析、评价项目生产规模与效益的关系，从中选择能满足一定技术、工艺要求，且能取得最佳经济效益和社会效益的规模，即要使项目处于最优生产规模状态下。

所谓最优的生产规模，从理论上是指长期平均费用曲线的最低点即最小成本时的生产批量。长期平均费用曲线是指生产设备增加、生产能力扩大时，单位产品成本随产量增加而变化的曲线。与长期平均费用曲线相对应的短期平均费用曲线，即生产能力不变时，单位产品成本随产量增加而变化的曲线。通常随生产能力的扩大，通过专业化、标准化的大批量生产，可以使单位产品成本下降，但随着生产能力扩大，单位产品成本的下降也不是无限的，达到一定程度后，单位产品生产成本反而会增加，这是由于生产规模很大时将使管理复杂，效率降低，设备投资增大，生产转向困难等。因此，长期平均费用曲线上的最低点所对应在规模坐标上的产量，即是项目的最优生产规模，此时的生产规模能够获得最大的经济效益，故又称为经济规模。如果项目生产规模能确定在此规模上，往往可获得比其他规模时更多的收益。

2. 确定项目建设规模应考虑的主要因素

（1）市场需求因素。市场需求因素是制约建设规模的重要因素。市场对拟建项目的产品品种、规格和数量的需求，从产出方向上规定了项目拟建规模，是决定项目规模的主要因素。建设项目只有按市场需求确定生产规模，才能保证项目获得较好的经济效益。

市场需求分析不仅要分析市场需求的数量，还要分析和研究市场需求的范围和时间。市场需求的范围对项目建设规模有着重要的影响。因此，要根据拟建项目所在区域的交通运输等条件和项目产品的市场竞争情况，确定项目产品的市场范围。同时，也要考虑产品在市场上持续时间的长短，如市场上急需但持续时间短的产品的项目规模应小些。

（2）自然环境因素对项目规模的影响。自然环境是人类赖以生存的基础，是实现社会再生产的必要条件。自然环境提供资源能力，从而影响项目规模。因此，确定项目规模时，要考虑项目对所在区域环境的影响，要根据所在区域的环境容量和项目污染排放情况确定项目规模；要从我国国情出发，客观分析自然资源条件，要合理开发和有效利用自然资源。

（3）资源、资金、原材料以及主要外部条件等对项目规模的影响。资金条件、土地条件和原材料、能源、水资源、交通运输条件、协作配套条件等，对项目建设规模也有着重要影响。如果资源供应不稳定，或运输困难及价格高昂使生产成本提高，或筹资不足，土地面积限制，协作配套不能满足，技术装配限制等都会限制规模。

（4）合理经济规模。合理的经济规模，即规模的经济性，就是生产规模多大时才能够达到成本最小、利润最大、投资也相对最小的经济要求。

不同行业、不同产品的合理生产规模是不相同的，这是由于不同行业，不同产品的生产工艺不同，而且其市场需求也不同，但他们都有最优生产规模，也可追求得到规模经济。项目规模经济形成的原因大致有：

①根本原因是生产活动的“不可任意分割性”。因为任何生产设备的生产只有在加工对象达到相当数量时才有可能进行，难以想象一条流水线仅为生产几台汽车而开动。

②技术、工艺方面的原因。大规模的生产体系，必定是同不断采用更先进的工艺，使用更大型、高效的专用设备相联系的，这无疑会降低生产平均费用。这种大型、高效的专用设备使得单位产品投资下降的效果在化工、石油、冶金等行业项目中的表现尤为明显。

③“标准化”、“通用化”、“系列化”水平的提高。大批量生产有利于实现标准化、通用化、系列化。反过来，标准化、通用化、系列化又是实现大批量生产的基本条件，也是提高产品质量和产量、降低成本的基本途径，而且也为开发利用大型、高效、专用设备提供了前提条件。

④原材料综合利用率提高。大批量生产有利于提高原材料、能源的节约和综

合利用，有利于提高原材料的综合利用率。

（5）投资主体风险承受能力。建设规模越大，项目越复杂，投资额也越大，因而投资主体要承担风险也就越大。如果项目主体没有雄厚的实力以及丰富的项目管理经验，投资大项目是十分危险的。

总之，在确定企业规模时，必须对上述几个因素进行综合分析和比较，既要从满足需要出发，又要考虑是否具有可能性，更要注意经济效益。

3. 项目合理规模的确定方法

具体确定项目或企业规模的方法有以下几种：

（1）利润分析法。该方法是指用单位资产税后利润的大小比较确定最优生产规模。运用这种方法需要分析同类企业不同规模的利润，即应参照已有企业的规模情况。该方法的优点是具有较丰富的数据资料，但由于其是根据利润的大小确定的生产规模，而利润的大小并不仅仅取决于生产规模，还有一些其他影响因素，如市场的竞争、国家的税收、折旧政策和办法、企业领导的素质和能力等。

（2）适者生存法。这种方法是美国学者斯蒂格勒提出的，其立论依据是：由于实际费用的不确定，计算方法的主观性和市场机会的不确定性等原因，计算确定最小经济规模很困难甚至不可能。因此应根据竞争的优胜劣汰规律，通过观察市场筛选确定经济规模。

其具体计算方法是：

先计算不同时点产业各规模层附加值占全产业附加值的比重，而后计算这一比重的增长指数 VA_{ijt}/VA_{ijt_0}。

式中：VA_{ij}——第 j 产业中位居 i 规模层企业的附加价值比重；

t_0——基期时点；

t——分析期时点。

增长指数最高的规模层对应这个产业的经济规模。有的美国学者应用这一方法分析了美国 1947～1954 年 91 个产业中的 64 个产业的数据，得出了工厂的最小经济规模一般都要占到产业部门附加价值的 1%左右的结论。这种方法的不足之处是它也不能区分其他一些因素，且有时对同一产业的分析会得出不同的结果，因此一般不单独使用。

（3）成本分析法。这种方法是运用同类企业成本的统计数据，建立企业的长期平均费用曲线，并通过同类企业的该曲线比较来排除其他一些因素，最后确定本行业最佳的经济规模，以此作为项目规模的参考。运用这种方法应搜集大量的同类企业数据。

（4）盈亏平衡分析法。这种方法是运用盈亏平衡点产量作为保本点规模，然后考虑合理的最优生产规模的方法。通常，企业总成本的变动的特征表现为：生产规模较小时，总成本中单位产品固定成本很高，故总成本很大；当生产规模增加时，单位产品固定成本下降，故总成本上升缓慢；而当生产规模很大时，单位产品所含固定成本又会增加，故此时成本上升较快。而企业产品的销售收入变化却随着销售量增加，变化率将由正到负，销售收入的增量递减，这是由于市场供应多，需求不足，售价将下降。总成本与销售收入的关系如图 4-3 所示。

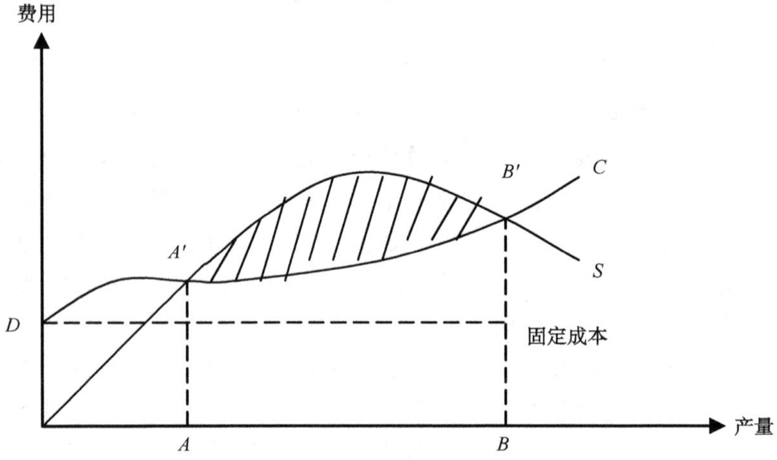

图 4-3

在图 4-3 中，C 为总成本曲线，S 为销售收入曲线。C 与 S 相交于 A' 点，A' 点即为盈亏平衡点，这时总成本等于总收入。对应于 A' 点的 A 点为盈亏平衡点产量。C 与 S 相交的另一点 B' 为另一盈亏平衡点。对应于 B' 点的 B 点为平衡点产量。在 A 与 B 两点之间都是可盈利的产量。

4.4 节能分析

4.4.1 项目节能分析的重要意义

1. 节约能源是我国的一项长期战略任务

能源一般分为一次能源和二次能源。煤、石油、天然气等，没有经过加工或转换，称为一次能源；煤气、电力、汽油、煤油、焦炭等，是在一次能源基础上经过加工转换而来的，称为二次能源。我国人口众多，能源资源相对不足，人均拥有量远低于世界平均水平。由于我国正处在新型工业化和城镇化的加快发展阶段，能源消耗强度较高，消费规模不断扩大，特别是高投入、高消耗、高污染的粗放型经济增长方式，加剧了能源供求矛盾和环境污染状况。能源问题已经成为制约经济和社会发展的重要因素，要从战略和全局的高度，充分认识做好能源工作的重要性，高度重视能源安全，实现能源的可持续发展。解决我国能源问题，根本出路是坚持开发与节约并举、节约优先的方针，大力推进节能降耗，提高能源利用效率。所谓节约能源，是指通过技术进步、合理利用、科学管理和经济结构合理化等，以最小的能源消耗取得最大的经济效益。节能是缓解能源约束，减轻环境压力，保障经济安全，实现全面建设小康社会目标和可持续发展的必然选择，体现了科学发展观的本质要求，是一项长期的战略任务。

2. 项目节能是节能工作的重要内容

项目的实施具有一次性和不可逆性，因此，立项把关不仅要全面衡量项目建议书的经济性、技术性，同时也要把握好节能性。节能立项把关并不意味着仅仅做好立项审核，而是要自立项审核开始，监督节能的执行直至项目结束。2006年8月6日，国务院发布了《关于加强节能工作的决定》（国发〔2006〕28号）。《决定》第二十三条规定："建立固定资产投资项目节能评估和审查制度。有关部门和地方人民政府要对固定资产投资项目（含新建、改建、扩建项目）进行节能评估和审查。对未进行节能审查或未能通过节能审查的项目一律不得审批、核准，从源头杜绝能源的浪费。对擅自批准项目建设的，要依法依规追究直接责任人的责任。"

因此，加强项目节能工作是深入贯彻科学发展观、落实节约资源基本国策、建设节约型和谐社会的一项重要措施，也是国民经济和社会发展一项长远战略方针和紧迫任务。固定资产投资项目节能评估和审查工作是加强节能工作的重要组成部分，对合理利用能源、提高能源利用效率、从源头上杜绝能源的浪费、促进产业结构调整和产业升级具有重要意义。

4.4.2 项目建设节能的原则和要求

1. 项目的建设方案设计要体现合理利用和节约能源的方针

节能是我国发展经济的一项长远战略方针。1997年公布施行的《中华人民共和国节约能源法》是我国关于节约能源的基本大法。该法明确要求："国务院和省、自治区、直辖市人民政府应当在基本建设、技术改造资金中安排节能资金，用于支持能源的合理利用以及新能源和可再生能源的开发"，"固定资产投资项目的可行性研究报告，应当包括合理用能的专题论证。固定资产投资项目的设计和建设，应当遵守合理用能标准和节能设计规范"，"达不到合理用能标准和节能设计规范的项目，依法审批机关不得批准建设；项目建成后，达不到合理用能标准和节能设计规范要求的，不予验收"，"禁止新建技术落后、耗能过高、严重浪费能源的工业项目”，“对落后的耗能过高的用能产品、设备实行淘汰制度”。

项目的建设方案（包括工艺、设备、公用辅助设施）应按照上述法规的要求，依据国家和行业有关节能的标准和规范合理设计，起到提高能源利用效率，促进国民经济向节能型发展的作用。在项目评估时，应分析项目可行性研究报告中是否包括合理用能的专题论证。

2. 考察可行性研究报告中是否单列“节能篇（章）”

早在1992年，国家计委、国务院经贸办、建设部就规定基本建设和技术改造工程项目可行性研究报告要增列“节能篇（章）”。1997年国家计委、国家经贸委、建设部重新发布了《关于固定资产投资工程项目可行性研究报告“节能篇（章）”编制及评估的规定》，规定固定资产投资工程项目可行性研究报告必须包括“节能篇（章）”。

2006年12月12日，根据《国务院关于加强节能工作的决定》，国家发展和改革委员会发布了《关于加强固定资产投资项目节能评估和审查工作的通知》（发改投资［2006］2787号）。就加强固定资产投资项目节能评估和审查工作有关问题做了有关规定：

（1）国家发展和改革委员会审批、核准和报请国务院审批、核准的固定资产投资项目。国家发展和改革委员会审批、核准和报请国务院审批、核准的固定资产投资项目，可行性研究报告或项目申请报告必须包括节能分析篇（章）；咨询评估单位的评估报告必须包括对节能分析篇（章）的评估意见；国家发展和改革委员会的批复文件或报国务院的请示文件必须包括对节能分析篇（章）的批复或请示内容。

（2）地方政府审批、核准的项目节能评估和审查要求。地方政府有关部门可参照国家发展和改革委员会审批、核准项目的要求，制定本地区的固定资产投资项目节能评估和审查办法，结合现有固定资产投资项目的审批、核准程序，依据国家和地方的合理用能标准和节能设计规范，开展节能评估和审查工作。

（3）对未进行节能审查或未通过节能审查的项目一律不得审批、核准，更不得开工建设。对擅自批准项目建设或不按照节能审查批复意见建设的，要追究直接责任人的责任。触犯法律的，要依法给予处罚。

因此，项目评估时，应严格审查项目可行性研究报告是否有“节能篇（章）”。

3. “节能篇（章）”的内容应符合有关规定

《关于加强固定资产投资项目节能评估和审查工作的通知》（发改投资［2006］2787号）对“节能篇（章）”的内容和深度做出了明确的规定。要求节能分析篇（章）的编写、咨询评估机构的评估和国家发展和改革委员会的审查都要本着合理利用能源、提高能源利用效率的原则，依据国家合理用能标准和节能设计规范进行。

节能分析篇（章）应包括项目应遵循的合理用能标准及节能设计规范；建设项目能源消耗种类和数量分析；项目所在地能源供应状况分析；能耗指标；节能措施和节能效果分析等内容。

在项目评估时，应严格考察项目可行性研究报告的“节能篇（章）”的内容是否符合有关规定。

4. 节能方案的技术要求

分析节能方案是否符合相关建设标准、技术标准。为贯彻落实《国务院关于加强节能工作的决定》和国家发改委《关于加强固定资产投资项目节能评估和审查工作的通知》（发改投资［2006］2787号）精神，做好固定资产投资项目（含规划、新、改、扩建工程）的节能评估和审查工作，国家发改委对开展固定资产投资项目节能评估和审查现有可依据的相关法律法规、产业和技术政策、标准和设计规范进行了收集、整理。在此基础上，编制了《固定资产投资项目节能评估和审查指南（2006）》（发改环资［2007］21号），为建设项目进行节能评估提供了重要依据。对于有的标准标龄较长，个别指标落后于当前实际的情况，国家发改委正在组织有关单位抓紧标准的制定（修订）工作。因此，节能方案中的单位建筑面积能耗指标、工艺和设备的合理用能、主要产品能源单耗指标要以国内先进能耗水平或参照国际先进水平作为设计依据。

4.4.3　节能措施

1. 节能措施

节能措施包括以下内容：

（1）拟建项目的主要工艺流程应采用节能型新技术、新工艺，不得选用已公布淘汰的机电产品，国家产业政策限制内的产业序列和规模量；新工艺、新技术采取的节能措施及其节能效果；主要工艺设备的能效指标；

（2）主要耗能设备和换热设备的热效率和热力指标；

（3）回收利用生产过程中余热、余压及放散可燃气体热能；

（4）对炉窑、工艺物料及热力管网系统采取保温措施，减少热量损失，降低能源消耗；

（5）能源计量仪表配置情况；

（6）供、变电系统的能效指标和节电措施，泵类、风机、空压机和空调、制冷设备等通用机械设备的能效指标；照明、空调、热水等系统的节能措施，建筑结构的保温隔热措施；

（7）其他能耗和节能措施等。

2. 项目能耗指标分析

（1）主要能耗设备。明确项目的主要能耗设备。

（2）分析项目的年综合能耗、分品种产物能耗总量、单位产品（产值）综合能耗、可比能耗、按单一能源品种考核的实物单位能耗（如每吨电解铝耗电）、主要工序（艺）单位能耗（如钢铁企业的焦化、炼铁工序能耗等）。

建设项目能源消耗种类和数量分析，主要包括分品种实物能耗总量、综合能耗总量、单位产品（产值）综合能耗、可比能耗、按单一能源品种考核的实物单耗、主要工序（艺）单耗等。

（3）能耗分析。单位产品能耗、主要工序（艺）能耗指标国际国内对比分析，设计指标应达同行业国内先进水平，有条件的重点产品应达国际先进水平。

主要能源和含能工质的品种及年需要量、能耗指标比较分别见表 4-3、表 4-4。

表 4-3 主要能源和含能工质的品种及年需要量

序号	主要能源及含能工质名称	计量单位		年需要量			其中			备注
							购入量	自产量	其他	
		实物	标煤	实物	折算系数	折标煤	实物	实物	实物	
							折标煤	折标煤	折标煤	
1	电	MW·h	t							
2	动力煤	t								
3	天然气	m^3								
4	液化石油气	t								
5	柴油	t								
6	新鲜水	kt								
7	蒸汽	t								
8	压缩空气	km^3								
9										
10										
	年总需要折标煤（t）	包括采暖								
		不包括采暖								

表 4-4 能耗指标比较表

序号	类 别	项 目	单 位	本设计指标	行业规定指标
1	产品能耗指标	单位产品综合能耗（标煤）	t/单位产品		
2	工艺专业能耗指标	单位产品××工序综合能耗（标煤）	t/单位产品		
		单位产品××工序综合能耗（标煤）	t/单位产品		
		单位产品××工序综合能耗（标煤）	t/单位产品		
3	公用专业能耗指标	功率因数			
		每立方千米压缩空气耗电量	kW·h		

（4）节能效果分析。主要包括节能初步方案，采取前后的能耗指标分析，以及节能总量和单位能耗指标水平。

4.5 节水分析

全面节水是缓解水资源短缺的重要途径，是关系到我国实现资源永续利用、经济和社会可持续发展的一项战略任务。1988 年颁布《中华人民共和国水法》，1993 年国家实行取水许可证制度，从此结束无序取水的历史，标志着我国水资源管理进入法制化阶段。2002 年 5 月国家计委和水利部颁布《建设项目水资源论证管理办法》，实行更加严格的水资源政策，要求项目建设必须充分评估水资源的承受能力，合理使用水资源。

4.5.1 项目建设节水的要求

（1）按照《建设项目水资源论证管理办法》的规定，从 2002 年 5 月 1 日起，凡是直接从江河、湖泊或地下取水的新建、改建、扩建的建设项目，如需申请取水许可证，必须委托有相应资质的单位，对其进行水资源论证，如取水水源有无保证、用水是否高效合理、是否符合节水要求、对其他用水户权益是否产生影响等，作为水行政主管部门审批取水许可证的依据。

（2）必须依据国家和地方政府制定的主要行业用水定额标准，合理确定建设项目的用水量。

（3）应按照政府提出的工业用水重复利用率、污水处理率的要求，采取有效的技术措施，提高水的重复利用率，降低水的消耗量。国务院 2007 年 6 月印发的发改委会同有关部门制定的《节能减排综合性工作方案》，明确了实现节能减排的目标任务和总体要求，到 2010 年全国城市污水处理率不低于 70%，单位工业增加值用水量在 2005 年基础上降低 30%。

4.5.2 节水措施

新建、扩建、改建建设项目，应当配套建设节水设施。节水设施应当与主体工程同时设计、同时施工、同时投入使用。大耗水工业和其他大耗水建设项目，在项目可行性研究报告中应当包含合理用水的专题论证内容。

（1）项目建设应与水资源承载能力相适应。国民经济和社会发展规划、城市总体规划、重大建设项目和产业结构布局，应当与水资源承载能力相适应，严格限制高耗水项目，积极发展节水型项目。

（2）采取有效措施提高水资源利用率。项目建设应当采用高效节水型新工艺、新技术、新设备、新材料，推行清洁生产。生产设备冷却、锅炉冷凝以及洗涤等用水应当循环使用、综合利用，降低单位产品产出的平均耗水量。

（3）提高工业用水回收率和重复利用率。推广一水多用、循环利用、逆流回用等节约用水措施。工业用水重复利用率不得低于国家或者地区规定的要求。如建设中水回用系统，所谓中水回用系统是指建筑物或者建筑小区内将排水（污水）经过收集、储存和处理，用于生活中冲厕、洗车、浇灌植物、喷洒地坪等低水质用水的新型水管系统。

（4）提高再生水回收率。积极稳妥地推行再生水利用，也是节水的措施之一，是缓解水资源短缺的有效途径，特别对资源型缺水地区尤为重要。再生水，是指污水和废水经过处理，水质得到改善，符合国家规定标准的水质要求，可以在一定范围内使用的非饮用水。工业和市政污水经过适当处理后，根据回用水的用途和水质要求，有针对性的再进行补充处理，作为再生水资源（中水）用于农业灌溉用水、工业冷却水或工艺生产用水以及其他杂用水。有条件的项目可考虑综合利用雨水、海水、微咸水。

4.5.3 水耗指标分析

水耗指标分析是采用节水措施后，对拟建项目的水资源消耗量进行分析，计算单位产品的耗水量，对水耗指标和水的重复利用率分析对比。水耗指标一般应达到国内外同行业先进水平，水的重复利用率应达到国家和当地政府规定的指标。

技术改造项目，应详细说明企业水资源利用现状以及改造后提高水资源利用率的效果。

单位产品水耗分析见表 4-5。

表 4-5　单位产品水耗分析表

序号	水源名称	计算单位	产品年产量	水年消耗量		
				设计指标	行业规定指标	国际先进水平

第五章

财务效益与费用估算

本章提要：财务效益与费用估算是财务效益评估的重要基础，其估算的准确性与可靠程度直接影响财务分析结论。本章阐述了建设投资构成及其估算方法、建设期利息、流动资金的构成及其估算方法；叙述了总成本费用的构成及其估算方法、各种税费的估算；分析了营业收入的估算及补贴收入的处理。另外，对维持运营投资进行了说明。最后，分析了财务效益与费用估算表之间的关系。学习本章能够掌握财务效益与费用估算内容和方法，为学习财务效益评估奠定基础。

5.1　财务效益与费用估算概述

5.1.1　财务效益与费用估算基本原则

1. 财务效益与费用的估算应注意遵守现行财务、会计以及税收制度的规定

由于财务效益与费用的识别和估算是对将来情况的预测，经济评价中允许有别于财会制度的处理，但是要求财务效益与费用的识别和估算在总体上与会计准则和会计以及税收制度相适应。

2. 财务效益与费用的估算应遵守有无对比的原则

“有无对比”是国际上项目评价中通用的效益与费用识别的基本原则，与项目评价的许多方面一样，财务效益与费用的识别和估算同样需要遵循这条原则。所谓“有项目”是指实施项目后的将来状况，“无项目”是指不实施项目时的将来状况。在识别项目的效益和费用时，须注意只有“有无对比”的差额部分才是由于项目的建设增加的效益和费用。采用有无对比的方法，是为了识别那些真正应该算做项目效益的部分，即增量效益，排除那些由于其他原因产生的效益；同

时也要找出与增量效益相对应的增量费用，只有这样才能真正体现项目投资的净效益。

3. 财务效益与费用的估算范围应体现效益和费用对应一致的原则

即在合理确定的项目范围内，对等地估算财务主体的直接效益以及相应的直接费用，避免高估或低估项目的净效益。

4. 财务效益与费用的估算科学性原则

即根据项目性质、类别和行业特点，明确相关的政策和其他依据、选取适宜的方法，进行文字说明，并编制相关表格。

5. 财务效益和费用的估算步骤应该与财务分析的步骤相匹配

在进行融资前分析时，应先估算独立于融资方案的建设投资和营业收入，然后是经营成本和流动资金。在进行融资后分析时，应先确定初步融资方案，然后估算建设期利息，进而完成固定资产原值的估算，通过还本付息计算求得运营期各年利息，最终完成总成本费用的估算。

5.1.2　财务效益与费用估算的内容

项目的财务效益与项目目标有直接的关系，项目目标不同，财务效益包含的内容也不同。

市场化运作的经营性项目，项目目标是通过销售产品或提供服务实现盈利，其财务效益主要是指所获取的营业收入。对于某些国家鼓励发展的经营性项目，可以获得增值税的优惠。按照有关会计及税收制度，先征后返的增值税应记作补贴收入，作为财务效益进行核算。

财务分析中应根据国家规定的优惠范围落实是否可采用这些优惠政策。对先征后返的增值税，财务分析中可做有别于实际的处理，不考虑“征”和“返”的时间差。

对于以提供公共产品服务于社会或以保护环境等为目标的非经营性项目，往往没有直接的营业收入，也就没有直接的财务效益。这类项目需要政府提供补贴才能维持正常运转，应将补贴作为项目的财务收益，通过预算平衡计算所需要补贴的数额。

对于为社会提供准公共产品或服务，且运营维护采用经营方式的项目，如市政公用设施项目、交通、电力项目等，其产出价格往往受到政府管制，营业收入可能基本满足或不能满足补偿成本的要求，有些需要在政府提供补贴的情况下才具有财务生存能力。因此，这类项目的财务效益包括营业收入和补贴收入。

对于非经营性项目，无论是否有营业收入都需要估算费用。对于没有营业收入的项目，费用估算更显重要，可以用于计算单位功能费用指标，进行方案比选；还可以用来进行财务生存能力分析等。

5.1.3 财务效益与费用估算采用的价格

1. 应考虑价格总水平变动因素

选取财务效益与费用价格时应正确处理价格总水平变动因素，原则上盈利能力分析应考虑相对价格变化，而偿债能力分析应同时考虑相对价格变化和价格总水平变动的影响。为简化起见，可做如下处理：

(1) 在建设期间既要考虑价格总水平变动，又要考虑相对价格变化。在建设投资估算中价格总水平变动是通过涨价预备费来体现。

(2) 项目运营期内，一般情况下盈利能力分析和偿债能力分析可以采用同一套价格，即预测的运营期价格。

(3) 项目运营期内，可根据项目的具体情况，选用固定价格（项目经营期内各年价格不变）或考虑相对价格变化的变动价格（项目运营期内各年价格不同，或某些年份价格不同）。

(4) 当有要求或价格总水平变动较大时，项目偿债能力分析采用的价格应考虑价格总水平变动因素。

2. 项目投资估算应采用的价格

项目投资估算应采用含增值税价格，包括建设投资、流动资金和运营期内的维持运营投资。

3. 项目运营期内投入与产出采用的价格

项目运营期内投入与产出采用的价格可以是含增值税的价格，也可以是不含增值税的价格。

为与企业实际财务报表数字相匹配，本章与第七章（财务效益评估）的表格编制统一采用不含增值税价格。若采用含增值税价格时，需要正确调整利润与利润分配表、财务计划现金流量表和项目投资现金流量表与项目资本金现金流量表的相关科目，以不影响项目净效益的估算。但无论采用哪种价格，项目效益估算与费用估算所采用的价格体系应当协调一致。

4. 同一年份价格应尽量一致

在计算期内同一年份，无论是有项目还是无项目的情况，原则上同种（质量、功能无差异）产出或投入的价格应取得一致。

5.2　投资估算

投资估算是指在对项目的建设规模、技术方案、设备方案、工程方案及项目实施进度等进行研究并基本确定的基础上，估算项目投入总资金，包括建设投资和流动资金及其分年资金需要额。投资估算作为制定融资方案，进行经济评价以及编制初步设计概算的依据。

5.2.1　总投资构成及其形成的资产

项目评估中总投资是指项目建设和投入运营所需要的全部投资，为建设投资、建设期利息、全部流动资金之和，是保证项目建设和生产经营活动正常进行的必要资金（图 5-1）。项目计算期包括建设期和运营期。建设期是指项目资金正式投入开始到项目建成投产为止所需要的时间，可按合理工期或预计的建设进度确定；运营期分为投产期和达产期两个阶段。投产期是指项目投入生产，但生产能力尚未完全达到设计能力时的过渡阶段。达产期是指生产运营达到设计预期水平后的时间。运营期一般应以项目主要设备的经济寿命期确定。建设项目总投资估算，是进行项目评估的基础数据，对项目基础数据估算的精确程度，直接影响到项目评估的质量，影响项目的决策。

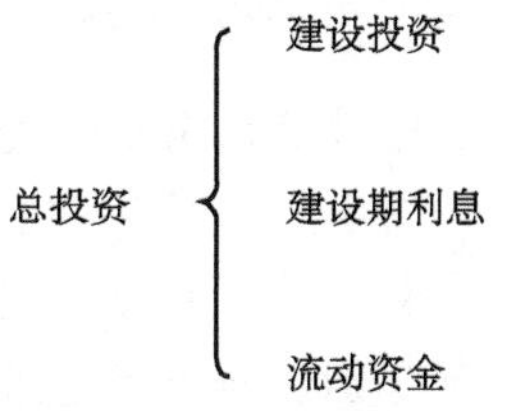

图 5-1　项目总投资构成

根据资金保全原则和企业资产划分的有关规定，投资项目在建成交付使用时，项目投入的全部资金分别形成固定资产、无形资产和其他资产。

固定资产，是指同时具有下列特征的有形资产：①为生产商品、提供劳务、出租或经营管理而持有的；②使用寿命超过一个会计年度。一般包括房屋及建筑物、机器设备、运销设备、工具器具等。

在项目评价中构成固定资产原值的费用包括工程费用（即建筑工程费、设备购置费和安装工程费）、固定资产其他费用、预备费（可含基本预备费和涨价预备费）和建设期利息。

无形资产，是指企业拥有或者控制的没有实物形态的可辨认的非货币性资产。包括专利权、商标权、土地使用权、非专利技术、商誉和著作权等。在项目评估中构成无形资产原值的费用主要包括技术转让费或技术使用费（包括专利技术和非专利技术）、商标权和商誉等。

其他资产，原称递延资产，是指除流动资产、长期投资、固定资产、无形资产以外的其他资产，如长期待摊费用。按照有关规定，除购置和建造固定资产以外，所有筹建期间发生的费用，先在长期待摊费用中归集，待企业开始生产经营起计入当期的损益。构成其他资产原值的费用主要包括生产准备费、开办费、样品样机购置费和农业开荒费等。

流动资产是指可以在一年内或超过一年的一个营业周期内变现或运用的资产，总投资中的流动资金与流动负债共同构成流动资产。

5.2.2 建设投资构成

建设投资是项目费用的重要组成，是项目财务分析的基础数据，可根据项目前期研究不同阶段、对投资估算精度的要求及相关规定选用估算方法。建设投资的构成可按概算法分类或按形成资产法分类。

1. 按概算法分类

按概算法分类，建设投资由工程费用、工程建设其他费用和预备费三部分构成。其中工程费用又由建筑工程费、设备购置费（含工具、器具及生产家具购置费）和安装工程费构成；工程建设其他费用内容较多，且随行业和项目的不同而有所区别。预备费包括基本预备费和涨价预备费（图 5-2）。

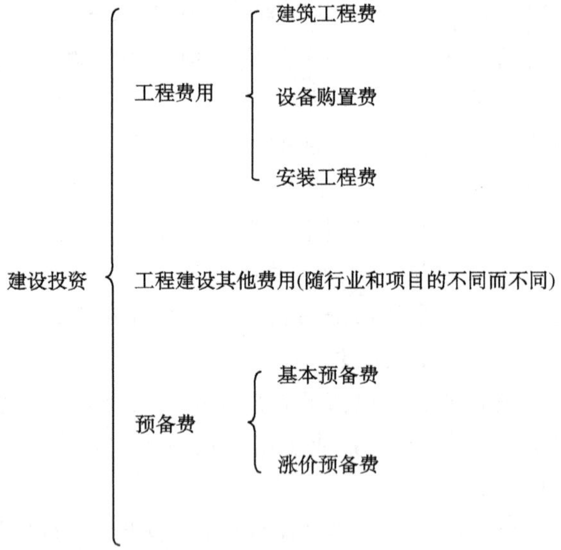

图 5-2 建设投资构成（按概算法分类）

2. 按形成资产法分类

按形成资产法分类，建设投资由固定资产费用、无形资产费用、其他资产费用和预备费四部分组成（图 5-3）。

(1) 固定资产费用。固定资产费用系指项目投产时将直接形成固定资产的建设投资，包括工程费用和工程建设其他费用中按规定将形成固定资产的费用，后者被称为固定资产其他费用，主要包括建设单位管理费、可行性研究费、研究试验费、勘察设计费、环境影响评价费、场地准备及临时设施费、引进技术和引进设备其他费、工程保险费、联合试运转费、特殊设备安全监督检验费和市政公用设施建设及绿化费等。

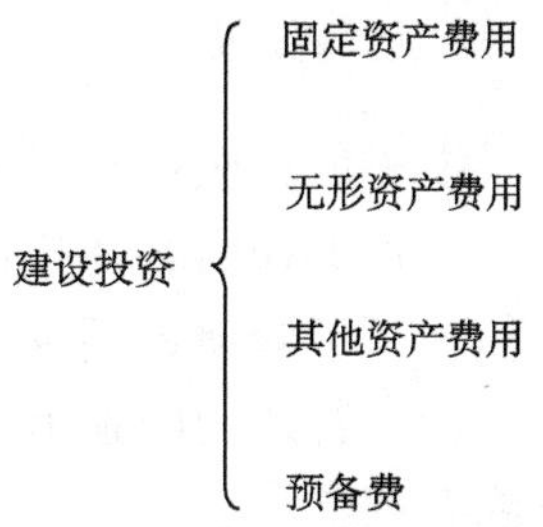

图 5-3　建设投资构成
（按形成资产法分类）

（2）无形资产费用。无形资产费用系指将直接形成无形资产的建设投资，主要是专利权、非专利技术、商标权、土地使用权和商誉等。

（3）其他资产费用。其他资产费用系指建设投资中除形成固定资产和无形资产以外的部分，如生产准备费、开办费等。

（4）预备费，可含基本预备费和涨价预备费。

对于土地使用权的特殊处理。按照有关规定，在尚未开发或建造自用项目前，土地使用权作为无形资产核算，房地产开发企业开发商品房时，将其账面价值转入开发成本；企业建造自用项目时将其账面价值转入在建工程成本。因此，为了与以后的折旧和摊销计算相协调，在建设投资估算表中通常可将土地使用权直接列入固定资产其他费用中。

此外，建设投资还可分为静态投资和动态投资两部分。静态投资部分由建筑工程费、设备及工器具购置费、安装工程费、工程建设其他费用、基本预备费构成；动态投资部分由涨价预备费和建设期利息构成。

5.2.3　建设投资估算依据、要求和步骤

1. 估算依据

项目投资估算要做到方法科学，基础资料完成，依据充分，适当运用估算标准。主要依据以下标准和文件：

（1）专门机构（如项目建设管理部门）颁发的建设工程造价费用构成、估算指标、计算方法及其他有关计算工程造价的文件。

（2）行业主管部门制定的投资估算办法、估算指标和定额；如行业实施细则关于资产折旧年限的规定等。

（3）有关部门制定的工程建设其他费用的计算办法和费用标准以及国家公布的物价指数。

（4）拟建项目各单项工程的建设内容及工程量。

2. 估算要求

投资估算应达到以下要求：

（1）工程内容和费用构成齐全，计算合理，不重复计算，不提高或者降低估算标准，不漏项，不少算。

（2）若选用的指标与具体工程之间的标准或者条件有差异，应进行必要的换算或者调整。

（3）投资估算深度应能满足控制初步设计概算的要求。编制单位工程综合估算表、主要设备估算表、其他费用估算明细表。

3. 估算步骤

建设投资的估算步骤如下：

（1）分别估算各单项工程所需的建筑工程费、设备及工器具购置费、安装工程费。

（2）在汇总各单项工程费用的基础上，估算工程建设其他费用和基本预备费，得出项目的静态投资部分。

（3）估算涨价预备费和建设期利息。

（4）加总求得建设投资总额。

5.2.4 建设投资估算项目构成

1. 建筑工程费估算

建筑工程费是指为建造永久性建筑物和构筑物所需要的费用，如场地平整，建设厂房、仓库、电站、设备基础、工业窑炉、矿井开拓、桥梁、码头、堤坝、隧道、涵洞、铁路、公路、水库、水坝、管线敷设、露天剥离等项工程的费用。建筑工程费估算一般采用如下方法：

（1）单位建筑工程投资估算法。该方法是以单位建筑工程量所用投资乘以建筑工程总量计算。具体地说，一般工业与民用建筑以单位建筑面积（平方米）的投资，工业窑炉砌筑以单位容积（立方米）的投资，水库以水坝单位长度（米）的投资，铁路路基以单位长度（公里）的投资，矿山掘进以单位长度（米）的投资，乘以相应的建筑工程总量计算得出建筑工程费。

（2）单位实物工程量投资估算法。该方法以单位实物工程量的投资乘以实物工程总量计算。土石方工程按每立方米投资，矿井巷道衬砌工程按每米投资，路面铺设工程以每平方米投资，乘以相应的实物工程总量计算得出建筑工程费。

（3）概算指标投资估算法。上述两种方法比较简单，一般运用较多。但对于没有上述估算指标且建筑工程费占总投资比例较大的项目，可采用概算指标估算法。采用这种估算法，应掌握较为详细工程资料、建筑材料价格情况和工程费用率等指标，需要投入的时间和工作量较大，应根据具体条件和要求选用。具体估算方法参考有关部门颁布的概算编制办法。

2. 设备及工器具购置费估算

(1) 设备及工器具购置费构成。设备及工器具购置费，包括设备的购置费、工器具及生产用办公家具购置费、现场制作费、标准设备费和相应的运杂费。

设备购置费是指为投资项目购置或自制的达到固定资产标准的各种国产或进口设备、工具、器具的购置费用。它由设备原价和设备运杂费构成。即

$$设备购置费 = 设备原价 + 设备运杂费$$

设备原价指国产设备（国产标准设备、国产非标准设备）、进口设备的原价，国内设备和引进设备的价格需要分别估算。

设备运杂费指除设备原价之外的设备采购、运输、途中包装及仓库保管等方面支出的费用的总和。如果设备是由设备成套公司提供的，则成套公司的服务费也要计入设备运杂费中。设备运杂费一般根据一定费率计算，即

$$设备运杂费 = 设备原价 \times 设备运杂费率$$

工具、器具及生产家具购置费，是指新建项目或扩建项目初步设计规定所必须购置的没有达到固定资产标准的设备、仪器、工卡模具、器具、生产家具和备品备件等的购置费用。一般以设备购置费为计算基数，按照部门或行业规定的工具、器具及生产家具购置费率计算。即

$$工器具及生产家具购置费 = 设备购置费 \times 定额费率$$

(2) 国内设备的购置费。国内设备的购置费为设备原价加运杂费。国内设备原价分为国产标准设备原价和国产非标准设备原价。

①国产标准设备原价。国产标准设备是指按照主管部门颁布的标准图纸和技术要求，由国内设备生产厂批量生产的，并符合国家质量检测标准的设备。国产标准设备原价一般指设备生产厂的交货价，即出厂价。具体包括两种情况，即带有备件的原价和不带有备件的原价。在计算时，一般采用带有备件的原价。

②国产非标准设备原价。国产非标准设备是指国家尚无定型标准，非批量生产的设备。一般由建设单位依据设计图纸委托设备生产厂制造的。因此，其价格只能根据设备的类型、材质、结构等逐台计算。非标准设备原价有多种不同的计算方法，如成本计算估价法、系列设备插入估价法、分步组合估价法、定额估价法等。

应编制国内设备购置费估算表，见表 5-1。

表 5-1 国内设备购置费估算表

序号	设备名称	型号规格	单位	数量	设备购置费		
					出厂价（元）	运杂费（元）	总价（万元）
合 计							

（3）进口设备购置费。

进口设备购置费由进口设备货价、进口从属费用及国内运杂费构成。即

进口设备购置费 ＝ 进口设备货价 ＋ 进口从属费用 ＋ 国内运杂费

进口设备货价按交货地点和方式的不同，分为离岸价（FOB）与到岸价（CIF）两种价格。

进口从属费用包括国外运费、国外运输保险费、进口关税、进口环节增值税、外贸手续费和银行财务费和海关监管手续费。

国内运杂费包括运输费、装卸费、运输保险费等。

①进口设备原价。进口设备按离岸价计价时，应先计算设备运抵我国口岸的国外运费和国外运输保险费，再得出到岸价。计算公式为

进口设备到岸价 ＝ 离岸价 ＋ 国外运费 ＋ 国外运输保险费

式中：国外运费＝离岸价×运费率

或 ＝单位运价×运量

国外运输保险费＝（离岸价＋国外运费）×国外保险费率

②设备从属费。设备从属费通常按下面公式估算：

进口关税＝进口设备到岸价×人民币外汇牌价×进口关税率

进口设备增值税＝(进口设备到岸价×人民币外汇牌价＋进口关税＋消费税)×增值税率

外贸手续费＝进口设备到岸价×人民币外汇牌价×外贸手续费率

银行财务费＝进口设备货价×人民币外汇牌价×银行财务费率

③国内运杂费。国内运杂费是指按合同或协议约定的到岸港口或接壤的陆地交货地点至工地现场存放地点，所发生运输费、运输保险费、装卸费、包装费、供销部门手续费和仓库保管费等。国内运杂费按运输方式，根据运量或者设备费金额估算。

应编制进口设备购置费估算表，见表 5-2。

表 5-2　进口设备购置费估算表

（人民币单位：万元　外币单位：万美元）

序号	设备名称	台套数	离岸价	国外运费	国外运输保险费	到岸价	进口关税	消费税	增值税	外贸手续费	银行财务费	海关监管手续费	国内运杂费	设备购置费总价
1	设备 A													
2	设备 B													
3	设备 C													
4	设备 D													
5	设备 E													
⋮														
合计														

3. 安装工程费估算

安装工程费包括需要安装的各种机电设备的装配、安装工程费用，与设备相连的工作台、梯子及其装设工程费用，附属于被安装设备的管线敷设工程费用；被安装设备的绝缘、保温、防腐等工程费用；单体试运转和联动无负荷试运转费用等。

安装工程费通常按行业或专门机构发布的安装工程定额、取费标准和指标估算。具体计算可按安装费率、每吨设备安装费或者每单位安装实物工程量的费用估算，即

$$安装工程费 = 设备原价 \times 安装费率$$

$$安装工程费 = 设备吨位 \times 每吨安装费$$

$$安装工程费 = 安装实物工程量 \times 安装费用指标$$

应编制安装工程费估算表，见表 5-3。

表 5-3　安装工程费估算表

序号	安装工程名称	单位	数量	指标（费率）	安装费用（万元）
1	设备				
	A				
	B				
	⋮				
2	管线工程				
	A				
	B				
	⋮				
合计					

4. 工程建设其他费用估算

工程建设其他费用指建设投资中除建筑安装工程费用、设备及工器具购置费、安装工程以外所必须花费的其他费用。工程建设其他费用应按国家有关部门或行业规定的内容、计算方法和费率或取费标准分项估算。具体内容见表5-4。

表5-4　工程建设其他费用估算表　　（单位：万元）

序号	费用名称	计算依据	费率或标准	总价
1	土地使用费			
2	建设单位管理费			
3	勘察设计费			
4	研究试验费			
5	建设单位临时设施费			
6	工程建设监理费			
7	工程保险费			
8	施工机构迁移费			
9	引进技术和进口设备其他费用			
10	联合试运转费			
11	生产职工培训费			
12	办公及生活家具购置费			
⋮				
合计				

需要注意的是，工程建设其他费用的具体科目及取费标准处在变动之中，应根据各级政府物价部门有关规定并结合项目的具体情况确定。

5. 基本预备费估算

基本预备费是指在可行性研究阶段难以预料的费用，又称工程建设不可预见费。主要指设计变更及施工过程中可能增加工程量的费用。

基本预备费以建筑工程费、设备及工器具购置费、安装工程费及工程建设其他费用之和为计算基数，按行业主管部门规定的基本预备费率计算。计算公式为

$$\text{基本预备费}=(\text{建筑工程费}+\text{设备工器具购置费}+\text{安装工程费}+\text{工程建设其他费用})\times\text{基本预备费率}$$

6. 涨价预备费估算

涨价预备费是对建设工期较长的项目，由于在建设期内可能发生材料、设备、人工等价格上涨引起投资增加，需要事先预留的费用。亦称价格变动不可预见费。涨价预备费以建筑工程费、设备及工器具购置费、安装工程费之和为计算基数。计算公式为

$$\mathrm{PC} = \sum_{t=1}^{n} I_t[(1+f)^t - 1]$$

式中：PC——涨价预备费；

I_t——第 t 年的建筑工程费、设备及工器具购置费、安装工程费之和；

f——建设期价格上涨指数；

n——建设期。

建设期价格上涨指数，政府部门有规定的按规定执行，没有规定的由可行性研究人员预测。

5.2.5 建设期利息估算

1. 建设期利息的估算方法

建设期利息是指项目借款在建设期内发生并记入固定资产的利息，包括借款利息及手续费、承诺费、管理等财务费用。估算建设利息应按以下步骤进行：

（1）明确建设投资分年计划。即根据项目进度计划，提出建设投资分年计划，列出各年投资额，并明确其中的外汇和人民币。

（2）选择利率。估算建设期利息，应采用年有效利率。故应注意名义年利率和有效年利率的换算。将名义年利率折算为有效年利率的计算公式为

$$R = \left(1 + \frac{r}{m}\right)^m - 1$$

式中：R——有效年利率；

r——名义年利率；

m——每年计息次数。

当建设期用自有资金按期支付利息时，可不必进行换算，直接采用名义年利率计算建设期利息。

（3）计算建设期利息。为了简化计算，通常假定借款均在每年的年中支用，借款当年按半年计息，其余各年份按全年计息，计算公式如下：

采用自有资金付息时，按单利计算：

各年应计利息 =（年初借款本息累计 + 本年借款额 /2）× 名义年利率

采用复利方式计算时：

各年应计利息 =（年初借款本息累计 + 本年借款额 /2）× 有效年利率

2. 建设期利息估算应注意问题

（1）多种借款资金来源建设期利息估算。对有多种借款资金来源，每笔借款的年利率各不相同的项目，既可分别计算每笔借款的利息，也可先计算出各笔借款加权平均的年利率，并以加权平均利率计算全部借款的利息。

（2）其他融资费用处理。其他融资费用系指某些债务资金发生的手续费、承诺费、管理费、信贷保险费等融资费用，原则上应按该债务资金的债权人的要求单独计算，并计入建设期利息。项目建议书阶段，可简化作粗略估算，计入建设投资；可行性研究阶段，不涉及国外贷款的项目，也可简化作粗略估计后计入建设投资。

（3）分期建成投产的项目。在项目评价中，对于分期建成投产的项目，应注意按各期投产时间分别停止借款费用的资本化，即投产后继续发生的借款费用不作为建设期利息计入固定资产原值，而是作为运营期利息计入总成本费用。

5.2.6 流动资金的估算

流动资金系指企业以货币购买劳动对象和支付工资时所垫付的资金，是保证企业正常生产经营的必要条件。即用于购置企业日常生产经营所需的原材料、燃料、动力，支付职工工资以及作为生产中的周转资金而被占用于制品、半成品、产成品上的在项目投产前须预先垫支的资金。

项目运营需要流动资产投资，但项目评价中需要估算并预先筹措的是从流动资产中扣除流动负债，即企业短期信用融资（应付账款）后的流动资金。

流动资金估算方法可采用扩大指标估算法或分项详细估算法。

1. 流动资金的估算——扩大指标估算法

扩大指标估算法，是一种简化的流动资金估算方法，一般可参照同类企业流动资金占营业收入或经营成本的比例，或者单位产量占用营运资金的数额估算流动资金。

（1）按营业收入（销售收入）的资金率估算。营业收入（销售收入）资金率是指项目流动资金需要量与一定时期（通常为一年）内营业收入的比率。使用营业收入资金率法估算流动资金需要量的计算公式如下：

流动资金需要量 = 项目年营业收入 × 营业收入资金率

式中：项目年营业收入取正常生产年份的数值，营业收入资金率根据同类项目的经验数据加以确定。

（2）按经营成本资金率估算。经营成本是一项综合性指标，能反映项目的物质消耗、生产技术和经营管理水平以及自然资源赋存条件的差异等实际情况，所以有些项目可采用经营成本资金率估算流动资金。即

$$流动资金需要量 = 年经营成本 \times 经营成本资金率$$

（3）按单位产量资金率估算。有的特殊建设项目可按单位产量占用流动资金来估算，即

$$流动资金需要量 = 达产期年产量 \times 单位产量资金率$$

扩大指标估算法可用于项目建议书阶段，某些行业在可行性研究阶段也可采用此方法，该方法简便易行，但是准确度不高。

2. 流动资金的估算——分项详细估算法

分项详细估算法是对流动资产和流动负债主要构成要素即存货、现金、应收账款、预付账款以及应付账款和预收账款等几项内容分项进行估算，据此计算获得企业总流动资金的需要量。一般可以根据“流动资金估算表”（表 5-11）对各项流动资金进行估算。计算公式如下：

$$流动资金 = 流动资产 - 流动负债$$

$$流动资产 = 应收账款 + 预付账款 + 存货 + 现金$$

$$流动负债 = 应付账款 + 预收账款$$

$$流动资金本年增加额 = 本年流动资金 - 上年流动资金$$

流动资金估算的具体步骤是首先确定各分项最低周转天数，计算出周转次数，然后进行分项估算。

（1）周转次数的计算。

$$周转次数 = 360天 / 最低周转天数$$

各类流动资产和流动负债的最低周转天数参照同类企业的平均周转天数并结合项目特点确定，或按部门（行业）规定，在确定最低周转天数时应考虑储存天数、在途天数，并考虑适当的保险系数。

（2）流动资产估算。

①存货的估算。存货是指企业在日常生产经营过程中持有以备出售，或者仍然处在生产过程，或者在生产或提供劳务过程中将消耗的材料或物料等，包括各类材料、商品、在产品、半产品和产成品等。为简化计算，项目评价中仅考虑外购原材料、燃料、其他材料、在产品和产成品，并分项进行计算。计算公式为

存货＝外购原材料、燃料＋其他材料＋在产品＋产成品

外购原材料、燃料＝年外购原材料、燃料费用/分项周转次数[①]

其他材料＝年其他材料费用/其他材料周转次数

在产品＝(年外购原材料、燃料动力费用＋年工资及福利费＋年修理费＋年其他制造费用)/在产品周转次数

产成品＝(年经营成本－年其他营业费用)/产成品周转次数

②应收账款估算。应收账款是指企业对外销售商品、提供劳务尚未收回的资金，计算公式为

应收账款 ＝ 年经营成本 / 应收账款周转次数

③预付账款估算。预付账款是指企业为购买各类材料、半成品或服务所预先支付的账款，计算公式为

预付账款 ＝ 外购商品或服务年费用金额 / 预付账款周转次数

④现金需要量估算。项目流动资金中的现金是指为维持正常生产运营必须预留的货币资金，计算公式为

现金 ＝ (年工资及福利费 ＋ 年其他费用) / 现金周转次数

年其他费用＝制造费用＋管理费用＋营业费用－(以上三项费用中所含的工资及福利费、折旧费、摊销费、修理费)

(3) 流动负债估算。流动负债是指将在一年（含一年）或者超过一年的一个营业周期内偿还的债务，包括短期借款、应付票据、应付账款、预收账款、应付工资、应付福利费、应付股利、应交税金、其他暂收应付款项、预提费用和一年内到期的长期借款等。在项目评价中，流动负债的估算可以只考虑应付账款和预收账款两项。

计算公式为

应付账款 ＝ 外购原材料、燃料动力及其他材料年费用 / 应付账款周转次数

预收账款 ＝ 预收的营业收入年金额 / 预收账款周转次数

3. 流动资金估算需要注意的问题

(1) 在项目评价中，最低周转天数取值对流动资金估算的准确程度有较大影响。在确定最低周转天数时应根据项目的特点，投入和产出性质、供应来源以及各分项的属性，并考虑保险系数分项确定。

(2) 当投入物和产出物采用不含税价格时，估算中应注意将销项税额和进项税额分别包括在相应的年费用金额中。

(3) 流动资金一般应在项目投产前开始筹措。为了简化计算，流动资金可在

---

① 注意对外购原材料、燃料应按种类分类确定最低周转天数进行估算。

投产第一年开始安排，并随生产运营计划的不同而有所不同，因此流动资金的估算应根据不同的生产运营计划分年进行。

（4）用详细估算法计算流动资金，需以经营成本及其中的某些科目为基数，因此实际上流动资金估算应在经营成本估算之后进行。

5.3　营业收入与补贴收入估算

5.3.1　营业收入

营业收入是指销售产品或者提供服务所获得的收入，是现金流量表中现金流入的主体，也是利润表的主要科目。营业收入是财务分析的重要数据，其估算的准确性极大地影响着项目财务效益的估计。

1. 营业收入估算的基础数据

营业收入估算的基础数据，包括产品或服务的数量和价格，都与市场预测密切相关。在估算营业收入时应对市场预测的相关结果以及建设规模、产品或服务方案进行概括的描述或确认，特别应对采用价格的合理性进行说明。

营业收入估算应采用以市场价格体系为基础的预测价格。对运营期的产出物价格，由于运营期比较长，在前期研究阶段对将来的物价上涨水平较难预测，预测结果的可靠性也难以保证，因此一般只预测到经营期初价格。运营期各年采用统一的不变价格。

2. 分年运营量可根据经验确定负荷率后计算或通过制定销售（运营）计划确定

（1）按照市场预测的结果和项目具体情况，根据经验直接判定分年的负荷率。判定时应考虑项目性质、技术掌握难易程度、产出的成熟度及市场的开发程度等诸多因素。

（2）根据市场预测的结果，结合项目性质、产出特性和市场的开发程度制定分年运营计划，进而确定各年产出数量。相对而言，这种做法更具合理性，国际上多采用。

运营计划或分年负荷的确定不应是固定的模式，应根据具体项目具体分析。一般开始投产时负荷较低，以后各年逐步提高，提高的幅度取决于上述因素的分析结果。有些项目的产出寿命期较短，更新快，达到一定负荷后，在适当的年份开始减少产量，甚至适时终止生产。

3. 一般工业项目营业收入的估算

工业项目评价中营业收入的估算基于一项重要假定，即当期的产出（扣除自用量后）当期全部销售，也就是当期商品产量等于当期销售量。主副产品（或不同等级产品）的销售收入应全部计入营业收入，其中某些行业的产品成品率按行业习惯或规定；其他行业提供的不同类型服务收入也应同时计入营业收入。

对产品产量和销售价格要通过市场需求研究，对各种产品的供求情况和价格趋势进行分析和预测确定。

产品营业收入的表达式为

$$S = \sum_{i=1}^{n} Q_i P_i$$

式中：Q_i——第 i 种产品的年产量；

P_i——第 i 种产品的单价；

n——产品品种数。

如果项目的产品比较单一，用产品单价乘产量即可得到每年的营业收入；如果项目的产品种类比较多，要根据营业收入和营业税金及附加估算表进行估算。

5.3.2 补贴收入

某些项目还应按有关规定估算企业可能得到的补贴收入（仅包括与收益相关的政府补助，与资产相关的政府补助不在此处核算，与资产相关的政府补助是指企业取得的、用于构建或以其他方式形成长期资产的政府补助），包括先征后返的增值税、按销量或工作量等依据国家规定的补助定额计算并按期给予的定额补贴，以及属于财政扶持而给予的其他形式的补贴等。补贴收入同营业收入一样，应列入利润与利润分配表、财务计划现金流量表和项目投资现金流量表与项目资本金现金流量表。以上几类补贴收入，应根据财政、税务部门的规定，分别计入或不计入应税收入。

5.4 总成本费用估算

总成本费用系指在运营期内为生产产品提供服务所发生的全部费用，等于经营成本与折旧费、摊销费和财务费用之和。

5.4.1 总成本费用构成

1. 生产成本加期间费用构成法

总成本费用由生产成本加上期间费用构成，即

总成本费用＝生产成本＋期间费用

生产成本＝直接材料费＋直接燃料和动力费＋直接工资＋其他直接支出＋制造费用

期间费用＝管理费用＋营业费用＋财务费用

（1）制造费用。制造费用指企业为生产产品和提供劳务而发生的各项间接费用，包括生产单位管理人员工资和福利费、折旧费、修理费（生产单位和管理用房屋、建筑物、设备）、办公费、水电费、机物料消耗、劳动保护费，季节性和修理期间的停工损失等。但不包括企业行政管理部门为组织和管理生产经营活动而发生的管理费用。项目评价中的制造费用系指项目包含的各分厂或车间的总制造费用，为了简化计算常将制造费用归类为管理人员工资及福利费、折旧费、修理费和其他制造费用几部分。

（2）管理费用。管理费用是指企业为管理和组织生产经营活动所发生的各项费用，包括公司经费、工会经费、职工教育经费、劳动保险费、待业保险费、董事会费、咨询费、聘请中介机构费、诉讼费、业务招待费、排污费、房产税、车船使用税、土地使用税、印花税、矿产资源补偿费、技术转让费、研究与开发费、无形资产与其他资产摊销、职工教育经费、计提的坏账准备和存货跌价准备等。为了简化计算，项目评价中可将管理费用归类为管理人员工资及福利费、折旧费、无形资产和其他资产摊销、修理费和其他管理费用几部分。

（3）营业费用。营业费用是指企业在销售商品过程中发生的各项费用以及专设销售机构的各项经费，包括应由企业负担的运输费、装卸费、包装费、保险费、广告费、展览费以及专设销售机构人员工资及福利费、类似工程性质的费用、业务费等经营费用。为了简化计算，项目评价中将营业费用归为销售人员工资及福利费、折旧费、修理费和其他营业费用几部分。

采用生产（服务）成本加期间费用法估算总成本费用时，需要各分单元（如分车间、装置或生产线）的有关数据或每种服务的有关数据，主要有原材料和公用工程消耗、各车间、装置或生产线等的定员和固定资产原值等。要先分别估算各分单元的生产（服务）成本，再加总得出总的生产（服务）成本，然后与期间费用（管理费用、营业费用和财务费用）相加得到总成本费用。

当会计制度与税收制度的相关规定有矛盾时，应按从税原则处理。

2. 生产要素构成法

按照要素构成法，总成本费用由外购原材料、燃料和动力费、工资及福利费、折旧费、摊销费、修理费、财务费用（利息支出）和其他费用构成。即

总成本费用＝外购原材料、燃料和动力费＋工资及福利费＋折旧费＋摊销费＋修理费＋财务费用（利息支出）＋其他费用

式中，其他费用包括其他制造费用、其他管理费用和其他营业费用这三项费用。其他管理费用是指由管理费用中扣除工资及福利费、折旧费、摊销费、修理费后的其余部分。其他营业费用是指由营业费用中扣除工资及福利费、折旧费、修理

费后的其余部分。

项目评价中通常采用生产要素法估算总成本费用，具体估算方法见后面叙述。

总成本费用、经营成本、固定成本及可变成本的构成见图 5-4。

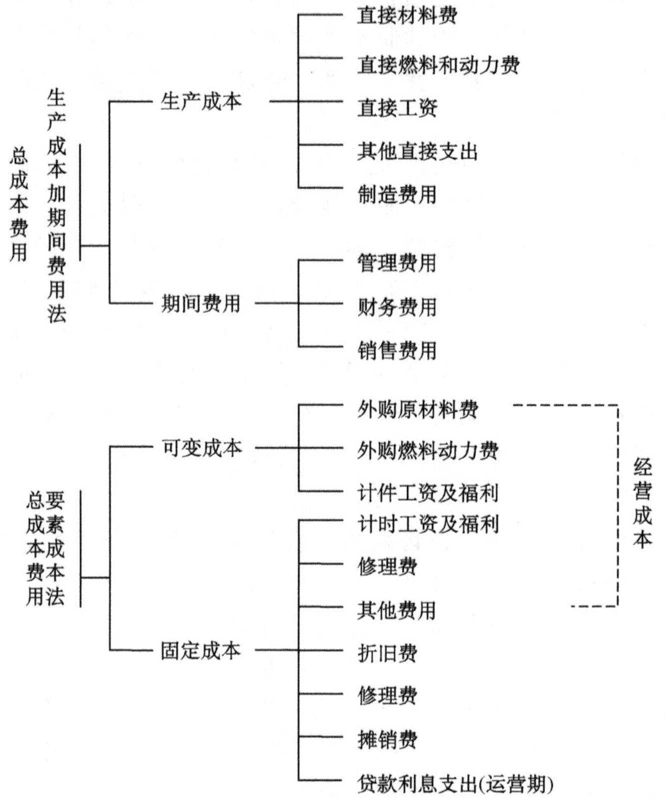

图 5-4 总成本费用、经营成本、固定成本及可变成本的构成

5.4.2 总成本费用估算

根据总成本费用的上述两种构成，通过编制总成本费用估算表可分别估算总成本费用。总成本费用估算的行业性也很强。估算应注意反映行业特点，或从行业规定。以下所述的总成本费用估算方法与注意事项适用于工业项目，在折旧、摊销、利息和某些费用计算方面也基本适用于其他行业。

采用生产要素法估算总成本费用，具体估算过程如下。

1. 外购原材料和燃料动力费估算

按“生产要素法”估算总成本费用时，原材料和燃料动力费系指外购的部分，外购原材料和燃料动力费的估算需要以下基础数据：①相关专业人员所提出的外购原材料和燃料动力年耗用量；②在选定价格体系下的预测价格，该价格应按入库价格计，即到厂价格并考虑途库损耗。采用的价格时点和价格体系应与营业收入的估算一致。

2. 人工工资及福利费估算

财务分析中的人工工资及福利费，是指企业为获得职工提供的服务而给予各种形式的报酬，通常包括职工工资、奖金、津贴和补贴，职工福利。医疗保险费、养老保险费、失业保险费、工伤保险费、生育保险费等社会保险费和住房公积金中由职工个人缴付的部分，应按规定计入其他管理费用。按“生产要素法”估算总成本费用时，人工工资及福利费系按项目全部人员数量估算。确定人工工资及福利费时需考虑项目性质、项目地点、行业特点等因素。依托老企业的项目，还要考虑原企业工资水平。

根据不同项目的需要，财务分析中可视情况选择按项目全部人员年工资的平均数值计算或者按照人员类型和层次分别设定不同档次的工资进行计算。

职工福利费一般可按照职工工资总额的一定百分比计算。

3. 固定资产原值及折旧费估算

（1）固定资产原值。计算折旧需要先计算固定资产原值，固定资产原值是指项目投产时（达到预定可使用状态）按规定由投资形成固定资产的部分，主要有：工程费用、固定资产其他费用、预备费和建设期利息。

计提折旧的固定资产范围是：企业的房屋、建筑物；在用的机器设备、仪器仪表、运输车辆、工具器具；季节性停用和在修理停用的设备；以经营租赁方式租出的固定资产；以融资租赁方式租入的固定资产。

融资租赁的固定资产，承租人应将租赁开始日租赁资产的公允价值与最低租赁付款额的现值两者中较低者作为租入资产的入账价值。计算最低租赁付款额的现值所用的折现率，应首先选择出租人的租赁内含利率，其次使用租赁合同中规定的利率，如都无法知悉，应用同期银行贷款利率。项目评价中条件不清楚的，也可直接按资产公允价值计算。

（2）固定资产折旧。固定资产在使用过程中会受到磨损，其价值损失通常是通过提取折旧的方式得以补偿。按财税制度规定，企业固定资产应当按月计提折旧，并根据用途计入相关资产的成本或者当期损益。财务分析中，按生产要素法估算总成本费用时，固定资产折旧可直接列支于总成本费用。固定资产的折旧方法可在税法允许的范围内由企业自行确定，一般采用直线法，包括年限平均法和工作量法。我国税法也允许对某些机器设备采用快速折旧法，即双倍余额递减法和年数总和法。

固定资产折旧年限、预计净残值率可在税法允许的范围内由企业自行确定，或按行业规定。项目评价中一般应按税法明确规定的分类折旧年限，也可按行业规定的综合折旧年限。

对于融资租赁的固定资产，如果能够合理确定租赁期届满时承租人会取得租赁资产所有权，即可认为承租人拥有该项资产的全部尚可使用年限，因此应以其作为折旧年限；否则，则应以租赁期与租赁资产尚可使用年限两者中较短者作为折旧年限。

我国允许的固定资产折旧方法有：

①年限平均法。年限平均法亦称直线法，即根据固定资产的原值、估计的净残值率和折旧年限计算折旧。其计算公式为

$$年折旧率 = (1 - 预计净残值率) / 折旧年限 \times 100\%$$

$$年折旧额 = 固定资产原值 \times 年折旧率$$

这种折旧方法各年折旧率相等，计算简便，应用较广。

预计净残值率是预计的企业固定资产净残值与固定资产原值的比率，根据行业会计制度规定，企业净残值率按照固定资产原值的 3%～5%确定。特殊情况下，净残值率低于 3%或高于 5%的，由企业自主确定，并报主管财政机关备案。

②工作量法。工作量法又分两种，一是按照行驶里程计算折旧，二是按照工作小时计算折旧，计算公式如下：

按照行驶里程计算折旧的公式为

$$单位里程折旧额 = [原值 \times (1 - 预计净残值率)] / 总行驶里程$$

$$年折旧额 = 单位里程折旧额 \times 年行驶里程$$

按照工作小时计算折旧的公式为

$$每工作小时折旧额 = 原值 \times (1 - 预计净残值率) / 总工作小时$$

$$年折旧额 = 每工作小时折旧额 \times 年工作小时$$

通常企业专业车队的客、货运汽车、大型设备，可采用工作量法计算折旧。

③加速折旧法。加速折旧法是指固定资产每期计提的折旧数额在使用初期多，而在使用后期少，从而相对加快折旧速度的一种方法。按照现行企业财务制度规定，在国民经济中具有重要地位、技术进步快的电子生产企业、船舶工业企业、生产“母机”的机械企业、飞机制造企业、汽车制造企业、化工生产企业和

医药生产企业以及其他经财政部批准的特殊行业的企业，其机器设备可以采用双倍余额递减法或年数总和法计算折旧。

双倍余额递减法。双倍余额递减法是以直线折旧法折旧率两倍的折旧率计算折旧额的方法。其计算公式为

$$年折旧率 = 2/折旧年限 \times 100\%$$

$$年折旧额 = 固定资产净值 \times 年折旧率$$

固定资产账面净值按原值减去累计折旧额计算。

应当注意的是，采用双倍余额递减法计算固定资产折旧时，应当在其固定资产折旧年限到期前两年内，将固定资产净值扣除预计净残值后的净额平均摊销。

年数总和法。年数总和法是根据固定资产原值减去预计净残值后的余额，按照逐年递减的系数（即年折旧率）来计算折旧的方法。每年的折旧率为一变化的分数。其计算公式为

$$年折旧率 = \frac{(折旧年限 - 已使用年限)}{折旧年限 \times (折旧年限 + 1) \div 2} \times 100\%$$

$$年折旧额 = (固定资产原值 - 预计净残值) \times 年折旧率$$

例如：某项目折旧年限 10 年，固定资产原值为 20 000 元。净残值率为 5%，则分别用双倍余额递减法和年数总和法计算，各年的折旧费如下：

按双倍余额递减法计算为

$$年折旧率 = \frac{2}{折旧年限} \times 100\% = 20\%$$

各年折旧额计算见表 5-5。

表 5-5　双倍余额递减法计算表

年度	年初固定资产账面净值	折　旧　费
1	20 000	20 000×20%=4 000
2	20 000－4 000=16 000	16 000×20%=3 200
3	16 000－3 200=12 800	12 800×20%=2 560
4	12 800－2 560=10 240	10 240×20%=2 048
5	10 240－2 048=8 192	8 192×20%=1 638.4
6	8 192－1 638.4=6 553.6	6 553.6×20%=1 310.72
7	6 553.6－1 310.72=5 242.88	5 242.88×20%=1 048.58
8	5 242.88－1 042.58=4 194.3	4 194.3×20%=838.86
9	4 194.3－838.86=3 355.44	(3 355.44－5%×20 000) ×1/2=1 177.72
10	3 355.44－117.72=2 177.72	(3 355.44－1 000) ×1/2=1 177.72

按年数总和法计算：各年折旧费见表 5-6。

表 5-6 年数总和法计算表

年度	递减折旧率	折 旧 费
1	10/55	(20 000－1 000)×10/55＝3 454.54
2	9/55	19 000×9/55＝3 109.09
3	8/55	19 000×8/55＝2 763.63
4	7/55	19 000×7/55＝2 414.18
5	6/55	19 000×6/55＝2 072.72
6	5/55	19 000×5/55＝1 727.27
7	4/55	19 000×4/55＝1 381.81
8	3/55	19 000×3/55＝1 036.36
9	2/55	19 000×2/55＝690.91
10	1/55	19 000×1/55＝345.54

4. 固定资产修理费估算

修理费是指为保持固定资产的正常运转和使用，充分发挥其使用效能，对其进行必要修理所发生的费用，按其修理范围的大小和修理时间间隔的长短可以分为大修理和中小修理。按现行的财务制度规定，发生的修理费用允许直接在成本费用中列支，若当期发生数额较大，可实行预提或摊销的办法。

当按“生产要素法”估算总成本费用时，固定资产修理费系指项目全部固定资产的修理费，可直接按固定资产原值（扣除所含的建设期利息）的一定百分数估算。百分数的选取应考虑行业和项目特点。在生产运营的各年中，修理费率的取值，一般采用固定值。根据项目特点也可以间断性地调整修理费率，开始取较低值，以后取较高值。

与折旧费相同，修理费也包括在制造费用、管理费用、销售费用之中。在估算总成本费用时，可以单独计算修理费。

5. 无形资产和其他资产原值及摊销费估算

（1）无形资产原值及摊销费。无形资产，是指企业拥有或者控制的没有实物形态的可辨认非货币性资产。构成无形资产原值的费用主要包括技术转让费或技术使用费（含专利权和非专利技术）、商标权和商誉等。

按照有关规定，无形资产从开始使用之日起，在有效使用期限内平均摊入成本。法律和合同规定了法定有效期限或者受益年限的，摊销年限从其规定，否则摊销年限应注意符合税法的要求。无形资产的摊销一般采用平均年限法，不计残值。

摊销费是指无形资产和其他资产在一定期限内分期摊销的费用。无形资产和其他资产的原始价值也要在规定的年限内，按年度或产量转移到产品的成本之中，这一部分被转移的无形资产和其他资产的原始价值，称为摊销。企业通过计提摊销费，回收无形资产及其他资产的资本支出。

（2）其他资产原值及摊销费。其他资产，是指除流动资产、长期投资、固定资产、无形资产以外的其他资产形成其他资产，构成其他资产原值的费用主要包括生产准备费、开办费、样品样机购置费和农业开荒费等。

其他资产的摊销可以采用平均年限法，不计残值，摊销年限应注意符合税法的要求。

无形资产和其他资产是发生在项目建设期或筹建期间，而应在生产期分期平均摊入管理费用中的，在估算总成本费用时，可单独列出。

6. 其他费用估算

其他费用包括其他制造费用、其他管理费用和其他营业费用等三项费用，系指在制造费用、管理费用和营业费用中分别扣除工资及福利费、折旧费、修理费、摊销费后的其余部分。产品出口退税和减免税项目按规定不能抵扣的进项税额也可以包括在内。

（1）其他制造费用。其他制造费用是指企业为生产产品和由制造费用中扣除生产单位管理人员工资及福利费、折旧费、修理费后的其余部分。项目评价中常见的估算方法有：按固定资产原值（扣除所含的建设期利息）的百分比估算；按人员定额估算，具体估算方法可从行业规定。

（2）其他管理费用。其他管理费用是指由管理费用中扣除工资及福利费、折旧费、摊销费、修理费后的其余部分。

项目评价中常见的估算方法是按人员定额获取工资及福利费总额的倍数估算。若管理费用中的技术转让费、研究与开发费与土地使用税等数额较大，应单独核算后并入其他管理费用，或单独列项。

（3）其他营业费用。其他营业费用是指由营业费用中扣除工资及福利费、折旧费、修理费后的其余部分。

项目评价中常见的估算方法是按营业收入的百分数估算。

（4）不能抵扣的进项税额。对于产品出口项目和产品国内销售的增值税减免税项目，应将不能抵扣的进项税额计入总成本费用的其他费用或单独列项。

7. 利息支出估算

按照会计法规，企业为筹集所需资金而发生的费用称为借款费用，又称财务费用，包括利息支出（减利息收入）、汇兑损失（减汇兑收益）以及相关的手续费等。在大多数项目的财务分析中，通常只考虑利息支出。利息支出的估算包括长期借款利息、流动资金借款利息和短期借款利息三部分。

（1）长期借款利息。长期借款利息是指对建设期间借款余额（含未支付的建设期利息）应在生产期支付的利息，项目评价中可以选择等额还本付息或者等额还本利息照付方式来计算长期借款利息。

①等额还本付息方式：

$$A = I_c \times \frac{i(1+i)^n}{(1+i)^n - 1}$$

式中：A——每年还本付息额（等额年金）；

I_c——还款起始年年初的借款余额（含未支付的建设期利息）；

i——年利率；

n——预定的还款期；

$\frac{i(1+i)^n}{(1+i)^n-1}$——资金回收系数。可从复利换算表查得。

式中：每年支付利息＝年初借款余额×年利率；

每年偿还本金＝A－每年支付利息；

年初借款余额＝I_c－本年以前各年偿还的借款累计。

②等额还本利息照付方式：

设 A_t 为第 t 年的还本付息额，则有

$$A_t = I_c/n + I_c \times \left(1 - \frac{t-1}{n}\right) \times i$$

式中：每年支付利息＝年初借款余额×年利率。

$$\text{第 } t \text{ 年支付利息} = I_c \times \left(1 - \frac{t-1}{n}\right) \times i$$

每年偿还本金＝$\frac{I_c}{n}$

（2）流动资金借款利息。项目评价中估算的流动资金借款从本质上说应归类为长期借款，但目前企业往往有可能与银行达成共识，按期末偿还、期初再借的方式处理，并按一年期利率计息。流动资金借款利息可以按下式计算：

年流动资金借款利息 ＝ 年初流动资金借款余额 × 流动资金借款年利率

财务分析中对流动资金的借款可以在计算期最后一年偿还，也可以在还完长期借款后安排。

(3) 短期借款。项目评价中的短期借款系指运营期间由于资金的临时需要而发生的短期借款，短期借款的数额应在财务计划流量表中得到反映，其利息应计入总成本费用表的利息支出中。短期借款利息的计算同流动资金借款利息。短期借款的偿还按照随借随还的原则处理，即当年借款尽可能于下年偿还。

以上各项合计，即得出各年的总成本费用。

5.4.3 经营成本估算

经营成本是财务分析的现金流量分析中所使用的特定概念，作为项目现金流量表中运营期现金流出的主体部分，应得到充分的重视。经营成本与融资方案无关。因此在完成建设投资和营业收入估算后，就可以估算经营成本，为项目融资前分析提供数据。

经营成本估算的行业性很强，不同行业在成本构成科目和名称上都可能有较大的不同。估算应按行业规定，没有规定的也应注意反映行业特点。

经营成本是指项目总成本费用扣除折旧费、摊销费和利息支出以后的成本费用。

即：经营成本＝总成本费用－折旧费－摊销费－利息支出

或经营成本＝外购原材料、燃料和动力费＋工资及福利费＋修理费＋其他费用

计算经营成本之所以要从总成本费用中剔除折旧费、摊销费和利息支出，主要是基于以下依据：

现金流量计算与会计核算成本计算方法有所不同，按照现金流量的概念，只计算现金收支，不计算非现金收支，而固定资产折旧费、摊销费等只是项目系统内部固定资产投资的现金转移，而非现金支出。所以，经营成本中不包括折旧费和摊销费。另外，按国家现行财务制度规定，项目生产经营期间发生的借款利息计入产品总成本费用的财务费用中，由于项目投资现金流量表不考虑投资资金来源，利息支出也不作为现金流出；项目资本金现金流量表中已将利息支出单列，因此，经营成本中也不包括利息支出，同时与还本付息有关的汇兑净损失也应作相应处理。

5.4.4 固定成本与变动成本的估算

总成本费用按其与产品产量的变化关系分为变动成本与固定成本和半可变（或半固定）成本。

固定成本一般包括折旧费、摊销费、修理费、工资及福利费（计件工资除

外）和其他费用等，通常把运营期发生的全部利息也作为固定成本。

可变成本主要包括外购原材料、燃料及动力费和计件工资等。

有些成本费用属于半固定（半可变）成本，即介于固定成本和变动成本之间，既随产量变化又不成正比例变化的成本费用，同时具有固定成本和变动成本的特征。必要时可进一步分解为固定成本和可变成本。项目评价中可根据行业特点进行简化处理。

经营成本、固定成本和变动成本根据“总成本估算表”直接计算。

5.5 税费估算

项目评价涉及的税费主要包括关税、增值税、营业税、消费税、所得税、资源税、城市维护建设税和教育费附加等，有些行业还包括土地增值税。其中营业税、消费税、土地增值税、资源税和城市维护建设税、教育费附加均可包含在营业税金及附加中。

5.5.1 营业税金及附加估算

1. 营业税

营业税是对在中华人民共和国境内从事交通运输业、建筑业、金融保险业、邮电通信业、文化体育业、娱乐业、服务业或有偿转让无形资产、销售不动产行为的单位和个人，就其营业额所征收的一种税。营业税是价内税，包含在营业收入之内。营业税税率3%～20%。应纳税额的计算公式为

$$应纳税额 = 营业额 \times 适用税率$$

在一般情况下，营业额为纳税人提供应税劳务、转让无形资产、销售不动产向对方收取的全部价款和价外费用。

2. 消费税

我国对部分货物征收消费税。消费税是对工业企业生产、委托加工和进口的部分应税消费品按差别税率或税额征收的一种税。消费税是在普遍征收增值税的基础上，根据消费政策、产业政策的要求，有选择地对部分消费品征税。项目评价中对适用消费税的产品，应按税法规定计算消费税。

目前，我国的消费税共设11个税目，13个子目。消费税的税率有从价定率和从量定额两种，黄酒、啤酒、汽油、柴油采用从量定额；其他消费品均为从价定率，税率3%～45%。

从价定率征收的消费税按下式计算：

$$\text{应纳税额}=\text{应税消费品销售额}\times\text{适用税率}$$
$$=\text{组成计税价格}\times\text{消费税率}$$
$$=\frac{\text{销售收入（含增值税）}}{1+\text{增值税率}}\times\text{消费税率}$$

从量定额征收的消费税按下式计算：

$$\text{应纳税额}=\text{应税消费品销售数量}\times\text{单位税额}$$

应税消费品的销售额是指纳税人销售应税消费品向买方收取的全部价款和价外费用，不包括向买方收取的增值税税款，销售数量是指应税消费品数量。

3. 土地增值税

土地增值税是按转让房地产取得的增值额征收的税种。房地产开发项目应按规定计算土地增值税。土地增值税的征税范围是有偿转让的房地产，包括国有土地使用权及地上建筑物和其附着物。

土地增值税税率采用30%～60%的四级超率累进税率，房地产增值额未超过扣除项目金额50%的部分，税率为30%；超过50%未超过100%的部分，税率为40%；超过100%未超过200%的部分，税率为50%，超过200%的部分，税率为60%。

土地增值税的计算步骤是

$$\text{增值额}=\text{转让房地产收入}-\text{扣除项目金额}$$

按增值额与扣除项目金额之比，求出增值比例；按增值比例找出适用税率。

$$\text{土地增值税税额}=\text{增值额}\times\text{适用税率}$$

扣除项目主要包括：取得土地使用权时支付的价款，对土地进行开发的成本和费用、销售税金等。

4. 资源税

资源税是为了合理开发利用资源、调节资源级差收入对具有商品属性的（也即具有使用价值和价值）的矿产品、盐等征收的税。其中矿产品包括原油、天然气、煤炭、金属矿产品和其他非金属矿产品等；盐系指固体盐、液体盐，具体包括海盐原盐、湖盐原盐、井矿盐等。通常按矿产的产量计征。

资源税应纳税额的计算公式为

$$\text{应纳税额}=\text{应税产品课税数量}\times\text{单位税额}$$

课税数量是指纳税人开采或者生产应税产品用于销售的，以销售数量为课税数量；纳税人开采或者生产应税产品自用的，以自用数量为课税数量。

资源税税目税额幅度分别为：原油8～30元/吨；天然气2～15元/千立方

米；煤炭 0.3～5 元/吨；其他非金属矿原矿 0.5～20 元/吨或立方米；黑色金属矿原矿 2～30 元/吨；有色金属矿原矿 0.4～30 元/吨；固体盐 10～60 元/吨；液体盐 2～10 元/吨。

5. 城市维护建设税和教育费附加

城市维护建设税和教育费附加统称营业税金附加。

城市维护建设税，是一种地方附加税，目前以流转税额（包括增值税、营业税和消费税）为计税依据，税率根据项目所在地分市区，县、镇和县、镇以外三个不同等级。即：项目所在地为市区的，税率为 7%；项目所在地为县城、镇的，税率为 5%；项目所在地为乡村或矿区的，税率为 1%。

城市维护建设税以纳税人实际缴纳的增值税、消费税、营业税税额为计税依据，分别与上述 3 种税同时缴纳。其应纳税额计算公式为

应纳税额 =（增值税 + 消费税 + 营业税）的实纳税额 × 适用税率

教育费附加是为了加快地方教育事业的发展，扩大地方教育经费的资金来源而收取的专项费用。教育费附加收入纳入预算管理，作为教育专项基金，主要用于各地改善教学设施和办学条件。计税依据也是流转税额，税率由地方确定，项目评价中应注意当地的规定。

教育费附加的计征依据是各缴纳人实际缴纳的消费税、增值税、营业税的税额。其计算公式为

应纳教育费附加额 = 实际缴纳的（消费税 + 增值税 + 营业税）税额 × 税率

5.5.2 增值税、关税、所得税估算

1. 增值税估算

增值税是对中华人民共和国境内销售货物或提供加工、修理修配劳务以及进出口货物的单位和个人，就其商品流转的增值额为课税依据征收的一种流转税。所谓增值额，是指纳税人从事应税货物生产经营或提供劳务而新增加的价值额。

财务分析应按税法规定计算增值税。须注意当采用含（增值）税价格计算销售收入和原材料、燃料动力成本时，利润和利润分配表以及现金流量表中应单列增值税科目；采用不含（增值）税价格计算时，利润表和利润分配表以及现金流量表中不包括增值税科目。应明确说明采用何种计价方式，同时注意涉及出口退税（增值税）时的计算及与相关报表的联系。

按照现行税法的规定，增值税作为价外税不包括在营业税金及附加中，产出物的价格不含有增值税中的销项税，投入物的价格中也不含有增值税中的进项税。但在财务分析中要单独计算增值税，因为营业收入和成本中是包含增值税

的，为使计算口径一致，在计算利润总额时，还要从营业收入中扣除增值税。另外，增值税还是城市维护建设税和教育费附加的计算基数。增值税是按增值额计税的，可按下列公式计算：

$$增值税应纳税额 = 销项税额 - 进项税额$$

式中：

$$销项税额 = 销售额 \times 增值税率 = \frac{销售收入(含税销售额)}{1+增值税率} \times 增值税率$$

$$进项税额 = \frac{外购原材料、燃料及动力费}{1+增值税率} \times 增值税率$$

准予从销项税额中抵扣的进项税额为：从销售方取得的增值税专用发票上注明的增值税额；从海关取得的完税凭证上注明的增值税额；购进免税农产品准予抵扣的进项税额。

需要特别注意的是，目前我国大部分地区仍然采用生产型增值税，不允许抵扣购进固定资产的进项税额。2004 年 7 月起，开始对东北老工业基地的部分行业试行扩大增值税抵扣范围，允许抵扣购置固定资产的增值税额。2007 年 5 月，财政部、国家税务总局又印发《中部地区扩大增值税抵扣范围暂行办法》（财税[2007] 75 号）通知，对中部地区扩大增值税抵扣范围的行业做出规定，项目评价中须注意按相关法规采用适宜的计税方法。

2. 关税估算

关税是以进出口的应税货物为纳税对象的税种。项目评价中涉及引进设备、技术和进口原材料时，可能需要估算进口关税。项目评价中应按有关税法和国家的税收优惠政策，正确估算进口关税。我国仅对少数货物征收出口关税，而对大部分货物免征出口关税。若项目的出口产品属征税货物，应按规定估算出口关税。

3. 所得税估算

企业所得税是针对企业应纳税所得额征收的税种。凡在我国境内实行独立经营核算的各类企业或者组织者，来源于我国境内、境外的生产、经营所得和其他所得，均应依法缴纳企业所得税。

项目评价中应注意按有关税法对所得税前扣除项目的要求，正确计算应纳税所得额，并采用适宜的税率计算企业所得税。

应纳企业所得税税款＝应纳税所得额×所得税率

纳税人每一纳税年度的收入总额减去准予扣除项目的余额，为应纳税所得额。

纳税人发生年度亏损的，可以用下一纳税年度的所得弥补；下一纳税年度的所得不足弥补的，可以逐年延续弥补，但是延续弥补期最长不得超过 5 年。

在项目评估中，一般是按照利润总额和 33% 的税率计算。如法律、法规和国务院有关规定给予减免税的，依照法律或规定执行。

5.6 维持运营投资估算

某些项目在运营期需要投入一定的固定资产投资才能得以维持正常运营，例如设备更新费用、油田的开发费用、矿山的井巷开拓延伸费用等。不同类型和不同行业的项目投资的内容可能不同，如发生维持运营投资时应将其列入现金流量表作为现金流出，参与内部收益率等指标的计算。同时，也应反映在财务计划现金流量表中，参与财务生存能力分析。

按照《企业会计准则——固定资产》，该投资是否能予以资本化，取决于其是否能为企业带来经济利益且该固定资产的成本是否能够可靠的计量。

项目评价中，如果该投资投入后延长了固定资产的使用寿命，或使产品质量实质性提高，或成本实质性降低等，使可能流入企业的经济利益增加，那么该固定资产投资应予以资本化，即应计入固定资产原值，并计提折旧。否则该投资只能费用化，不形成新的固定资产原值。

5.7 财务效益和费用估算表及其关系

1. 财务效益和费用估算表

进行上述财务效益和费用估算，需要编制下列财务分析辅助报表：

（1）建设投资估算表；

（2）建设期利息估算表；

（3）流动资金估算表；

（4）项目总投资使用计划与资金筹措表；

（5）营业收入、营业税金及附加和增值税估算表；

（6）总成本费用估算表。若用生产要素法编制总成本费用估算表，还应编制下列基础报表：①外购原材料费估算表；②外购燃料和动力费估算表；③固定资产折旧费估算表；④无形资产和其他资产摊销估算表；⑤工资及福利费估算表。

各财务分析辅助报表见表 5-7～表 5-14。

表 5-7　建设投资估算表（概算法）

（人民币单位：万元　外币单位：万美元）

序号	工程或费用名称	建筑工程费	设备购置费	安装工程费	其他费用	合计	其中：外币	比例（%）
1	工程费用							
1.1	主体工程							
1.1.1	×××							
	……							
1.2	辅助工程							
1.2.1	×××							
	……							
1.3	公用工程							
1.3.1	×××							
	……							
1.4	服务性工程							
1.4.1	×××							
	……							
1.5	厂外工程							
1.5.1	×××							
	……							
1.6	×××							
2	工程建设其他费用							
2.1	×××							
	……							
3	预备费							
3.1	基本预备费							
3.2	涨价预备费							
4	建设投资合计							
	比例（%）							100%

注：1.“比例”分别指各主要科目的费用（包括横向和纵向）占建设投资的比例。

2. 本表适用于新设法人项目与既有法人项目的新增建设投资的估算。

3.“工程或费用名称”可依不同行业的要求调整。

表 5-8 建设投资估算表（形成资产法）

（人民币单位：万元 外币单位：万美元）

序号	工程或费用名称	建筑工程费	设备购置费	安装工程费	其他费用	合计	其中：外币	比例（%）
1	固定资产费用							
1.1	工程费用							
1.1.1	×××							
1.1.2	×××							
1.1.3	×××							
	……							
1.2	固定资产其他费用							
	×××							
	……							
2	无形资产费用							
2.1	×××							
	……							
3	其他资产费用							
3.1	×××							
	……							
4	预备费							
4.1	基本预备费							
4.2	涨价预备费							
5	建设投资合计							
	比例（%）							100%

注：1. “比例”分别指各主要科目的费用（包括横向和纵向）占建设投资的比例。
2. 本表适用于新设法人项目与既有法人项目的新增建设投资的估算。
3. “工程或费用名称”可依不同行业的要求调整。

表 5-9 建设期利息估算表

（人民币单位：万元 外币单位：万美元）

序号	项目	合计	建设期					
			1	2	3	4	…	n
1	借款							
1.1	建设期利息							
1.1.1	期初借款余额							

续表

序号	项　　目	合计	建　设　期					
			1	2	3	4	…	n
1.1.2	当期借款							
1.1.3	当期应计利息							
1.1.4	期末借款余额							
1.2	其他融资费用							
1.3	小计（1.1+1.2）							
2	债券							
2.1	建设期利息							
2.1.1	期初债务余额							
2.1.2	当期债务金额							
2.1.3	当期应计利息							
2.1.4	期末债务余额							
2.2	其他融资费用							
2.3	小计（2.1+2.2）							
3	合计（1.3+2.3）							
3.1	建设期利息合计（1.1+2.1）							
3.2	其他融资费用合计（1.2+2.2）							

注：1. 本表适用于新设法人项目与既有法人项目的新增建设期利息的估算。
2. 原则上应分别估算外汇和人民币债务。
3. 如有多种借款或债券，必要时应分别列出。
4. 本表与财务分析表“借款还本付息计划表”可二表合一。

表 5-10　项目总投资使用计划与资金筹措表

（人民币单位：万元　外币单位：万美元）

序号	项　　目	合计			1			…		
		人民币	外币	小计	人民币	外币	小计	人民币	外币	小计
1	总投资									
1.1	建设投资									
1.2	建设期利息									
1.3	流动资金									
2	资金筹措									
2.1	项目资本金									
2.1.1	用于建设投资									

续表

序号	项　　目	合计			1			…		
		人民币	外币	小计	人民币	外币	小计	人民币	外币	小计
	××方									
	……									
2.1.2	用于流动资金									
	××方									
	……									
2.1.3	用于建设期利息									
	××方									
	……									
2.2	债务资金									
2.2.1	用于建设投资									
	××借款									
	××债券									
	……									
2.2.2	用于建设期利息									
	××借款									
	××债券									
	……									
2.2.3	用于流动资金									
	××借款									
	××债券									
	……									
2.3	其他资金									
	×××									
	……									

注：1. 本表按新增投资范畴编制。

2. 本表建设期利息一般可包括其他融资费用。

3. 对既有法人项目，项目资本金中可包括新增资金和既有法人货币资金与资产变现或资产经营权变现的资金，可分别列出或加以文字说明。

表 5-11　流动资金估算表　　　　（单位：万元人民币）

序号	项　　目	最低周转天数	周转次数	计　算　期					
				1	2	3	4	…	n
1	流动资产								
1.1	应收账款								
1.2	存货								
1.2.1	原材料								
1.2.2	×××								
	……								
1.2.3	燃料								
	×××								
	……								
1.2.4	在产品								
1.2.5	产成品								
1.3	现金								
1.4	预付账款								
2	流动负债								
2.1	应付账款								
2.2	预收账款								
3	流动资金（1－2）								
4	流动资金当期增加额								

注：1. 本表适用于新设法人项目与既有法人项目的“有项目”、“无项目”和增量流动资金的估算。
2. 表中科目可视行业变动。
3. 如发生外币流动资金，应另行估算后予以说明，其数额应包含在本表数额内。
4. 不发生预付款项和预收款项的项目可不列此两项。

表 5-12　总成本费用估算表（生产成本加期间费用法）

（单位：万元人民币）

序号	项　　目	合计	计　算　期					
			1	2	3	4	…	n
1	生产成本							
1.1	直接材料费							
1.2	直接燃料及动力费							
1.3	直接工资及福利费							
1.4	制造费用							

续表

序号	项　　目	合计	计　算　期					
			1	2	3	4	…	n
1.4.1	折旧费							
1.4.2	修理费							
1.4.3	其他制造费							
2	管理费用							
2.1	无形资产摊销							
2.2	其他资产摊销							
2.3	其他管理费用							
3	财务费用							
3.1	利息支出							
3.1.1	长期借款利息							
3.1.2	流动资金借款利息							
3.1.3	短期借款利息							
4	营业费用							
5	总成本费用合计（1＋2＋3＋4）							
5.1	其中：可变成本							
5.2	固定成本							
6	经营成本 (5－1.4.1－2.1－2.2－3.1)							

注：1. 本表适用于新设法人项目与既有法人项目的“有项目”、“无项目”和增量总成本费用的估算。
2. 生产成本中的折旧费、修理费指生产性设施的固定资产折旧费和修理费。
3. 生产成本中的工资和福利费指生产性人员工资和福利费。车间或分厂管理人员工资和福利费可在制造费用中单独列项或含在其他制造费中。
4. 本表其他管理费用中含管理设施的折旧费、修理费以及管理人员的工资和福利费。

表 5-13　总成本费用估算表（生产要素法）

（单位：万元人民币）

序号	项　　目	合计	计　算　期					
			1	2	3	4	…	n
1	外购原材料费							
2	外购燃料及动力费							
3	工资及福利费							
4	修理费							
5	其他费用							

续表

序号	项　　目	合计	计　算　期					
			1	2	3	4	…	n
6	经营成本（1＋2＋3＋4＋5）							
7	折旧费							
8	摊销费							
9	利息支出							
10	总成本费用合计（6＋7＋8＋9）							
	其中：可变成本							
	固定成本							

注：本表适用于新设法人项目与既有法人项目的“有项目”、“无项目”和增量成本费用的估算。

表 5-13$_{基1}$　外购原材料费估算表　　（单位：万元人民币）

序号	项　　目	合计	计　算　期					
			1	2	3	4	…	n
1	外购原材料费							
1.1	原材料 A							
	单价							
	数量							
	进项税额							
1.2	原材料 B							
	单价							
	数量							
	进项税额							
	……							
2	辅助材料费用							
	进项税额							
3	其他							
	进项税额							
4	外购原材料费合计							
5	外购原材料进项税额合计							

注：本表适用于新设法人项目与既有法人项目的“有项目”、“无项目”和增量外购原材料费的估算。

表 5-13基2　外购燃料及动力费估算表　（单位：万元人民币）

序号	项　　目	合计	计　算　期					
			1	2	3	4	…	n
1	燃料费							
1.1	燃料 A							
	单价							
	数量							
	进项税额							
	……							
2	动力费							
2.1	动力 A							
	单价							
	数量							
	进项税额							
	……							
3	外购燃料及动力费合计							
4	外购燃料及动力进项税额合计							

注：本表适用于新设法人项目与既有法人项目的“有项目”、“无项目”和增量外购燃料动力费的估算。

表 5-13基3　固定资产折旧费估算表　（单位：万元人民币）

序号	项　　目	合计	计　算　期					
			1	2	3	4	…	n
1	房屋、建筑物							
	原值							
	当期折旧费							
	净值							
2	机器设备							
	原值							
	当期折旧费							
	净值							
	……							
3	合计							
	原值							
	当期折旧费							
	净值							

注：本表适用于新设法人项目固定资产折旧费的估算以及既有法人项目的“有项目”、“无项目”和增量固定资产折旧费的估算。当估算既有法人项目的“有项目”固定资产折旧费时，应将新增和利用原有部分固定资产分别列出，并分别计算折旧费。

表 5-13$_{基4}$　无形资产和其他资产摊销估算表　（单位：万元人民币）

序号	项　　目	合计	计　算　期					
			1	2	3	4	…	n
1	无形资产							
	原值							
	当期摊销费							
	净值							
2	其他资产							
	原值							
	当期摊销费							
	净值							
	……							
3	合计							
	原值							
	当期摊销费							
	净值							

注：本表适用于新设法人项目摊销费的估算以及既有法人项目的“有项目”、“无项目”和增量摊销费的估算。当估算既有法人项目的“有项目”摊销费时，应将新增和利用原有部分的资产分别列出，并分别计算摊销费。

表 5-13$_{基5}$　工资及福利费估算表　（单位：万元人民币）

序号	项　　目	合计	计　算　期					
			1	2	3	4	…	n
1	工人							
	人数							
	人均年工资							
	工资额							
2	技术人员							
	人数							
	人均年工资							
	工资额							
3	管理人员							
	人数							
	人均年工资							
	工资额							

续表

序号	项　　目	合计	计　算　期					
			1	2	3	4	…	n
4	工资总额（1＋2＋3）							
5	福利费							
6	合计（4＋5）							

注：1. 本表适用于新设法人项目工资及福利费的估算以及既有法人项目的“有项目”、“无项目”和增量工资及福利费的估算。

2. 外商投资项目取消福利费科目。

表 5-14　营业收入、营业税金及附加和增值税估算表

（单位：万元人民币）

序号	项　　目	合计	计　算　期					
			1	2	3	4	…	n
1	营业收入							
1.1	产品 A 营业收入							
	单价							
	数量							
	销项税额							
1.2	产品 B 营业收入							
	单价							
	数量							
	销项税额							
	……							
2	营业税金与附加							
2.1	营业税							
2.2	消费税							
2.3	城市维护建设税							
2.4	教育费附加							
3	增值税							
	销项税额							
	进项税额							

注：1. 本表适用于新设法人项目与既有法人项目的“有项目”、“无项目”和增量的营业收入、营业税金与附加和增值税估算。

2. 根据行业或产品的不同可增减相应税收科目。

2. 财务基础数据测算表之间的相互关系

各财务基础数据测算表之间的关系可如图 5-5 所示[①]。

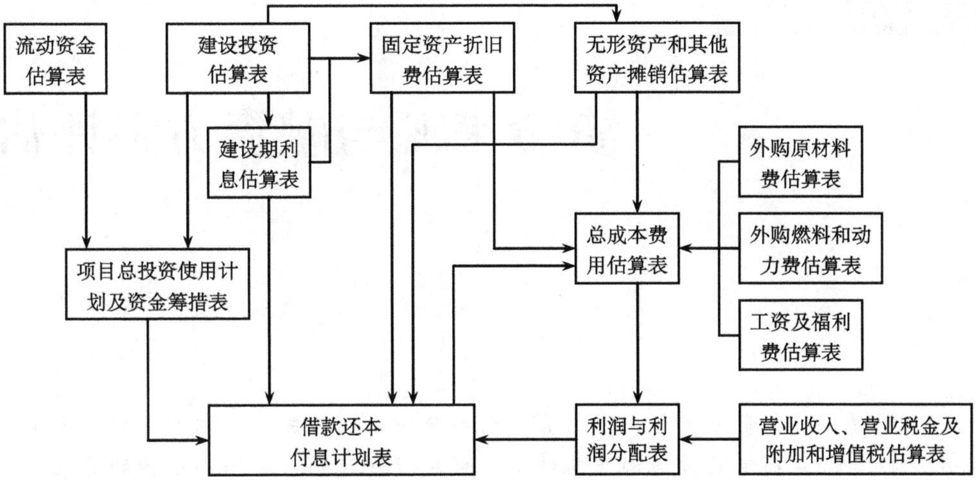

图 5-5　财务基础数据测算表关系图

① 借款还本付息计划表和利润与利润分配表不是财务基础数据测算表，如此绘制只是为了保持该图的完整性。

第六章

资金来源与融资方案评估

本章提要： 融资方案与投资估算、财务分析密切相关。一方面，融资方案必须满足投资估算确定的投资额及其使用计划对投资数额、时间和币种的要求；另一方面，不同方案的融资后财务分析结论，也是比选、确定融资方案的依据，而融资方案确定的项目资本金和项目债务资金的数额及相关融资条件又为进行资本金盈利能力分析、项目偿债能力分析、项目财务生存能力分析等财务分析提供了必需的基础数据。本章包括项目融资主体、资金来源、资金结构、资金成本及分析方法、融资方案优化方法等。项目的融资方式和成本与项目的效益高度相关，在投资主体多元化和资本市场逐步形成的条件下，资金来源多样化，融资与借贷的风险都明显增加，因此，本章研究了项目融资风险分析方法。学习本章内容将掌握项目融资方案分析与评估方法，为寻求最佳的融资渠道、最低的融资成本、最小的融资风险、最佳的融资结构提供依据。

6.1 融资主体

6.1.1 融资主体的确定

分析、研究项目的融资渠道和方式，提出项目的融资方案，应首先确定项目的融资主体。项目的融资主体是指进行融资活动、并承担融资责任和风险的项目法人单位。融资主体分为新设项目法人及既有项目法人。

确定项目的融资主体应考虑项目投资的规模和行业特点，考虑项目与既有法人资产、经营活动的联系，既有法人财务状况，还要兼顾项目自身的盈利能力等因素。恰当地确定项目的融资主体，有助于顺利筹措资金和降低债务偿还风险。

1. 在下列情况下，一般应以既有法人为融资主体

(1) 既有法人具有为项目进行融资和承担全部融资责任的经济实力；

(2) 项目与既有法人的资产以及经营活动联系密切；

(3) 项目的盈利能力较差，但项目对整个企业的持续发展具有重要作用，需要利用既有法人的整体资信获得债务资金。

2. 在下列情况下，一般应以新设法人为融资主体

(1) 拟建项目的投资规模较大，既有法人不具有为项目进行融资和承担全部融资责任的经济实力。

(2) 既有法人财务状况较差，难以获得债务资金；而且项目与既有法人的经营活动联系不密切。

(3) 项目自身具有较强的盈利能力，依靠项目自身未来的现金流量可以按期偿还债务。

6.1.2 既有法人融资与新设法人融资

按照融资主体不同，项目的融资可分为既有法人融资和新设法人融资两种融资方式。

1. 既有法人融资方式

既有法人融资方式是以既有法人为融资主体的融资方式。采用既有法人融资方式的建设项目，既可以是改扩建项目，也可以是非独立法人的新建项目。

既有法人融资方式的基本特点是：由既有法人发起项目、组织融资活动并承担融资责任和风险；建设项目所需的资金，来源于既有法人内部融资、新增资本金和新增债务资金；新增债务资金依靠既有法人整体（包括拟建项目）的盈利能力来偿还，并以既有法人整体的资产和信用承担债务担保。

以既有法人融资方式筹集的债务资金虽然用于项目投资，但债务人是既有法人。债权人可对既有法人的全部资产（包括拟建项目的资产）进行债务追索，因而债权人的风险较低。在这种融资方式下，不论项目未来的盈利能力如何，只要既有法人能够保证按期还本付息，银行就愿意提供信贷资金。因此，采用这种融资方式，必须充分考虑既有法人整体的盈利能力和信用状况，分析可用于偿还债务的既有法人整体（包括拟建项目）的未来的净现金流量。

2. 新设法人融资方式

新设法人融资方式是以新组建的具有独立法人资格的项目公司为融资主体的

融资方式。采用新设法人融资方式的建设项目，项目法人大多是企业法人。社会公益性项目和某些基础设施项目也可能组建新的事业法人实施。采用新设法人融资方式的建设项目，一般是新建项目，但也可以是将既有法人的一部分子资产剥离出去后重新组建新的项目法人的改扩建项目。

新设法人融资方式的基本特点是：由项目发起人（企业或政府）发起组建新的具有独立法人资格的项目公司，由新组建的项目公司承担融资责任和风险；建设项目所需资金的来源，可包括项目公司股东投入的资本金和项目承担的债务资金；依靠项目自身的盈利能力来偿还债务；一般以项目投资形成的资产、未来收益或权益作为融资担保的基础。

采用新设法人融资方式，项目发起人与新组建的项目公司分属不同的实体，项目的债务风险由新组建的项目公司承担。项目能否还贷，取决于项目自身的盈利能力，因此必须认真分析项目自身的现金流量和盈利能力。

项目公司股东对项目公司借款提供多大程度的担保，也是融资方案研究的内容之一。实力雄厚的股东，为项目公司借款提供完全的担保，可以使项目公司取得低成本资金，降低项目的融资风险；但担保额过高会使资信下降，同时股东担保也可能需要支付担保费，从而增加项目公司的费用支出。在项目本身的财务效益好、投资风险可以有效控制的条件下，可以减少项目公司股东的担保额度。

6.2 资金渠道及筹措

6.2.1 项目资本金的来源渠道与筹措方式

1. 项目资本金的特点

项目资本金（外商投资项目为注册资本），是指在建设项目总投资（外商投资项目为投资总额）中，由投资者认缴的出资额，对建设项目来说是非债务性资金，项目法人不承担这部分资金的任何利息和债务；投资者可按其出资的比例依法享有所有者权益，也可转让其出资，但一般不得以任何方式抽回。

资本金是确定项目产权关系的依据，也是项目获得债务资金的信用基础。资本金没有固定的按期还本付息压力。股利是否支付和支付多少，根据项目投产运营后的实际经营效果而定，因此，项目法人的财务负担较小。

2. 项目资本金的出资方式

投资者可以用货币出资，也可以用实物、工业产权、非专利技术、土地使用权、资源开采权等作价出资。作价出资的实物、工业产权、非专利技术、土地使用权和资源开采权，必须经过有资格的资产评估机构评估作价；其中以工业产权和非专利技术作价出资的比例一般不得超过项目资本金总额的 20%（经特别批准，部分高新技术企业可以达到 35%以上）。

为使建设项目保持合理的资产结构，应根据投资各方及建设项目的具体情况选择项目资本金的出资方式，以保证项目能顺利建设并在建成后能正常运营。

3. 项目资本金的来源渠道和筹措方式

（1）股东直接投资。股东直接投资包括政府授权投资机构入股资金、国内外企业入股资金、社会团体和个人入股的资金以及基金投资公司入股的资金，分别构成国家资本金、法人资本金、个人资本金和外商资本金。

既有法人融资项目，股东直接投资表现为扩充既有企业的资本金，包括原有股东增资扩股和吸收新股东投资。

新设法人融资项目，股东直接投资表现为项目投资者为项目提供资本金。合资经营公司的资本金由企业的股东按股东比例认缴，合作经营公司的资本金由合作投资方按预先约定的金额投入。

（2）股票融资。无论是既有法人融资项目还是新设法人融资项目，凡符合规定条件的，均可以通过发行股票在资本市场募集股本资金。

股票融资可以采取公募与私募两种形式。公募又称公开发行，是在证券市场上向不特定的社会公众公开发行股票。为了保障广大投资者的利益，国家对公开发行股票有严格的要求，发行股票的企业要有较高的信用，符合证券监管部门规定的各项发行条件，并获得证券监管部门批准后方可发行。私募又称不公开发行或内部发行，是指将股票直接出售给少数特定的投资者。

股票融资具有下列特点：

①股票融资所筹集资金是项目的股本资金，可作为其他方式筹资的基础，可增强融资主体的举债能力；

②股票融资所筹集资金没有到期偿还的问题，投资者一旦购买股票便不得退股；

③普通股股票的股票支付，可视融资主体的经营好坏和经营需要而定，因而融资风险较小；

④股票融资的资本成本较高，因为股利需从税后利润中支付、不具有抵税作用，而且发行费用也较高；

⑤上市公开发行股票，必须公开披露信息，接受投资者和社会公众的监督。

（3）政府投资。政府投资资金，包括各级政府的财政预算内资金、国家批准的各种专项建设资金、统借国外贷款、土地批租收入、地方政府按规定收取的各种费用及其他预算外资金等。

政府投资主要用于关系国家安全和市场不能有效配置资源的经济和社会领

域，包括加强公益性和公共基础设施建设，保护和改善生态环境，促进欠发达地区的经济和社会发展，推进科技进步和高新技术产业化。中央政府投资除本级政权建设外，主要安排跨地区、跨流域以及对经济和社会发展全局有重大影响的项目（如三峡工程、青藏公路）。

对政府投资资金，国家根据资金来源、项目性质和调控需要，分别采取直接投资、资本金注入、投资补助、转贷和贷款贴息等方式，并按项目安排使用。

在项目评价中，对投入的政府投资资金，应根据资金投入的不同情况进行不同的处理：

①全部使用政府直接投资的项目，一般为非经营性项目，不需要进行融资方案分析；

②以资本金注入方式投入的政府投资资金，在项目评价中应视为权益资金；

③以投资补贴、贷款贴息等方式投入的政府投资资金，在项目评价中应视为现金流入，根据具体情况分别处理；

④以转贷方式投入的政府投资资金（统借国外借款），在项目评价中应视为债务资金。

6.2.2 项目债务资金的来源渠道与筹措方式

1. 项目债务资金的特点

债务资金是指投资中以负债方式从金融机构、证券市场等资本市场取得的资金。债务资金具有以下特点：

（1）资金在使用上具有时间性限制，到期必须偿还；

（2）无论项目的融资主体今后经营效果好坏，均需按期还本付息，从而形成企业的财务负担；

（3）资金成本一般比权益资金低，且不会分散投资者对企业的控制权。

2. 项目债务资金的来源渠道和筹措方式

（1）商业银行贷款。商业银行是以经营存、贷款为主要业务，并以盈利性、安全性和流动性为主要经营原则的信用机构。商业银行贷款是我国建设项目获得短期、中长期贷款的重要渠道。国内商业银行贷款手续简单、成本较低，适用于有偿债能力的建设项目。

（2）政策性银行贷款。政策性银行是按照国家的产业政策或政府的相关决策进行投融资活动的金融机构，不以利润最大化为经营目标。一般来说，政策性银行贷款利率较低、期限较长，有特定的服务对象，其放贷支持的主要是商业性银行在初始阶段不愿意进入或涉及不到的领域。中国国家开发银行、中国进出口银行、中国农业发展银行是我国的三大政策性银行。

国家开发银行是一家以国家重点建设为主要融资对象的政策性投资开发银行，服务于国民经济发展的能源、交通等“瓶颈”行业和国家需要优先扶持区域，包括西部大开发、振兴东北老工业基地等。

中国农业发展银行主要承担国家政策性农村金融业务，代理财政性支农资金拨付，专司粮棉油收购、调销、储备贷款业务等。

中国进出口银行则致力于扩大机电产品和高新技术产品出口以及支持对外承包工程和境外投资项目。

（3）外国政府贷款。外国政府贷款是一国政府向另一国政府提供的具有一定的援助或部分赠予性质的低息优惠贷款。

目前我国可利用的外国政府贷款主要有：日本国际协力银行贷款、日本能源贷款、美国国际开发署贷款、加拿大国际开发署贷款以及德国、法国等国家的政府贷款。

外国政府贷款有以下特点：

①在经济上带有援助性质，期限长，利率低，有的甚至无息。一般年利率为2%～4%，还款平均期限为20～30年，最长可达50年。

②贷款一般以混合贷款方式提供，即在贷款总额中，政府贷款一般占三分之一，其余三分之二为出口信贷。

③贷款一般都限定用途，如用于支付从贷款国进口设备，或用于某类项目建设。

我国各级财政可以为外国政府贷款提供担保，按照财政担保方式分为三类：国家财政担保、地方财政厅（局）担保、无财政担保。

（4）国际金融组织贷款。国际金融组织贷款是国际金融组织按照章程向其成员国提供的各种贷款。目前与我国关系最为密切的国际金融组织是国际货币基金组织、世界银行和亚洲开发银行。国际金融组织一般都有自己的贷款政策，只有这些组织认为应当支持的项目才能得到贷款。使用国际金融组织的贷款需要按照这些组织的要求提供资料，并且需要按照规定的程序和方法来实施项目。

①国际货币基金组织贷款。国际货币基金组织的贷款只限于成员国财政和金融当局，不与任何企业发生业务，贷款用途限于弥补国际收支逆差或用于经常项目的国际支付，期限为1～5年。

②世界银行贷款。世界银行贷款具有以下特点：第一，贷款期限较长。一般为20年左右，最长可达30年，宽限期为5年。第二，贷款利率实行浮动利率，随金融市场利率的变化定期调整，但一般低于市场利率。对已订立贷款契约而未使用的部分，要按年征收0.75%的承诺费。第三，世界银行通常对其资助的项目只提供货物和服务所需要的外汇部分，约占项目总额的30%～40%，个别项

目可达50%。但是在某些特殊情况下，世界银行也提供建设项目所需要的部分国内费用。第四，贷款程序严密，审批时间较长。借款国从提出项目到最终同世界银行签订贷款协议获得资金，一般要一年半到两年时间。

③亚洲开发银行贷款。亚洲开发银行贷款分为硬贷款、软贷款和赠款。硬贷款是由亚行普通资金提供的贷款，贷款的期限为10～30年，含2～7年的宽限期，贷款的利率为浮动利率，每年调整一次。软贷款又称优惠利率贷款，是由亚行开发基金提供的贷款，贷款的期限为40年，含10年的宽限期，不收利息，仅收1%的手续费，此种贷款只提供还款能力有限的发展中国家，赠款资金由技术援助特别基金提供。

（5）出口信贷。出口信贷是设备出口国政府为促进本国设备出口，鼓励本国银行向本国出口商或外国出口商（或进口方银行）提供的贷款。贷给本国出口商的称卖方信贷，贷给外国出口商（或进口方银行）的称“买方信贷”。贷款的使用条件是购买贷款国的设备。出口信贷利率通常要低于国际上商业银行的贷款利率，但需要支付一定的附加费用（管理费、承诺费、信贷保险费等）。

（6）银团贷款。银团贷款是指多家银行组成一个集团，由一家或几家银行牵头，采用统一贷款协议，按照共同约定的贷款计划，向借款人提供贷款的贷款方式。

银团贷款除具有一般银行贷款的特点和要求外，由于参加银行较多，需要多方协商，贷款过程周期长。使用银团贷款，除支付利息之外，按照国际惯例，通常还要支付承诺费、管理费、代理费等。银团贷款主要适用于资金需求量大、偿债能力较强的建设项目。

（7）企业债券。企业债券是企业以自身的财务状况和信用条件为基础，依照《中华人民共和国证券法》、《中华人民共和国公司法》等法律法规规定的条件和程序发行的、约定在一定期限内还本付息的债券，如三峡债券、铁路债券等。

企业债券代表着发债企业和债券投资者之间的一种债权债务关系。债务投资者是企业的债权人，不是所有者，无权参与或干涉企业经营管理，但有权按期收回本息。

企业债券融资的特点：筹资对象广、市场大，但发债条件严格、手续复杂。其利率虽低于银行贷款利率但发行费用较高，需要支付承销费、发行手续费、兑付手续费及担保费等费用。适用于资金需求大，偿债能力较强的建设项目。

目前，我国企业债券的发行总量需纳入国家信贷计划，申请发行企业债券必须经过严格的审核，只有实力强、资信好的企业才有可能被批准发行企业债券，还必须有实力很强的第三方提供担保。

（8）国际债券。国际债券是一国政府、金融机构、工商企业或国际组织为筹措和融通资金，在国际金融市场上发行的、以外国货币为面值的债券。国际债券的重要特征是债券发行者和债券投资者属于不同的国家，筹集的资金来源于国际金融市场。

按照发行债券所用货币与发行地点的不同，国际债券主要有外国债券和欧洲债券两种。

外国债券是一国政府、金融机构、工商企业或国际组织在另一国发行的以当地国货币计值的债券。如 1982 年 1 月，中国国际信托投资公司在日本东京发行的 100 亿日元债券就是外国债券。

欧洲债券是一国政府、金融机构、工商企业或国际组织在国外债券市场上以第三国货币为面值发行的债券。例如，法国一家机构在英国债券市场上发行的以美元为面值的债券即是欧洲债券。欧洲债券的发行人、发行地以及面值货币分别属于三个不同的国家。

在国际债券市场上，欧洲债券所占比重远远超过了外国债券。欧洲债券之所以对投资者和发行者有如此巨大的魅力，主要基于以下几方面原因：第一，欧洲债券市场是一个完全自由的市场，债券发行较为自由灵活，既不需要向任何监督机关登记注册，又无利率管制和发行数额限制，还可以选择多种计值货币。第二，发行欧洲债券筹集的资金数额大、期限长，而且对财务公开的要求不高，方便筹资者筹集资金。第三，欧洲债券通常由几家大的跨国金融机构办理发行，发行面广，手续简便，发行费用较低。第四，欧洲债券的利息收入通常免交所得税。第五，欧洲债券以不记名方式发行，并可以保存在国外，适合一些希望保密的投资者需要。第六，欧洲债券安全性和收益率高。欧洲债券发行者多为大公司、各国政府和国际组织，他们一般都有很高的信誉，对投资者来说是比较可靠的。同时，欧洲债券的收益率也较高。

总之，发行国际债券的优点是资金规模巨大、稳定、借款时间较长，可以获得外汇资金，缺点是发债条件严格、信用要求高、筹资成本高、手续复杂。适用于资金需求大，能吸引外资的建设项目。

因国际债券的发行涉及国际收支管理，国家对企业发行国际债券进行严格的管理。

（9）融资租赁。融资租赁是资产拥有者在一定期限内将资产租给承租人使用，由承租人分期付给一定的租赁费的融资方式。融资租赁是一种以租赁物品的所有权与使用权相分离为特征的信贷方式。

融资租赁，一般由出租人按承租人选定的设备，购置后出租给承租人长期使用。在租赁期内，出租人以收取租金的形式收回投资，并取得收益；承租人支付租金租用设备进行生产经营活动。租赁期满后，出租人一般将设备作价转让给承租人。

融资租赁的优点是企业可不必预先筹集一笔相当于资产买价的资金就可以获得需要资产的使用权。这种融资方式适用于以购买设备为主的建设项目。

6.2.3 既有法人内部融资

1. 既有法人的资产也是项目建设资金的来源之一

建设项目采用既有法人融资方式，既有法人的资产也是项目建设资金的来源之一。既有法人资产在企业资产负债表中表现为企业的现金资产和非现金资产，它可能由企业的所有权益形成，也可能由企业的负债形成。企业现有资产的形成，主要来源于三个方面：企业股东过去投入的资本金；企业对外负债的债务资金；企业经营所形成的净现金流量。

对于企业的某一项具体资产来说，我们无法确定它是资本金形成的，还是债务资金形成的。当企业采用既有法人融资方式，以企业的资产或资产变现获得的资金，投资于本企业的改扩建项目时，我们同样不能确定其属性是资本金，还是债务资金。但当 A 企业以现有资产投资于另一个独立法人资格的 B 项目（企业）时，对 B 项目（企业）来说，A 企业投入的资产，应视为资本金。

2. 既有法人内部融资的渠道和方式

（1）可用于项目建设的货币资金。可用于项目建设的货币现金包括既有法人现有的货币资金和未来经营活动中可能获得的盈余现金。

现有的货币资金是指现有的库存现金和银行存款，扣除必要的日常经营所需的货币资金额，多余的货币资金可用于项目建设。

未来经营活动中可能获得的盈余现金，是指在拟建项目的建设期内，企业在经营活动中获得的净现金节余，可以抽出一部分用于项目建设。

企业现有的库存现金及银行存款可以通过企业的资产负债表了解。企业未来经营活动可能获得的盈余现金，需要通过对企业未来现金流量的预测来估算。

（2）资产变现的资金。资产变现的资金是指既有法人流动资产、长期投资和固定资产变现为现金的资金。

企业可以通过加强财务管理，提高流动资金周转率，减少存货、应收账款等流动资产占用而取得现金，也可以出让有价证券取得现金。

企业的长期投资包括长期股权投资和长期债权投资，一般都可以通过转让而变现。企业的固定资产中，有些由于产品方案改变而被闲置，有些由于技术更新而被替换，都可以出售变现。

（3）资产经营权变现的资金。资产经营权变现的资金是指既有法人可以将其所属资产经营权的一部分或全部转让，取得现金用于项目建设。如某公司将其已建成的一座大桥的45%的经营权转让给另一家公司，转让价格为未来15年这座大桥收益的45%，然后将这笔资金用于建设另一座大桥。

(4) 直接使用非现金资产。既有法人的非现金资产（包括实物、工业产权、非专利技术、土地使用权等）适用于拟建项目的，经资产评估可直接用于项目建设。当既有法人在改扩建项目中直接使用本单位的非现金资产时，其资产价值应计入“有项目”的项目总投资中，但不能计作新增投资。

6.2.4 准股本资金

准股本资金是一种既具有资本金性质，又具有债务资金性质的资金。准股本资金主要包括优先股股票和可转换债权。

1. 优先股股票

优先股股票是一种兼具资本金和债务资金特点的有价证券。从普通股股东的立场看，优先股可视同一种负债；但从债权人的立场看，优先股可视同为资本金。

如同债权一样，优先股股息有一个固定的数额或比率，通常大大高于银行的贷款利息，该股息不随公司业绩的好坏而波动，并且可以先于普通股股东领取股息；如果公司破产清算，优先股股东对公司剩余财产有先于普通股股东的要求权。优先股一般不参加公司的红利分配，持股人没有表决权，也不能参与公司的经营管理。

优先股股票相对于其他债务融资，通常处于较后的受偿顺序，且股息在税后利润中支付。在项目评价中优先股股票应视为项目资本金。

2. 可转换债券

可转换债券，是一种可以在特定时间、按特定条件转换为普通股股票的特殊企业债券，兼有债券和股票的特性。

可转换债券有以下三个特点：

(1) 债券性。与其他债券一样，可转换债券也有规定的利率和期限，债券持有人可以选择持有债券到期，收取本金和利息。

(2) 股权性。可转换债券在转换成股票之前是纯粹的债券，但在转换成股票之后，原债券持有人就由债权人变成了公司的股东，可参与企业的经营决策和红利分配。

(3) 可转换性。债券持有人有权按照约定的条件将债券转换成股票。转股权是投资者享有的、普通企业债券所没有的选择权。可转换债券在发行时就明确约定，债券持有人可按照发行时约定的价格将债券转换成公司的普通股股票。如果债券持有人不想转换，则可继续持有债券，直到偿还期满时收取本金和利息，或者在流通市场出售变现。

由于可转换债券附有普通企业债券所没有的转股权，因此可转换债券利率一般低于普通企业债券利率，企业发行可转换债券有助于降低资金成本。但可转换债券在一定条件下可转换为公司股票，因而可能会造成股权的分散。

在项目评价中，可转换债券应视为项目债务资金。

6.3 融资方案分析

在初步确定项目的资金筹措方式和资金来源后，应进一步对融资成本、融资结构和融资风险进行分析，选择资金结构合理、资金成本低、融资风险小的方案。

6.3.1 资金来源可靠性分析

资金来源可靠性分析是对项目资本金和债务资金以及资产投入等各类资本在币种、数量和时间要求上是否能满足项目需要。

1. 项目资本金的来源可靠性分析

（1）采用既有法人融资方式的项目，应分析原有股东增资扩股和吸收新股东投资的数额及其可靠性，对原有股东的增资主要分析企业近期的经营和财务状况，预测未来经营和财务状况。

（2）采用新设法人融资方式的项目，应分析各投资者认缴的股本金数额及其可靠性。

（3）采用上述两种融资方式，如通过发行股票筹集资本金，应分析其发行的成功度和价格预期，分析获得批准的可能性和时间。如使用政府拨款、贴息等补贴性资金或赠款等，要分析政策的连续性和可靠性。

2. 项目债务资金来源的可靠性分析

项目债务资金的可靠性分析主要应分析以下内容：

（1）采用债务融资的项目，应分析其能否获得国家有关主管部分的批准，分析获得批准的时间和可能性。

（2）采用银行贷款的项目，应分析其能否取得拟提供贷款机构出具的贷款意向或贷款承诺。

（3）采用外国政府贷款或国际金融组织贷款的项目，应核实项目是否列入利用外资备选项目。

3. 既有法人内部融资的可靠性分析

既有法人内部融资的可靠性分析具体包括：

（1）分析既有企业资产负债结构、现金流量状况和盈利能力，根据企业的财务状况和所处市场环境以及政策环境等，分析判断既有法人可能筹集到并用于拟建项目的现金数额及其可靠性。

（2）通过调查了解既有企业资产结构现状及其与拟建项目的关联性，分析判断既有企业可能用于拟建项目的非现金资产数额及其可靠性。

（3）调查分析既有企业在行业中的所处位置、技术装备水平、市场竞争能力，分析判断既有企业资产投入到拟建项目的可能性。

6.3.2　资金结构分析

资金结构是指融资方案中各种资金的比例关系。融资方案分析中，资金结构是一项重要内容。资金结构包括项目资本金与项目债务资金的比例、项目资本金内部的比例和项目资金内部结构的比例。

1. 项目资本金与项目债务资金的比例

（1）项目资本金与项目债务资金的比例是项目资金结构中最重要的比例关系。项目投资者希望投入较少的资本金，获得较多的债务资金，尽可能降低债权人对股东的追索。而提供债务资金的债权人则希望项目能够有较高的资本金比例，以降低债权的风险。

项目资本金与项目债务资金的比例与债务人的信誉、经营状况、市场形势、行业状况等有关。当资本金比例降低到银行不能接受的水平时，银行将会拒绝贷款。资本金与债务资金的合理比例需要由各个参与方的利益平衡来决定。

资本金所占比例越高，企业的财务风险和债权人的风险越小，可能获得较低利率的债务资金。债务资金的利息是所得税前列支的，可以起到合理减税的效果。

在项目的收益不变、项目投资财务内部收益率高于负债利率的条件下，由于财务杠杆的作用，资本金所占比例越低，资本金财务内部收益率越高，同时企业的财务风险和债权人的风险也越大。

因此，一般认为，在符合国家有关资本金（注册资本）比例规定，符合金融机构信贷法规及债权人有关资产负债比例的要求的前提下，既能满足权益投资者获得期望投资回报的要求，又能较好地防范财务风险的比例是较理想的资本金与债务资金的比例。

（2）按照我国有关法规规定，从 1996 年开始，对各种经营性国内投资项目试行资本金制度，投资项目资本金占总投资的比例，根据不同行业和项目的经济效益等因素确定，做了具体规定。作为计算资本金基数的总投资，是指投资项目的固定资产投资（即建设投资和建设利息之和）与铺底流动资金之和。

根据国民经济发展的实际情况，政府有关部门可能调整建设项目的资本金比例。2004 年 4 月国务院决定，钢铁项目资本金比例由 25%及以上提高到 40%及以上，水泥、电解铝、房地产开发项目（不含经济适用房项目）资本金比例由 20%及以上提高到 35%及以上。2005 年 11 月国务院又决定将铜冶炼项目资本金比例由 20%及以上提高到 35%及以上。经过上述调整后项目资本金比例具体规定见表 6-1。

表 6-1 项目资本金占项目总投资的比例

行 业	项目资本金占项目总投资的比例
交通运输、煤炭项目	35%及以上
邮电、化肥项目	25%及以上
钢铁项目	40%及以上
水泥、电解铝、房地产开发项目（不含经济适用房项目）	35%及以上
铜冶炼项目	35%及以上
电力、机电、建材、化工、石油加工、有色、轻工、纺织、商贸及其他行业项目	20%及以上

投资项目资本金的具体比例，由项目审批单位根据投资项目的经济效益以及银行贷款意愿和评估意见等情况，在审批可行性研究报告时核定。经国务院批准，对个别情况特殊的国家重点建设项目，可以适当降低资本金比例。

（3）外商投资项目（包括外商独资、中外合资、中外合作经营项目）的注册资本与投资总额的比例，按照现行法规，具体规定见表 6-2。投资总额是指建设投资、建设期利息和流动资金之和。

表 6-2 注册资本占投资总额的最低比例

投资总额	注册资本比例	附加条件
300 万美元及以下	≥70%	
300 万美元以上至 1000 万美元	≥50%	其中投资总额在 420 万美元以下的，注册资金不得低于 210 万美元
1000 万美元以上至 3000 万美元	≥40%	其中投资总额在 1250 万美元以下的，注册资金不得低于 500 万美元
3000 万美元以上	≥1/3	其中投资总额在 3600 万美元以下的，注册资金不得低于 1200 万美元

2. 项目资本金内部结构比例

项目资本金内部结构比例是指项目投资各方的比例。不同的出资比例决定各投资方对项目建设和经营的决策权和承担的责任，以及项目收益的分配。

（1）采用新设法人融资方式的项目，应根据投资各方在资金、技术和市场开发方面的优势，通过协商确定各方的比例、出资形式和出资时间。

（2）采用既有法人融资方式的项目，项目的资金结构要考虑既有法人的财务状况和筹资能力，合理确定既有法人内部融资与新增资本金在项目融资总额中所占的比例，分析既有法人内部融资与新增资本金的可能性与合理性。既有法人将现金资产和非现金资产投资于拟建项目长期占用，将使企业的财务流动性降低，其投资额度受到企业自身财务资源的限制。

（3）按照我国现行规定，有些项目不允许国外资本控股，有些项目要求国有资本控股。如 2005 年 1 月 1 日起实施的《外商投资产业指导目录（2004 年修订）》中明确规定，核电站、铁路干线路网、城市地铁及轻轨等项目，必须由中方控制。

根据投资体制改革的精神，国家放宽社会资本的投资领域，允许社会资本进入法律法规未禁入的基础设施、公用事业及其他行业和领域。按照促进和引导民间投资（指个体、私营经济以及它们之间的联营、合股等经济实体的投资）的精神，除国家有特殊规定的以外，凡是鼓励和允许外商投资进入的领域，均鼓励和允许民间投资进入。因此，在进行融资方案分析时，应关注出资人出资比例的合法性。

3. 项目债务资金结构比例

项目债务资金结构比例反映债权各方为项目提供债务资金的数额比例、债务期限比例、内债和外债的比例以及外债中各币种债务的比例等。在确定项目债务资金结构比例时，可借鉴下列经验：

（1）根据债权人提供债务资金的条件（包括利率、宽限期、偿还期及担保方式等）合理确定各类借款和债券的比例，可以降低融资成本和融资风险。

（2）合理搭配短期、中长期债务比例。适当安排一些短期负债可以降低总的融资成本，但过多的采用短期负债，会产生财务风险。大型基础设施项目的负债融资应以长期债务为主。

（3）合理安排债务资金的偿还顺序。尽可能先偿还利率较高的债务，后偿还利率低的债务。对于有外债的项目，由于有汇率风险，通常应先偿还硬货币（指货币汇率比较稳定、且有上浮趋势的货币）的债务，后偿还软货币（指汇率不稳定、且有下浮趋势的货币）的债务。应使债务本息的偿还不致影响企业正常生产所需的现金量。

(4) 合理确定内债和外债的比例。内债和外债的比例主要取决于项目用汇量。从项目本身的资金平衡考虑，产品内销的项目尽量不要借用外债，可以采用投资方注入外汇或者以人民币购汇。

(5) 合理选择外汇币种。选择外汇币种应遵循以下原则：

①选择可自由兑换货币。可自由兑换货币是指实行浮动汇率制且有人民币报价的货币，如美元、英镑、日元等，它有助于外汇风险的防范和外汇资金的调拨。

②付汇用软货币，收汇用硬货币。对于建设项目的外汇贷款，在选择还款币种时，尽可能选择软货币。当然，软货币的外汇贷款利率通常较高，这就需要在汇率变化与利率差异之间做出预测和抉择。

(6) 合理确定利率结构。当资本市场利率水平相对较低，且有上升趋势时，尽量借固定利率贷款；当资本市场利率水平相对较高，且有下降趋势时，尽量借浮动利率贷款。

6.3.3 资金成本分析

资金成本是指项目为筹集和使用资金而支付的费用，包括资金筹集费和资金占用费。

资金筹集费是指资金筹集过程中支付的一次性费用，如发行股票、债券支付的印刷费、发行手续费、担保费、广告费等；资金占用费是指占用资金支付的费用，是融资企业经常发生的，如股息、银行借款和债券利息等。资金成本的高低是判断项目融资方案是否合理的重要因素之一。

为了便于分析比较，资金成本通常以相对数表示。项目使用资金所负担的费用同筹集资金净额的比率，称为资金成本率（一般亦通称为资金成本）。其公式为

$$资金成本率=\frac{资金占用费}{筹集资金总额-资金筹集费}\times 100\%$$

由于资金筹措费一般与筹集资金总额成正比，所以一般用筹措费用率表示资金筹集费，因此资金成本率公式也可以表示为

$$资金成本率=\frac{资金占用费}{筹集资金总额\times(1-筹措费用率)}\times 100\%$$

资金成本是选择资金来源，确定融资方案的重要依据，是评价投资项目、决定投资取舍的重要标准，也是衡量企业经营成果的重要尺度。

1. 债务资金成本分析

债务资金成本由债务资金筹资费和债务资金占用费组成。

债务资金筹资费是指债务资金筹集过程中支付的费用，如承诺费、发行手续费、担保费、代理费以及债券兑付手续费等；债务资金占用费是指使用债务资金过程中发生的经常性费用，如贷款利息和债券利息。

含筹资费用的税后债务资金成本的表达式为

$$P_0(1-F)=\sum_{t=1}^{n}\frac{P_t+I_t(1-T)}{(1+K_d)^t}$$

式中：P_0——债券发行额或长期借款金额，即债务现值；

F——债务资金筹资费用率；

I_t——约定的第 t 期末支付的债务利息；

P_t——约定的第 t 期末偿还债务本金；

K_d——所得税后债务资金成本；

T——所得税税率；

n——债务期限，通常以年表示。

上述公式中，等号左边是债务人的实际现金流入；等号右边为债务引起的未来现金流出的现值总额。本公式中未计入债券兑付手续费（可忽略不计）。使用该公式时应根据项目具体情况确定债务期限内各年的利息是否乘以（$1-T$），如：在项目的建设期内不应乘以（$1-T$），在项目运营期内的所得税免征年份也不应乘以（$1-T$）。

2. 权益资金成本分析

权益资金成本的估算比较困难，因为很难对项目未来的收益以及股东对未来风险所要求的风险溢价做出准确的测定。可采用的计算方法主要有：资本资产定价模型法、税前债务成本加风险溢价法和股利增长模型法。

（1）资本资产定价模型法。采用资本资产定价模型法，权益资金成本的计算公式为

$$K_s=R_f+\beta(R_m-R_f)$$

式中：K_s——权益资金成本；

R_f——社会无风险投资收益率；

β——项目的投资风险系数；

R_m——市场投资组合预期收益率。

（2）税前债务成本加风险溢价法。采用税前债务成本加风险溢价法，权益资金成本的计算公式为

$$K_s=K_d+\mathrm{RP}_c$$

式中：K_s——权益资金成本；

K_d——所得税前债务资金成本；

RP_c——投资比债权人承担更大风险所要求的风险溢价。

（3）股利增长模型法。采用股利增长模型法，权益资金成本的计算公式为

$$K_s = \frac{D_1}{P_0} + G$$

式中：K_s——权益资金成本；

D_1——预期年股利额；

P_0——普通股市价；

G——普通股利年增长率。

3. 加权平均资金成本分析

为了比较不同融资方案的资金成本，需要计算加权平均资金成本。加权平均资金成本一般是以各种资金占全部资金的比重为权数，对个别资金成本进行加权平均确定，其计算公式为

$$K_w = \sum_{j=1}^{n} K_j W_j$$

式中：K_w——加权平均资金成本；

K_j——第 j 种个别资金成本；

W_j——第 j 种个别资金成本占全部资金的比重（权数）。

6.3.4 融资风险分析

融资风险是指融资活动存在的各种风险。融资风险有可能使投资者、项目法人、债权人等各方蒙受损失。在融资方案分析中，应对各种融资方案的融资风险进行识别、比较，并对最终推荐的融资方案提出防范风险的对策。融资风险分析中应重点考虑下列风险因素：

1. 资金供应风险

资金供应风险是指在项目实施过程中由于资金不落实，导致建设工期延长，工程造价上升，使原定投资效益目标难以实现的可能性。导致资金不落实的原因很多，主要包括：

（1）已承诺出资的股本投资者由于出资能力有限（或者由于拟建项目的投资效益缺乏足够的吸引力）而不能（或不再）兑现承诺；

（2）原定发行股票、债券计划不能实现；

（3）既有企业法人由于经营状况恶化，无力按原定计划出资；

（4）由于经济金融等政策变化，导致出资人或贷款人无力实现出资承诺；

（5）投资估算不准确或由于工程方案变化等原因，出现资金缺口。

为防范资金供应风险，必须认真做好资金来源可靠性分析。在选择项目的股本投资人和贷款人时，应当选择资金实力强、既往信用好、风险承受能力强的出资人。同时，还要做好项目前期工作和投资决策，在可行性研究中，坚持多方案比较，选择最佳方案，增强项目吸引力，使出资人对项目充满信心，从而降低资金供应风险。

2. 利率风险

利率风险是指由于利率变动导致资金成本上升，投资增加，资金出现缺口，进而给项目造成损失的可能性。

利率水平随金融市场情况而变动，未来市场利率的变动会引起项目资金成本发生变动。采用浮动利率，项目的资金成本随利率的上升而上升，随利率的下降而下降。采用固定利率，如果未来利率下降，项目的资金成本不能相应下降，相对资金成本将升高。因此，无论采用浮动利率还是固定利率都存在利率风险。为了防范利率风险，应对未来利率的走势进行分析，以确定采用何种利率。

3. 汇率风险

汇率风险是指利用外资或需要外汇的投资项目，由于汇率变动导致项目投资增加，给项目造成损失的可能性。

国际金融市场上各国货币的比价在时刻变动，使用外汇的项目，尤其是使用外汇贷款的项目，未来汇率的变动会引起项目资金成本发生变动以及未来还本付息费用支出的变动。某些硬货币贷款利率较低，但汇率风险较高；软货币则相反，汇率风险较低，但贷款利率较高。为了防范利率风险，使用外汇数额较大的项目应对人民币的汇率走势、所借外汇币种的汇率走势进行分析，以确定借用何种外汇币种以及采用何种外汇币种结算。一般情况下应尽量借用软货币。

第七章

财务效益评估

本章提要： 在项目财务效益与费用估算的基础上，要进一步对项目的财务可行性进行评估。项目类型的不同会影响财务评估内容的选择。对于经营性项目，应考察和分析项目的盈利能力、偿债能力和财务生存能力，判断项目的财务可接受性，明确项目对投资主体及投资者的价值贡献，为项目决策提供依据。对于非经营性项目，主要分析项目的财务生存能力。

本章概括了财务效益评估的基本问题，阐述了融资前和融资后项目财务效益评估的内容和方法，从静态分析和动态分析两个角度叙述了财务效益评估的指标；对项目偿债能力、财务生存能力分析的内容、报表编制和指标计算方法进行分析。同时，对非经营项目的财务效益评估要求予以说明。学习本章将系统掌握财务效益评估的内容与方法，为项目经济评价奠定基础。

7.1 财务效益评估概述

7.1.1 财务评估的意义

财务评估是在国家现行财税制度和价格体系的前提下，从项目的角度出发，计算项目范围内的财务效益和费用，分析项目的盈利能力和清偿能力，评价项目在财务上的可行性，明确项目对财务主体的价值以及对投资者的贡献，为投资决策、融资决策以及银行审贷提供依据。

财务评估是项目投资和贷款决策的重要依据，是进一步开展国民经济评价的重要基础。

我国投融资体制改革正逐步深化。一是改革了政府对企业投资的管理制度，对于企业不使用政府投资建设的项目，一律不再实行审批制，区别不同情况实行核准制和备案制。其中，政府仅对重大项目和限制类项目从维护社会公共利益角度进行核准，其他项目无论规模大小，均改为备案制。二是按照“谁投资、谁决策、谁收益、谁承担风险”的原则，落实企业投资自主权。进一步拓宽了企业投资项目的融资渠道，允许各类企业以股权融资方式筹集投资资金，逐步建立起多种募集方式相互补充的多层次资本市场。要求各类企业都应严格遵守国土资源、环境保护、安全生产、城市规划等法律法规，严格执行产业政策和行业准入标准，不得投资建设国家禁止发展的项目；应诚信守法，维护公共利益，确保工程质量，提高投资效益。总之，随着深化改革和扩大开放，已基本建立起市场引导投资、企业自主决策、银行独立审贷、融资方式多样、中介服务规范、宏观调控有效的新型投资体制。

投资决策权的下放，企业成为真正的投资主体，对于符合国家产业政策的竞争性项目的可行性研究报告和初步设计，均由企业法人自主决策。因决策失误或管理不力造成企业法人无力偿还债务的，银行有权依法取得抵押资金，或由担保人负责偿还债务。因此，企业进行投资决策前就非常关心项目的盈利能力、清偿能力情况及项目建设投产后能够达到的盈利水平，能否达到国家规定的收益率或企业设定的收益率，能否按照银行的要求偿还贷款等。为此，就要进行认真的财务评价。对银行而言，进行项目财务评价又是对企业信用调查的最有效手段，银行只有正确地判断出项目的大方向，明确项目的清偿能力以及贷款的风险大小程度，才能决策是否给予贷款支持。同时，财务评价的各种数据和结果，是进行项目国民经济评价的重要基础。一般而言，项目评估是先微观后宏观，逐步深入下去的。

7.1.2 财务效益评估的内容

项目决策可分为投资决策和融资决策两个层次。投资决策重在考察项目净现金流的价值是否大于其投资成本，融资决策重在考察资金筹措方案能否满足要求。严格来说，投资决策在先，融资决策在后。根据不同决策的需要，财务分析可分为融资前分析和融资后分析。

1. 融资前分析

财务分析一般宜先进行融资前分析，融资前分析是指在考虑融资方案前就可以开始进行的财务分析，即不考虑债务融资条件下进行的财务分析。它与融资条件无关，其依赖数据少，报表编制简单，但其分析结论可满足方案比选和初步投资决策的需要。如果分析结果表明项目效益符合要求，再考虑融资方案，继续进行融资后分析；如果分析结果不能满足要求，可以通过修改方案设计完善项目方案，必要时甚至可据此做出放弃项目的建议。

融资前分析广泛应用于项目各阶段的财务分析。在规划和机会研究阶段，可以只进行融资前分析，此时也可只选取所得税前指标。

在项目的初期研究阶段，也可只进行融资前分析。

融资前分析只进行盈利能力分析，并以项目投资折现现金流量分析为主，计算项目投资内部收益率和净现值指标，也可计算投资回收期指标（静态）。

2. 融资后分析

在融资前分析结论满足要求的情况下，初步设定融资方案，再进行融资后分析，融资后分析是指以设定的融资方案为基础进行的财务分析。融资后分析包括项目的盈利能力分析、偿债能力分析以及财务生存能力分析，进而判断项目方案在融资条件下的合理性。融资后分析是比选融资方案，进行融资决策和投资者最终决定出资的依据。可行性研究阶段必须进行融资后分析，但只是阶段性的。实践中，在可行性研究报告完成之后，还需要进一步深化融资后分析，才能完成最终融资决策。

融资后分析主要是针对项目资本金折现现金流量和投资各方折现现金流量进行分析，既包括盈利能力分析，又包括偿债能力分析和财务生存能力分析等内容。

盈利能力分析主要考察投资项目的盈利水平，是反映项目在财务上可行程度的基本标志。投资项目的盈利能力分析，应当考察拟建项目建成投产后是否有盈利，盈利多少。项目的盈利能力分析主要分析项目各年度投资盈利能力，以及项目在整个寿命期内的盈利水平。

项目的偿债能力分析主要考察项目按期偿还其债务的能力。项目偿债能力的通常表现为建设投资借款偿还期的长短，利息备付率和偿债备付率的高低，这些指标也是银行进行贷款决策的重要依据。

财务生存能力分析主要考察在项目（企业）运营期间，能否确保从各项经济活动中得到足够的净现金流量使项目能够持续生存。财务分析中应根据财务计划现金流量表，综合考察项目计算期内各年的投资活动、融资活动和经营活动所产生的各项现金流入和流出，计算净现金流量和累积盈余资金，分析项目是否有足够的净现金流量维持正常运营。

财务效益评估内容及评估指标见表 7-1。

7.1.3 财务效益评估与传统财务分析的区别

投资项目的财务效益评估与传统的财务分析都是立足于企业角度，对项目本身的经济效益进行分析和评价，所采用的方法有不少是相同或通用的，如比较分析法、比率分析和趋势分析等。与传统财务分析相似，财务评估也常常将有关指

表 7-1 财务效益评估内容及评估指标

分析阶段	评估内容	基本报表	评估指标	
			静态指标	动态指标
融资前分析	盈利能力分析	项目投资现金流量表	项目投资回收期	项目投资财务内部收益率 项目投资财务净现值
融资后分析	盈利能力分析	项目资本金现金流量表		项目资本金财务内部收益率
		投资各方现金流量表		投资各方财务内部收益率
		利润与利润分配表	总投资收益率 项目资本金净利润率	
	偿债能力分析	借款还本付息计划表	偿债备付率 利息备付率	
		资产负债表	资产负债率 流动比率 速动比率	
	生存能力分析	财务计划现金流量表	累计盈余资金	

标与特定的标准相比较，并通过各种财务比率测算，来反映拟建项目的财务情况。另外，财务效益评估的报表与财务分析的某些报表也大致相似。

虽然财务效益评估与传统财务分析从方法到内容有不少相似之处，但也有一些明显的区别，其主要表现为：

（1）分析的时间不同。传统的财务分析是企业在某一经营阶段结束以后对经营的实际成果进行的事后分析；而财务效益评估则是在项目建设前所进行的事前评价。

（2）分析所采用的资料不同。传统财务分析依据的是实际历史数据，这些数据通常取之于企业的当年或前一年的财务报表，有关数据资料相当系统和全面；而项目财务效益评估，主要是针对拟建项目的事前评价，其分析评价资料只能根据项目现有若干资料以及参考同类项目的历史数据，根据具体投资环境及技术进步等方面的情况，对项目未来的现金流量、盈利和清偿能力进行的估算和预测。

（3）分析的内容和目的不同。项目的财务效益评估是把投资和生产联系在一起，对项目整个经济寿命周期内的投入产出活动进行分析，揭示项目长期的财务经济状况，重视资金的时间价值，侧重于对项目的盈利能力和清偿能力进行分析，为可行性研究选择最优投资方案，进行投资决策提供依据；而传统的财务分析只对企业的经济活动做短期的评价，侧重于对现有企业的营运活动效果进行分析，重点在于总结经验，吸收教训并指导未来，以保证企业及时调整经营策略，不断提高企业的经济效益。

（4）分析的人员不同。传统的财务分析通常由企业的财务人员定期进行；而财务效益评估通常应由专门的项目评估人员进行。

7.1.4 项目财务效益评估的步骤

投资项目的财务分析是在项目市场分析和实施条件分析的基础上进行的，它主要是利用有关的基础数据，通过编制财务报表，计算各项财务分析指标，进行项目的财务分析，得出评价结论。

项目财务效益评估的主要内容包括项目的盈利能力、偿债能力和财务生存能力。财务效益评估一般包括以下几个步骤。

1. 准备阶段

财务效益评估前的准备工作包括：

（1）熟悉拟建项目的基本情况。如建设目的、意义、要求、建设条件及投资环境，有关技术决定等。

（2）收集整理基础数据资料。包括项目投入物和产出物的数量、质量、价格以及项目实施进度安排等情况。

（3）编制辅助报表，进行财务效益与费用估算。辅助报表是编制财务评价基本报表的基础，包括建设投资估算表、建设期利息估算表、总成本费用估算表、流动资金估算表、项目总投资使用计划与资金筹措表和营业收入、营业税金及附加和增值税估算表等。

（4）编制财务报表，进行财务评价。将分析和估算所得的财务基础数据进行汇总，编制项目投资现金流量表、项目资本金现金流量表、投资各方现金流量表、利润与利润分配表、财务计划现金流量表、资产负债表及借款还本付息计划表等财务基本报表。依据财务报表计算反映项目盈利能力、偿债能力和财务生存能力的各项评价指标，进行项目财务分析。

2. 进行不确定性分析与风险分析

通过盈亏平衡分析和敏感性分析等不确定性分析和风险分析方法，评价项目可能面临的风险及在不确定条件下适应市场变化的能力和抗风险的能力，得出项目在不确定条件下的财务分析结论或建议。

3. 得出财务效益评估结论

将上述财务分析和不确定性分析的结果，与国家有关部门公布的基准值，或与经验标准、历史标准和目标标准等加以比较，从财务的角度做出项目可行与否的结论。

7.2　盈利能力分析

财务盈利能力分析包括融资前分析和融资后分析。

7.2.1　融资前盈利能力分析内容及报表

融资前分析排除了融资方案变化的影响，从项目投资总获利能力的角度，考察项目方案设计的合理性。融资前分析应以动态分析（折现现金流量）为主，静态分析（非折现现金流量分析）为辅。

融资前动态分析以营业收入、建设投资、经营成本和流动资金的估算为基础，考察整个计算期内现金流入和现金流出，编制项目投资现金流量表，利用资金时间价值的原理进行折现，计算项目投资内部收益率和净现值等指标。融资前静态分析可计算投资回收期指标。

1. 融资前项目盈利能力考察角度

融资前项目投资现金流量分析，是从项目投资总获利能力角度，考察项目方案设计的合理性。根据需要，可从所得税前和所得税后两个角度进行考察，选择计算所得税前和所得税后指标。

计算所得税前指标的融资前分析（所得税前分析）是从息前税前角度进行的分析；计算所得税后指标的融资前分析（所得税后分析）是从息前税后角度进行的分析。

按所得税前的净现金流量计算的相关指标，即所得税前指标，是投资盈利能力的完整体现，用以考察由项目方案设计本身所决定的财务盈利能力，它不受融资方案和所得税政策变化的影响，仅仅体现项目方案本身的合理性。

所得税前指标可以作为初步投资决策的主要指标，用于考察项目是否基本可行，并值得去为之融资。所谓“初步”是相对而言，意指根据该指标投资者可以做出项目实施后能实现投资目标的判断，此后再通过融资方案的比选分析，有了较为满意的融资方案后，投资者才能决定最终出资。所得税前指标应该受到项目有关各方（项目发起人、项目业主、项目投资人、银行和政府管理部门）广泛的关注。所得税前指标还特别适用于建设方案设计中的方案比选。

所得税后分析是所得税前分析的延伸。由于所得税作为现金流出，可用于非融资的条件下判断项目投资对企业价值的贡献，是企业投资决策依据的主要指标。

2. 项目投资现金流量表的编制

项目投资现金流量表是指在确定项目融资方案前，对投资方案进行分析，用以计算投资项目所得税前后的财务内部收益率、财务净现值及投资回收期等财务分析指标的表格。

项目投资现金流量表编制应正确识别和选用现金流量，包括现金流入和现金流出。

(1) 融资前财务分析的现金流量应与融资方案无关。从该原则出发，融资前项目投资现金流量分析的现金流量主要包括营业收入、建设投资、流动资金、经营成本、营业税金及附加和所得税。

(2) 为了体现与融资方案无关的要求，各项现金流量的估算中都需要剔除利息的影响。例如采用不含利息的经营成本作为现金流出，而不是总成本费用；在流动资金估算、经营成本中的修理费和其他费用估算过程中应注意避免利息的影响等。

(3) 所得税前和所得税后分析的现金流入完全相同，但现金流出略有不同，所得税前分析不将所得税作为现金流出，所得税后分析视所得税为现金流出。

所得税前分析的现金流入主要是营业收入，还可能包括补贴收入，在计算期的最后一年，还包括回收固定资产余值及回收流动资金；现金流出主要包括建设投资、流动资金、经营成本、营业税金及附加，如果运营期内需要发生设备或设施的更新费用以及矿山、石油开采项目的拓展费用等（记作维持运营投资），也应作为现金流出。现金流入与现金流出之差是净现金流量，它是计算分析指标的基础。

(4) 项目投资现金流量表中的“所得税”应根据息税前利润（EBIT）乘以所得税率计算，称为“调整所得税”。原则上，息税前利润的计算应完全不受融资方案变动的影响，即不受利息多少的影响，包括建设期利息对折旧的影响（因为折旧的变化会对利润总额产生影响，进而影响息税前利润）。但如此将会出现两个折旧和两个息税前利润（用于计算融资前所得税的息税前利润和利润表中的息税前利润）。为简化起见，当建设期利息占总投资比例不是很大时，也可按利润表中的息税前利润计算调整所得税。

在计算所得税基础上，可以计算得出所得税后净现金流量和累计所得税后净现金流量，从而计算得出项目税后财务内部收益率、财务净现值和税后静态投资回收期。

根据上述现金流入与流出编制项目投资现金流量表（表 7-2），并依据该表计算项目投资息税前财务内部收益率（FIRR）、项目投资息税前财务净现值（FNPV）和项目税后财务内部收益率、财务净现值和税后静态投资回收期。

表 7-2 项目投资现金流量表 （单位：万元人民币）

序号	项 目	合计	计算期					
			1	2	3	4	…	n
1	现金流入							
1.1	营业收入							
1.2	补贴收入							
1.3	回收固定资产余值							
1.4	回收流动资金							
2	现金流出							
2.1	建设投资							
2.2	流动资金							
2.3	经营成本							
2.4	营业税金及附加							
2.5	维持运营投资							
3	所得税前净现金流量（1－2）							
4	累计所得税前净现金流量							
5	调整所得税							
6	所得税后净现金流量（3－5）							
7	累计所得税后净现金流量							

计算指标：
项目投资财务内部收益率（%）（所得税前）
项目投资财务内部收益率（%）（所得税后）
项目投资财务净现值（所得税前）i_c（%）
项目投资财务净现值（所得税后）i_c（%）
项目投资回收期（年）（所得税前）
项目投资回收期（年）（所得税后）

注：1. 本表适用于新设法人项目与既有法人项目的增量和“有项目”的现金流量分析。
2. 调整所得税为以息税前利润为基数计算的所得税，区别于“利润与利润分配表”、“项目资本金现金流量表”和“财务计划现金流量表”中的所得税。

7.2.2 融资后盈利能力分析内容及报表

融资后分析应以融资前分析和初步的融资方案为基础，考察项目在拟定融资条件下的盈利能力、偿债能力和财务生存能力，判断项目方案在融资条件下的可行性。融资后分析用于比选融资方案，帮助投资者做出融资决策。

融资后的盈利能力分析，包括动态分析（折现现金流量分析）和静态分析（非折现盈利能力分析）。

1. 动态分析

动态分析是通过编制财务现金流量表，根据资金时间价值原理，计算财务内部收益率、财务净现值等指标，分析项目的获利能力。融资后的动态分析包括项目资本金现金流量分析和投资各方现金流量分析。

（1）项目资本金现金流量分析。项目资本金现金流量分析是从项目权益投资者整体的角度，考察项目给项目权益投资者带来的收益水平。它是在拟定的融资方案基础上进行的息税后分析，依据的报表是项目资本金现金流量表。

项目资本金现金流量表的净现金流量包括项目在缴税和还本付息后所剩余的收益（含投资应分得的利润），也即项目的净利润，又是投资者的权益性收益。通过项目资本金现金流量表，可以计算资本金的财务内部收益率，资本金财务内部收益率能够从投资者整体角度考察项目的盈利能力。

资本金财务现金流量表与项目投资现金流量表的现金流入内容相同。现金流出包括项目资本金、借款本金偿还、借款利息支付、经营成本、营业税金及附加、所得税和维持运营投资。现金流入和现金流出的有关数据，可以依据“营业收入、营业税金及附加和增值税估算表”、“建设投资估算表”、“流动资金估算表”、“项目总投资使用计划与资金筹措表”、“总成本费用估算表”、“借款及还本付息估算表”和“利润与利润分配表”等有关财务报表填列。项目资本金现金流量表见表 7-3。

表 7-3　项目资本金现金流量表　　（单位：万元人民币）

序号	项 目	合计	计算期					
			1	2	3	4	…	n
1	现金流入							
1.1	营业收入							
1.2	补贴收入							
1.3	回收固定资产余值							
1.4	回收流动资金							
2	现金流出							
2.1	项目资本金							
2.2	借款本金偿还							

续表

序号	项目	合计	计算期					
			1	2	3	4	…	n
2.3	借款利息支付							
2.4	经营成本							
2.5	营业税金及附加							
2.6	所得税							
2.7	维持运营投资							
3	净现金流量（1－2）							
计算指标： 资本金财务内部收益率（%）								

注：1. 项目资本金包括用于建设投资、建设期利息和流动资金的资金。
2. 对外商投资项目，现金流出中应增加职工奖励及福利基金科目。
3. 本表适用于新设法人项目与既有法人项目“有项目”的现金流量分析。

表 7-3 将各年投入项目的项目资本金作为现金流出，各年缴付的所得税和还本付息也作为现金流出，因此其净现金流量可以反映在缴税和还本付息之后的剩余，即项目（或企业）增加的净收益，也是投资者的权益性收益。因此计算的项目资本金内部收益率指标反映从投资者整体权益角度考察盈利能力的要求，也就是从项目发起人（或企业）角度对盈利能力进行判断的要求。在依据融资前分析的指标对项目基本获利能力有所判断的基础上，项目资本金内部收益率指标反映在一定的融资方案下，投资者整体所能获得的权益性收益水平。该指标可用来对融资方案进行比较和取舍，是投资者整体做出最终融资决策的依据，也可进一步帮助投资者最终决策出资。

（2）投资各方现金流量分析。投资各方现金流量分析是从投资各方实际收入和支出的角度，确定其现金流入和现金流出，分别编制投资各方现金流量表（表 7-4），计算投资各方的财务内部收益率指标，考察投资各方可能获得的收益水平。计算投资各方的内部收益率可以看出各方收益是否均衡，或者其非均衡性是否在一个合理的水平上，有助于促成投资各方在合作谈判中达成平等互利的协议。

投资各方财务现金流量表的现金流入包括实分利润、资产处置收益分配、租赁费收入、技术转让或使用收入和其他现金流入。现金流出包括实缴资本、租赁资产支出和其他现金流出。现金流入和现金流出的有关数据，可以依据“营业收入、营业税金及附加和增值税估算表”、“项目总投资使用计划与资金筹措表”和“总成本费用估算表”等有关财务报表直接填列或者经过这些报表的计算间接得出。

表 7-4 投资各方现金流量表 （单位：万元人民币）

序号	项 目	合计	计算期					
			1	2	3	4	…	n
1	现金流入							
1.1	实分利润							
1.2	资产处置收益分配							
1.3	租赁费收入							
1.4	技术转让或使用收入							
1.5	其他现金流入							
2	现金流出							
2.1	实缴资本							
2.2	租赁资产支出							
2.3	其他现金流出							
3	净现金流量（1－2）							

计算指标：

投资各方财务内部收益率（%）

注：本表可按不同投资方分别编制。

1. 投资各方现金流量表既适用于内资企业也适用于外商投资企业；既适用于合资企业也适用于合作企业。
2. 投资各方现金流量表中现金流入是指出资方因该项目的实施将实际获得的各种收入；现金流出是指出资方因该项目的实施将实际投入的各种支出。表中科目应根据项目具体情况调整。

（1）实分利润是指投资者由项目获取的利润。

（2）资产处置收益分配是指对有明确的合营期限或合资期限的项目，在期满时对资产余值按股比或约定比例的分配。

（3）租赁费收入是指出资方将自己的资产租赁给项目使用所获得的收入，此时应将资产价值作为现金流出，列为租赁资产支出科目。

（4）技术转让或使用收入是指出资方将专利或专有技术转让或允许该项目使用所获得的收入。

需要注意的是，一般情况下，投资各方按股本比例分配利润和分担亏损及风险，因此投资各方的利益一般是均等的，没有必要计算投资各方的内部收益率。只有投资者中的各方有股权之外的不对等的利益分配时（契约式的合作企业常常会有这种情况），投资各方的收益率才会有差异，此时常常需要计算投资各方的内部收益率。

2. 静态分析

静态分析是不采取折现方式处理数据，主要依据利润与利润分配表（表 7-5），并借助现金流量表计算相关盈利能力指标，包括项目资本金净利润率（ROE）、总投资收益率（ROI）等。

表 7-5 利润与利润分配表 （单位：万元人民币）

序号	项目	合计	计算期					
			1	2	3	4	…	n
1	营业收入							
2	营业税金及附加							
3	总成本费用							
4	补贴收入							
5	利润总额（1－2－3＋4）							
6	弥补以前年度亏损							
7	应纳税所得额（5－6）							
8	所得税							
9	净利润（5－8）							
10	期初未分配利润							
11	可供分配的利润（9＋10）							
12	提取法定盈余公积金							
13	可供投资者分配的利润（11－12）							
14	应付优先股股利							
15	提取任意盈余公积金							
16	应付普通股股利（13－14－15）							
17	各投资方利润分配							
	其中：××方							
	××方							
18	未分配利润（13－14－15－16－17）							
19	息税前利润（利润总额＋利息支出）							
20	息税折旧摊销前利润 （息税前利润＋折旧＋摊销）							

注：1. 对于外商投资项目由第 11 项减去储备基金、职工奖励与福利基金和企业发展基金（外商独资项目不列企业发展基金）后，得出可供投资者分配的利润。

2. 法定盈余公积金按净利润计提。

对静态分析指标的判断，应按不同指标选定相应的参考值（企业或行业的对比值）。当静态分析指标分别符合其相应的参考值时，认为从该指标看盈利能力满足要求。如果不同指标得出的判断结论相反，应通过分析原因，得出合理的结论。

利润与利润分配表是反映项目计算期内各年的利润总额、所得税及税后利润的分配情况的表格。利润与利润分配表编制的具体内容如下。

（1）利润总额。利润总额是项目在一定时期内实现盈亏总额，即营业收入扣除营业税金及附加、总成本费用和补贴收入之后的数额。可表示为

利润总额＝营业收入－营业税金及附加－总成本费用＋补贴收入

营业收入和营业税金及附加依据“营业收入、营业税金及附加和增值税估算表”填列，总成本费用依据“总成本费用估算表”填列。

（2）项目亏损及亏损弥补的处理。项目在上一个年度发生亏损，可用当年获得的所得税前利润弥补；当年所得税前利润不足弥补的，可以在五年内用所得税前利润延续弥补；延续5年未弥补的亏损，用缴纳所得税后的利润弥补。

（3）所得税。利润总额按照现行财务制度规定进行调整（如弥补上年的亏损）后，作为计算项目应缴纳所得税税额的计税基数。所得税税率按照国家规定执行。国家对特殊项目有减免所得税规定的，按国家主管部门的有关规定执行。

（4）所得税后利润的分配。利润与利润分配表中，所得税科目以下的部分为利润分配内容。本表利润分配内容和顺序系根据《企业会计制度》（2001）的规定，具体为：

①当期实现的净利润，加上期初未分配利润（或减去期初未弥补亏损），为可供分配的利润。

②内资项目以当年净利润为基数提取法定盈余公积金；外商投资项目按有关法律提取的是储备基金、企业发展基金、职工奖励和福利基金。

③可供分配利润减去提取的法定盈余公积金等后，为可供投资者分配的利润。

中外合作经营企业按规定在合作期内以利润归还投资者的投资，也从可供分配的利润中扣除。

④可供投资者分配的利润，按下列顺序分配：

第一，应付优先股股利（如有优先股的话），是指按照利润分配方案分配给优先股股东的现金股利。

第二，提取任意盈余公积，即按规定提取的任意盈余公积金。

第三，应付普通股股利，是指企业按照利润分配方案分配给普通股股东的现金股利。企业分配给投资者的利润，也在此核算。

经过上述分配后的剩余部分为未分配利润。

7.2.3 盈利能力分析的指标

融资前和融资后的盈利能力分析都包括静态分析与动态分析。

1. 静态分析指标

静态盈利能力指标是指不考虑资金时间价值因素的影响而计算的盈利能力指标，主要包括总投资收益率、项目资本金净利润率和静态投资回收期。静态盈利能力指标可以根据“建设投资估算表”、“项目总投资使用计划与资金筹措表”、“利润与利润分配表”和“现金流量表”中的有关数据计算。

（1）总投资收益率（ROI）。

总投资收益率（ROI）反映总投资的盈利水平，是指项目达到设计能力后正常年份的年息税前利润或运营期内年平均息税前利润（EBIT）与项目总投资（TI）的比率。

计算公式为

$$\text{总投资收益率(ROI)} = \frac{\text{年(平均)息税前利润}}{\text{项目总投资}} = \frac{EBIT}{TI} \times 100\%$$

式中：ROI——总投资收益率（ROI）；

EBIT——项目正常年份的年息税前利润或运营期内年平均息税前利润；

TI——项目总投资。

如果项目生产期较短，且年息税前利润额波动较大，可以选择生产期的平均年息税前利润额；若项目生产期较长，年息税前利润额在生产期又没有较大的波动，可选择正常生产年份的年息税前利润额。

式中的总投资为建设投资、建设期利息和流动资金之和。

总投资收益率高于同行业的总投资收益率参考值，表明用总投资收益率表示的项目盈利能力满足要求。

（2）项目资本金净利润率（ROE）。

项目资本金净利润率（ROE）表示项目资本金的盈利水平，是指项目达到设计能力后正常年份的年净利润或运营期内年平均净利润（NP）与项目资本金（EC）的比率。

计算公式为

$$ROE = \frac{\text{年(平均)净利润}}{\text{项目资本金}} = \frac{NP}{EC} \times 100\%$$

式中：ROE——项目资本金净利润率；

NP——项目正常年份的年净利润或运营期内年平均净利润；

EC——项目资本金。

式中的资本金系指项目的全部注册资本金。由于资本金净利润率反映了投资者出资所带来的净利润大小，因此是投资者较关心的一个指标。

项目资本金净利润率高于同行业的净利润率参考值，表明用项目资本金净利润率表示的盈利能力满足要求。

(3) 投资回收期 (P_t)。

投资回收期 (P_t) 是指以项目的净效益回收项目投资所需要的时间，一般以年为单位。项目投资回收期一般从项目建设开始年算起，若从项目投产开始年计算，应予以特别说明。项目投资回收期可采用下式表达：

$$\sum_{t=1}^{P_t}(\mathrm{CI}-\mathrm{CO})_t=0$$

式中：CI——现金流入量；

CO——现金流出量；

$(\mathrm{CI}-\mathrm{CO})_t$——第 t 年的净现金流量；

P_t——投资回收期。

项目投资回收期可借助项目投资现金流量表计算。项目投资现金流量表中累计净现金流量由负值变为零的时点，即为项目的投资回收期。可用下式计算，即

$$P_t=T-1+\frac{\left|\sum_{i=1}^{T-1}(\mathrm{CI}-\mathrm{CO})_i\right|}{(\mathrm{CI}-\mathrm{CO})_T}$$

式中：T——各年累计净现金流量首次为正值或零的年数。

投资回收期短，表明项目投资回收快，抗风险能力强。

静态的盈利能力指标的计算比较简单，但由于没有考虑资金的时间价值，因此在进行项目财务分析时应以动态盈利能力指标为主，静态盈利分析指标为辅。

2. 动态分析指标

动态盈利能力分析指标是考虑资金时间价值因素的影响而计算的盈利能力指标，主要包括财务净现值和财务内部收益率。动态盈利能力分析指标依据项目投资现金流量表、项目资本金现金流量表、投资各方现金流量表计算得出。

(1) 财务内部收益率 (FIRR)。财务内部收益率 (FIRR) 是指项目在整个计算期内各年净现金流量现值累计等于零时的折现率，即使计算期内各年净现值之和等于零时的折现率。它是评价项目盈利能力的一个重要动态评价指标，表示项目的实际盈利水平。其表达式为

$$\sum_{t=1}^{n}(\mathrm{CI}-\mathrm{CO})_t\cdot(1+\mathrm{FIRR})^{-t}=0$$

式中：FIRR——财务内部收益率；

t——项目计算期 (1，2，3，…，n)。

其他符号含义同上。

按分析内容不同，财务内部收益率分为项目投资财务内部收益率、项目资本

金财务内部收益率和投资各方的财务内部收益率，但所用的现金流入和现金流出不同。

项目投资财务内部收益率是考察项目确定融资方案前整个项目的盈利能力。计算出的项目财务内部收益率要与行业发布或财务分析人员设定的基准折现率，或投资者的目标收益率（i_c）进行比较，如果计算的 FIRR 大于或等于 i_c，则说明项目的盈利能力能够满足要求，因而是可以考虑接受的；否则，不能满足项目盈利能力的要求，认为该项目从财务角度分析是不可行的。

资本金财务内部收益率是以项目资本金为计算基础，考察所得税税后资本金可能获得的收益水平。项目资本金内部收益率的判别基准是项目投资者整体对投资获利的最低期望值，亦即最低可接受收益率。当计算的项目资本金内部收益率大于或等于该最低可接受收益率时，说明投资获利水平大于或达到了要求，是可以接受的。最低可接受收益率的确定主要取决于当时的资本收益水平以及投资者对权益资金收益的要求，它与资金机会成本和投资者对风险的态度有关。

投资各方财务内部收益率，是以投资各方出资额为计算基础，考察投资各方可能获得的收益水平。投资各方财务内部收益率应与出资方最低期望收益率对比，判断投资方的收益水平。

（2）财务净现值（FNPV）。财务净现值是指按设定的折现率（一般采用基准收益率 i_c）计算的项目计算期内净现金流量的现值之和，其计算公式为

$$\mathrm{FNPV}=\sum_{t=1}^{n}(\mathrm{CI}-\mathrm{CO})_t(1+i_c)^{-t}$$

式中：i_c——设定的折现率；

$(1+i_c)^{-t}$——第 t 年的折现系数。

其他符号含义同上。

一般情况下，财务盈利能力分析只计算项目投资财务净现值，可根据需要选择计算所得税前净现值或所得税后净现值。

按照设定的折现率计算的财务净现值大于或等于零时，项目方案在财务上可考虑接受。

财务分析中，一般将内部收益率的判别基准（i_c）和计算净现值的折现率采用同一数值，可使 FIRR$\geqslant i_c$ 对项目效益的判断和采用 i_c 计算的 FNPV$\geqslant 0$ 对项目效益的判断结果一致。

作为项目投资判别基准的财务基准收益率或计算项目投资净现值的折现率，应主要依据“资金机会成本”和“资金成本”确定，并充分考虑项目可能面临的风险。项目的投资目标、投资人的偏好、项目隶属的行业对确定基准收益率或折现率有重要影响。实际工作中，应根据项目的性质使用有关部门发布的行业财务

基准收益率，或参考使用有关主管部门发布的财务基准收益率。

在判别基准的设定中是否考虑价格总水平变动因素，应与指标计算时对价格总水平变动因素的处理相一致。在项目投资现金流量表的编制中一般不考虑价格总水平变动因素，所以在判别基准的设定中通常要剔除价格总水平变动因素的影响。

在判别基准的设定中是否考虑所得税因素，应与指标的内涵相对应。设定所得税前指标的判别基准时，应含所得税；而设定所得税后指标的判别基准时，应剔除所得税。

由于动态分析指标考虑了资金的时间价值，因此项目财务分析过程中，应作为主要的盈利能力评价指标，同时辅以静态指标进行分析。

7.3 偿债能力分析

筹措了债务资金（以下简称借款）的项目，需要进行偿债能力分析，以考察项目能否按期偿还借款。

主要需编制借款还本付息计划表和资产负债表，计算利息备付率和偿债备付率、资产负债率、流动比率和速动比率等指标，判断项目的偿债能力。一般情况下，项目财务评价中进行偿债能力分析时，应注重对法人而不是项目的偿债能力进行全面分析。

7.3.1 偿债能力分析报表编制

1. 资产负债表的编制

资产负债表用于综合反映项目计算期内各年年末资产、负债和所有者权益的增减变化及对应关系。根据资产负债表计算资产负债率指标，以反映项目各年所面临的财务风险程度及偿债能力。

资产负债表由两部分组成，即资产和负债及所有者权益。

（1）资产。资产包括流动资产总额、在建工程、固定资产净值和无形及其他资产净值，其中流动资产总额包括货币资金、应收账款、预付账款、存货和其他组成。

（2）负债及所有者权益。负债包括：流动负债总额、建设投资借款、流动资金借款。其中流动负债总额由短期借款、应付账款、预收账款和其他组成。所有者权益包括：资本金、资本公积、累计盈余公积金和累计未分配利润组成。资产负债表见表 7-6。

表 7-6 资产负债表 （单位：万元人民币）

序号	项 目	合计	计算期					
			1	2	3	4	…	n
1	资产							
1.1	流动资产总额							
1.1.1	货币资金							
1.1.2	应收账款							
1.1.3	预付账款							
1.1.4	存货							
1.1.5	其他							
1.2	在建工程							
1.3	固定资产净值							
1.4	无形及其他资产净值							
2	负债及所有者权益（2.4＋2.5）							
2.1	流动负债总额							
2.1.1	短期借款							
2.1.2	应付账款							
2.1.3	预收账款							
2.1.4	其他							
2.2	建设投资借款							
2.3	流动资金借款							
2.4	负债小计（2.1＋2.2＋2.3）							
2.5	所有者权益							
2.5.1	资本金							
2.5.2	资本公积							
2.5.3	累计盈余公积金							
2.5.4	累计未分配利润							
计算指标： 资产负债率（%）								

注：1. 对外商投资项目，第 2.5.3 项改为累计储备基金和企业发展基金。

2. 对既有法人项目，一般只针对法人编制，可按需要增加科目，此时表中资本金是指企业全部实收资本，包括原有和新增的实收资本。必要时，也可针对“有项目”范围编制。此时表中资本金仅指“有项目”范围的对应数值。

3. 货币资金包括现金和累计盈余资金。

2. 借款还本付息计划表

借款还本付息计划表（表 7-7）是反映项目计算期内各年借款本金偿还和利

息支付情况，用以计算偿债备付率和利息备付率指标，进行偿债能力分析的表格。

表 7-7 借款还本付息计划表 （单位：万元人民币）

序号	项 目	合计	计算期					
			1	2	3	4	…	n
1	借款 1							
1.1	期初借款余额							
1.2	当期还本付息							
	其中：还本							
	付息							
1.3	期末借款余额							
2	借款 2							
2.1	期初借款余额							
2.2	当期还本付息							
	其中：还本							
	付息							
2.3	期末借款余额							
3	债券							
3.1	期初债务余额							
3.2	当期还本付息							
	其中：还本							
	付息							
3.3	期末债务余额							
4	借款和债券合计							
4.1	期初余额							
4.2	当期还本付息							
	其中：还本							
	付息							
4.3	期末余额							
计算指标	利息备付率							
	偿债备付率							

注：1. 本表与财务分析辅助表“建设期利息估算表”可合二为一。

2. 本表直接适用于新设法人项目，如有多种借款或债券，必要时应分别列出。

3. 对于既有法人项目，在按有项目范围进行计算时，可根据需要增加项目范围内原有借款的还本付息计算；在计算企业层次的还本付息时，可根据需要增加项目范围外借款的还本付息计算；当简化直接进行项目层次新增借款还本付息计算时，可直接按新增数据进行计算。

4. 本表可另加流动资金借款的还本付息计算。

借款还本付息计划表包括各种债务的期初余额及当期还本付息和期末债务余额。

借款还本付息计划表的填列：

(1) 借款。在项目的建设期，期初借款余额等于上年借款本金和建设期利息之和；在项目的生产期，期初借款余额等于上年尚未还清的借款本金；当期还本付息可以根据当年偿还借款本金和利息的资金来源填列；期末余额为期初本息余额与当期还本付息数额的差。

(2) 债券。借款还本付息计划表中的债券是指通过发行债券来筹措建设资金，因此债券的性质应当等同于借款。两者之间的区别是，通过债券筹集建设资金的项目，项目是向债权人支付利息和偿还本金，而不是向贷款的金融结构支付利息和偿还本金。

7.3.2　反映项目偿债能力的指标

通过计算利息备付率和偿债备付率指标，判断项目的偿债能力。如果能够得知或根据经验设定所要求的借款偿还期，可以直接计算利息备付率和偿债备付率指标；如果难以设定借款偿还期，也可以先大致估算出借款偿还期，再采用适宜的方法计算出每年需要还本和付息的金额，代入公式计算利息备付率和偿债备付率指标。需要估算借款偿还期时，可按下式估算

$$借款偿还期=借款偿还后开始出现盈余年份-开始借款年份+\frac{当年借款额}{当年可用于还款的资金额}$$

需要注意的是，该借款偿还期只是为估算利息备付率和偿债备付率指标所用，不应与利息备付率和偿债备付率指标并列。

1. 利息备付率 (ICR)

利息备付率 (ICR) 是指在借款偿还期内的息税前利润 (EBIT) 与应付利息 (PI) 的比值，它从付息资金来源的充裕性角度反映项目偿付债务利息的保障程度。其计算公式为

$$ICR=\frac{息税前利润}{应付利息}=\frac{EBIT}{PI}$$

式中：ICR——利息备付率；

EBIT——息税前利润；

PI——计入总成本费用的应付利息。

其中，息税前利润是利润与利润分配表中未扣除利息费用和所得税之前的利润；当期应付利息费用是指计入总成本本期发生的全部应付利息。

利息备付率应分年计算。利息备付率高，表明利息偿付的保障程度高。参考

国际经验和国内行业的具体情况，根据我国企业历史数据统计分析，一般情况下，利息备付率不宜低于2。

2. 偿债备付率（DSCR）

偿债备付率（DSCR）是指在借款偿还期内，用于计算还本付息的资金（EBITDA－T_{AX}）与应还本付息金额（PD）的比值，它从还本付息资金来源的充裕度角度反映项目偿付债务本息的保障程度和支付能力。其计算公式为

$$DSCR=\frac{可还本付息资金}{应还本付息金额}=\frac{EBITDA-T_{AX}}{PD}$$

式中：DSCR——偿债备付率；

EBITDA——息税前利润加折旧和摊销；

T_{AX}——企业所得税；

PD——应还本付息金额，包括还本金额、计入总成本费用的全部利息。融资租赁费用可视同借款偿还。运营期内的短期借款本息也应纳入计算。

如果项目在运行期内有维持运营的投资，可用于还本付息的资金应扣除维持运营的投资。

按照有关法规，融资租赁固定资产可视同购置的固定资产一样计提折旧，同时按税法规定，融资租赁费用不应在所得税前扣除，因此项目评价中融资租赁费用的支付，可视作偿还本金处理，按要求的期限和数额逐年偿还。因此，公式中分子和分母上均含有融资租赁费用一项。

偿债备付率应分年计算，偿债备付率高，表明可用于还本付息的资金保障程度高。

参考国际经验和国内行业的具体情况，根据我国企业历史数据统计分析，一般情况下，偿债备付率不宜低于1.3，且越高越好。

3. 资产负债率（LOAR）

资产负债率（LOAR）是指各期末负债总额（TL）同资产总额（TA）的比率，应按下式计算

$$LOAR=\frac{负债总额}{资产总额}=\frac{TL}{TA}\times 100\%$$

式中：LOAR——资产负债率；

TL——期末负债总额；

TA——期末资产总额。

适度的资产负债，表明企业经营安全、稳健，具有较强的筹资能力，也表明企业和债权人的风险较小。对该指标的分析，应结合国家宏观经济状况、行业发

展趋势、企业所处竞争环境等具体条件判定。项目财务分析中，在长期债务还清后，可不再计算资产负债率。

4. 流动比率

流动比率是流动资产与流动负债之比，反映法人偿还流动负债的能力，应按下式计算：

$$流动比率=\frac{流动资产}{流动负债}\times 100\%$$

项目生产经营期内各年流动比率可通过资产负债表逐年计算求得。流动比率用以衡量项目流动资产在短期债务到期前可以变为现金用于偿付流动负债的能力，表明项目每百元流动负债有多少流动资产作为支付的保障。

用流动比率来衡量资产流动性大小，自然要求项目的流动资产在清偿流动负债以后还有余力去支付日常经营活动中的其他资金需要，流动资产必须大于流动负债。特别是对债权人来说，比率越高，债权人越有保障，以免发生无力还债的风险和损失。但就项目而言，流动比率过高不一定是好现象，因为一个正常生产经营的项目，资金应当有效地在生产经营活动中运转，充分发挥资金效益，如果过多地滞留在流动资产形态上，也会影响项目的效益。

5. 速动比率

速动比率是速动资产与流动负债之比，反映法人在短时间内偿还流动负债的能力，应按下式计算

$$速动比率=\frac{速动资产}{流动负债}\times 100\%$$

式中：速动资产=流动资产－存货。

项目生产经营期内各年的速动比率可通过资产负债表求得。速动比率是流动比率的补充，用以衡量项目可以立即用于清偿流动负债的能力，表明项目每百元流动负债有多少速动资产作为支付的保障。

上述反映项目偿债能力的分析指标，在分析项目偿债能力时，可以根据项目具体情况选用；并结合行业特点和项目实际情况选用判断项目偿债能力的参数。

7.4 财务生存能力分析

7.4.1 财务生存能力分析内容

1. 财务生存能力分析概念

在项目（企业）运营期间，确保从各项经济活动中得到足够的净现金流量是

项目能够持续生存的条件。财务分析中应根据财务计划现金流量表（表 7-8），综合考虑项目计算期内各年的投资活动、融资活动和经营活动所产生的各项现金流入和流出，计算净现金流量和累计盈余资金，分析项目是否有足够的净现金流量维持正常运营，以实现项目的可持续性。为此，财务生存能力分析亦可称为资金平衡分析。

表 7-8 财务计划现金流量表 （单位：万元人民币）

序号	项 目	合计	计算期					
			1	2	3	4	…	n
1	经营活动净现金流量（1.1—1.2）							
1.1	现金流入							
1.1.1	营业收入							
1.1.2	增值税销项税额							
1.1.3	补贴收入							
1.1.4	其他流入							
1.2	现金流出							
1.2.1	经营成本							
1.2.2	增值税进项税额							
1.2.3	营业税金及附加							
1.2.4	增值税							
1.2.5	所得税							
1.2.6	其他流出							
2	投资活动净现金流量（2.1—2.2）							
2.1	现金流入							
2.2	现金流出							
2.2.1	建设投资							
2.2.2	维持运营投资							
2.2.3	流动资金							
2.2.4	其他流出							
3	筹资活动净现金流量（3.1—3.2）							
3.1	现金流入							
3.1.1	项目资本金投入							
3.1.2	建设投资借款							
3.1.3	流动资金借款							

续表

序号	项 目	合计	计算期					
			1	2	3	4	…	n
3.1.4	债券							
3.1.5	短期借款							
3.1.6	其他流入							
3.2	现金流出							
3.2.1	各种利息支出							
3.2.2	偿还债务本金							
3.2.3	应付利润（股利分配）							
3.2.4	其他流出							
4	净现金流量（1＋2＋3）							
5	累计盈余资金							

注：1. 对于新设法人项目，本表投资活动的现金流入为零。
2. 对于既有法人项目，可适当增加科目。
3. 必要时，现金流出中可增加应付优先股股利科目。
4. 对外商投资项目应将职工奖励与福利基金作为经营活动现金流出。

财务生存能力分析应结合偿债能力分析进行，如果拟安排的还款期过短，致使还本付息负担过重，导致为维持资金平衡必须筹借的短期借款过多，可以调整还款期，减轻各年还款负担。

通常因运营期前期的还本付息负担较重，故应特别注重运营期前期的财务生存能力分析。

2. 财务生存能力分析内容

通过以下相辅相成的两个方面来具体分析判断项目的财务生存能力：

（1）分析计算净现金流量。拥有足够的经营净现金流量是财务可持续的基本条件，特别是在运营初期。一个项目具有较大的经营净现金流量，说明项目方案比较合理，实现自身资金平衡的可能性大，不会过分依赖短期融资来维持运营；反之，一个项目不能产生足够的经营净现金流量，或经营净现金流量为负值，说明维持项目正常运行会遇到财务上的困难，项目方案缺乏合理性，实现自身资金平衡的可能性小，有可能要靠短期融资来维持运营；或者是非经营项目本身无能力实现自身资金平衡，提示要靠政府补贴。

（2）分析计算累计盈余资金。各年累计盈余资金不出现负值是财务生存的必要条件。在整个运营期间，允许个别年份的净现金流量出现负值，但不能容许任一年份的累计盈余资金出现负值。一旦出现负值时应适时进行短期融资，该短期融资应体现在财务计划现金流量表中，同时短期融资的利息也应纳入成本费用和其后的计算。较大的或较频繁的短期融资，有可能导致以后的累计盈余资金无法实现正值，致使项目难以持续运营。

7.4.2 财务生存能力分析报表编制

财务生存能力分析需要编制财务计划现金流量表。财务计划现金流量表是项目财务生存能力分析的基本报表，其编制基础是财务分析辅助报表和利润与利润分配表。

财务计划现金流量表分为五大项，即经营活动净现金流量、投资活动净资金流量、筹资活动净现金流量、净现金流量和累计盈余资金。每一项活动的净现金流量又分为现金流入和现金流出，现金流入减现金流出为净现金流量。

1. 经营活动净现金流量

（1）现金流入。包括营业收入、增值税销项税额、补贴收入和其他流入。可根据“营业收入、营业税金及附加和增值税估算表”以及“利润与利润分配表”填列。

（2）现金流出。包括经营成本、增值税进项税额、营业税金及附加、增值税、所得税和其他流出。可根据“营业收入、营业税金及附加和增值税估算表”、“总成本费用估算表”以及“利润与利润分配表”填列。

2. 投资活动净现金流量

（1）现金流入。对于新建法人项目，投资活动的现金流入为零。

（2）现金流出。包括建设投资、维持运营投资、流动资金和其他流出。可根据“建设投资估算表”、“流动资金估算表”、“项目总投资使用计划与资金筹措表”填列。

3. 筹资活动净现金流量

（1）现金流入。包括项目资本金投入、建设投资借款、流动资金借款、债券、短期借款和其他流入。可根据“项目总投资使用计划与资金筹措表”填列。

（2）现金流出。包括各种利息支出、偿还债务本金、应付利润（股利分配）和其他流出。可根据“总成本费用表”和“借款还本付息表”填列。

4. 净现金流量

前三项之和为净现金流量。

5. 累计盈余资金

根据净现金流量计算累计盈余资金，“+”表示当年有资金盈余，“-”表示当年资金短缺。

7.5　非经营项目的财务分析

对于非经营性项目，主要进行财务生存能力分析，具体可按下列要求进行：

1. 没有营业收入的项目

对没有营业收入的项目，不进行盈利能力分析，主要考察项目财务生存能力。此类项目通常需要政府长期补贴才能维持运营，应合理估算项目运营期各年所需的政府补贴数额，并分析政府补贴的可能性与支付能力。对有债务资金的项目，还应结合借款偿还要求进行财务生存能力分析。

2. 有营业收入的项目

对有营业收入的项目，财务分析应根据收入抵补支出的程度，区别对待。收入补偿费用的顺序应为：补偿人工、材料等生产经营耗费、缴纳流转税、偿还借款利息、计提折旧和偿还借款本金。有营业收入的非经营性项目可分为下列两类：

（1）营业收入在补偿生产经营耗费、缴纳流转税、偿还借款利息、计提折旧和偿还借款本金后尚有盈余，表明项目在财务上有盈利能力和生存能力，其财务分析方法与一般项目基本相同。

（2）对一定时期内收入不足以补偿全部成本费用，但通过在运行期内逐步提高价格（收费）水平，可实现其设定的补偿生产经营耗费、缴纳流转税、偿还借款利息、计提折旧和偿还借款本金的目标，并预期在中、长期产生盈余的项目，可只进行偿债能力分析和财务生存能力分析。由于项目运营前期需要政府在一定时期内给予补贴，以维持运营，因此应估算各年所需的政府补贴数额，并分析政府在一定时期内可能提供财政补贴的能力。

第八章

国民经济效益评估

本章提要：项目经济效益评估内容的选择，应根据项目性质、项目目标、项目投资者、项目财务主体以及项目对经济与社会的影响程度等具体情况确定。对于关系公共利益、国家安全和市场不能有效配置资源的经济和社会发展的项目，除应进行财务效益评估外，还应进行国民经济效益评估；对于特别重大的建设项目还应辅以区域经济与宏观经济影响分析方法进行国民经济效益评估。

本章分析了国民经济效益评估的目的和意义，明确了需要进行经济分析的项目类型，确定了经济费用与经济效益计算的原则；详细叙述了国民经济效益与费用的识别原则、计算原则和国民经济效益与费用识别的特殊问题；对影子价格的选取、测算与调整原则进行详细说明；对国民经济效益评估的报表编制和指标计算进行了阐述。通过学习本章将掌握国民经济效益评估的基本原理和方法。

8.1 国民经济效益评估概述

8.1.1 国民经济效益评估的目的及意义

国民经济效益评估是在合理配置社会资源的前提下，从国家经济整体利益的角度出发，计算项目对国民经济的贡献，分析项目的经济效率、效果和对社会的影响，评价项目在宏观经济上的合理性。

因此，对于费用效益计算比较简单，建设期和运营期比较短，不涉及进出口平衡等一般项目，如果财务效益评估的结论能够满足投资决策需要，可不进行国民经济效益评估；对于财务现金流量不能全面、真实地反映其经济价值，需要进行经济费用与效益分析的项目，应将经济费用效益分析的结论作为项目决策的主要依据之一。要从资源合理配置的角度，分析项目投资的经济效率和对社会福利所做出的贡献，评价项目的经济合理性。项目国民经济效益评估的主要目的是：

（1）全面识别整个社会为项目付出的代价，以及项目为提高社会福利所做出的贡献，评价项目投资的经济合理性；

（2）分析项目的经济费用效益流量与财务现金流量存在的差别以及造成这些差别的原因，提出相关的政策调整建议；

（3）对于市场化运作的基础设施等项目，通过经济费用效益分析来论证项目的经济价值，为制定财务方案提供依据；

（4）分析各利益相关者为项目付出的代价及获得的收益，通过对受损者及受益者的经济费用效益分析，为社会评价提供依据。

建设项目国民经济效益评估是项目前期工作的重要内容，对于加强固定资产投资宏观调控，提高投资决策的科学化水平，引导和促进各类资源合理配置，优化投资结构，减少和规避投资风险，充分发挥投资效益，具有重要作用。

在加强和完善宏观调控，建立社会主义市场经济体制的过程中，重视建设项目的经济费用效益分析，具有重要意义。

（1）经济费用效益分析是项目评价方法体系的重要组成部分。市场分析、技术方案分析、财务分析、环境影响分析、组织机构分析和社会评价都不能代替经济费用效益分析的功能和作用；

（2）经济费用效益分析是市场经济体制下政府对公共项目进行分析评价的重要方法，是市场经济国家政府部门干预投资活动的重要手段；

（3）在新的投资体制下，国家对项目的审批和核准重点放在项目的外部效果、公共性方面，经济费用效益分析强调从资源配置经济效率的角度分析项目的外部效果，通过费用效益分析及费用效果分析的方法判断建设项目的经济合理性，是政府审批或核准项目的重要依据。

8.1.2 国民经济效益评估与财务效益评估的关系

建设项目经济评价应根据国民经济与社会发展以及行业、地区发展规划的要求，在项目初步方案的基础上，采用科学的分析方法，对拟建项目的财务可行性和经济合理性进行分析论证，为项目的科学决策提供经济方面的依据。项目财务效益评估与国民经济效益评估既相互联系又有区别。

1. 财务效益评估与国民经济效益评估的联系

（1）评估项目的目的相同。即财务效益评估和国民经济效益评估都是在寻求以最小的投入获得最大的产出，取得较好的经济效益和社会效益。

（2）评估的基础相同。财务效益评估和国民经济效益评估都是在完成产品需求预测、厂址选择、工艺技术路线和技术方案论证、投资估算和资金筹措等基础上进行的。

（3）基本分析方法和基本指标的计算方法类同。即两者都采用现金流量分析方法，通过基本报表来计算净现值、内部收益率等指标。

2. 项目财务效益评估与国民经济效益评估的区别

（1）评估角度不同。财务效益评估是在国家现行财税制度和价格体系的前提下，从项目的角度出发，计算项目范围内的财务效益和费用，分析项目的盈利能力和清偿能力，评价项目在财务上的可行性。

国民经济效益评估是在合理配置社会资源的前提下，从国家经济整体利益的角度出发，计算项目对国民经济的贡献，分析项目的经济效率、效果和对社会的影响，评价项目在宏观经济上的合理性。

（2）效益与费用的含义及划分范围不同。财务效益评估是根据项目的实际收支确定项目的效益和费用，税金、利息等均计为费用。因此财务分析一般只考虑项目的直接效益和直接费用。国民经济效益评估是着眼于项目对社会提供的有用产品和服务及项目所耗用的全社会有用资源考察项目的效益和费用，税金、国内借款利息、财政补贴等国民经济转移支付不计为项目的效益和费用。此外，在考察的效益和费用的范围时，国民经济效益评估不仅考虑项目的直接效益和直接费用外，还要计算项目的间接效益和间接费用，即项目的外部影响。

（3）所采用的评价价格不同。财务评估对项目投入物和产出物均采用现行市场价格，或以现行市场价格为基础的预测价格。国民经济效益评估则采用国家新近统一颁布的影子价格，或采用根据机会成本和供求关系重新确定的影子价格。

（4）所采用的主要参数不同。财务效益评估所用的汇率是国家新近颁布的官方汇率，所用的折现率是部门、行业的基准收益率或银行贷款利率。国民经济效益评估所用的汇率是国家统一测定的影子汇率，折现率也是国家统一定期颁布的反映社会资金时间因素的社会折现率。

在进行项目经济效益评估时，对于财务评估结论和国民经济效益评估结论都可行的建设项目，可予以通过；反之应予否定。对于国民经济效益评估结论不可行的项目，一般应予否定；对于关系公共利益、国家安全和市场不能有效配置资源的经济和社会发展的项目，如果国民经济评效益评估结论可行，但财务效益评估结论不可行，应重新考虑方案，必要时可提出经济优惠措施的建议，使项目具有财务生存能力。

8.2 国民经济效益评估的项目范围

国民经济效益评估的理论基础是新古典经济学有关资源优化配置的理论。从经济学的角度看，经济活动的目的是通过配置稀缺经济资源用于生产产品和提供服务，尽可能地满足社会需要。当经济体系功能发挥正常，社会消费的价值达到最大时，就认为是取得了“经济效率”，达到了帕累托最优。

在现实经济中，依靠两种基本机制来实现这种目的。一是市场定价机制，通过此种机制，厂商对由市场供求水平决定的价格做出反应，并据此从事自利的经济活动；二是政府部门通过税收补贴、政府采购、货币转移支付以及为企业运行制定法规等，进行资源配置的决策活动，从而影响社会资源的配置状况。

在完全竞争的完善的市场经济体系下，竞争市场机制能够对经济资源进行有效配置，产出品市场价格将以货币形态反映边际社会效益，而投入品的市场价格将反映边际社会机会成本。利润最大化自然会导致资源的有效配置，财务分析与经济费用效益分析的结论一致，不需单独进行经济费用效益分析。

在现实经济中，由于市场本身的原因及政府不恰当的干预，都可能导致市场配置资源的失灵，市场价格难以反映建设项目的真实经济价值，客观上需要通过经济费用效益分析来反映建设项目的真实经济价值，判断投资的经济合理性，为投资决策提供依据。对于财务价格扭曲、不能真实反映项目产出经济价值，财务成本不能包含项目对资源的全部消耗，财务效益不能包含项目产出的全部经济效果的项目，需要进行国民经济效益评估。具体而言，需要进行国民经济效益评估的项目包括：

1. 自然垄断项目

对于电力、电信、交通运输等行业的项目，存在着规模效益递增的产业特征，企业一般不会按照帕累托最优规则进行运作，从而导致市场配置资源失效。

2. 公共产品项目

公共产品项目，即项目提供的产品或服务在同一时间内可以被共同消费，具有“消费的非排他性”（未花钱购买公共产品的人不能被排除在此产品或服务的消费之外）和“消费的非竞争性”特征（一人消费一种公共产品并不以牺牲其他人的消费为代价）。由于市场价格机制只有通过将那些不愿意付费的消费者排除在该物品的消费之外才能得以有效运作，因此市场机制对公共产品项目的资源配置失灵。

3. 具有明显外部效果的项目

外部效果是指一个个体或厂商的行为对另一个体或厂商产生了影响，而该影响的行为主体又没有负相应的责任或没有获得应有报酬的现象。产生外部效果的行为主体由于不受预算约束，因此常常不考虑外部效果结果承受者的损益情况。

这样，这类行为主体在其行为过程中常常会低效率甚至无效率地使用资源，造成消费者剩余与生产者剩余的损失及市场失灵。

4. 具有公共性、外部效果等综合特征的项目

对于涉及国家控制的战略性资源开发及涉及国家经济安全的项目，往往具有公共性、外部效果等综合特征，不能完全依靠市场配置资源。

此外，政府对经济活动的干预，如果干扰了正常的经济活动效率，也是导致市场失灵的重要因素。

如果从投资管理的角度，现阶段需要进行经济费用效益分析的项目可以分为以下几类：

（1）政府预算内投资（包括国债资金）的用于关系国家安全、国土开发和市场不能有效配置资源的公益性项目和公共基础设施建设项目、保护和改善生态环境项目、重大战略性资源开发项目；

（2）政府各类专项建设基金投资的用于交通运输、农林水利等基础设施、基础产业建设项目；

（3）利用国际金融组织和外国政府贷款，需要政府主权信用担保的建设项目；

（4）法律、法规规定的其他政府性资金投资的建设项目；

（5）企业投资建设的涉及国家经济安全、影响环境资源、公共利益、可能出现垄断、涉及整体布局等公共性问题，需要政府核准的建设项目。

对于上述无法完全依靠市场配置资源的项目，往往具有下列特征：①项目的产出物不具有市场价格。由于公共产品和外部效果等因素的影响，无法对其进行市场定价。②市场价格虽然存在，但无法确切地反映投入物和产出物的边际社会效益和成本，因而在竞争性市场上提供这些服务得到的收益将无法充分地反映这些供给所产生的社会净效益。

8.3 国民经济效益与费用的识别

8.3.1 效益和费用的识别原则

国民经济效益和费用的识别应遵循以下原则。

1. 增量分析的原则

项目经济费用效益分析应建立在增量效益和增量费用识别和计算的基础之上，不应考虑沉没成本和已实现的效益。应按照“有无对比”增量分析的原则，

通过项目的实施效果与无项目情况下可能发生的情况进行对比分析，作为计算机会成本或增量效益的依据。

2. 考虑关联效果原则

应考虑项目投资可能产生的其他关联效应。

3. 以本国居民作为分析对象的原则

对于跨越国界，对本国之外的其他社会成员产生影响的项目，应重点分析对本国公民新增的效益和费用。项目对本国以外的社会群体所产生效果，应进行单独陈述。

4. 剔除转移支付的原则

转移支付代表购买力的转移行为，接受转移支付的一方所获得的效益与付出方所产生的费用相等，转移支付行为本身没有导致新增资源的发生。在经济费用效益分析中，税赋、补贴、借款和利息属于转移支付。一般在进行经济费用效益分析时，不得再计算转移支付的影响。

一些税收和补贴可能会影响市场价格水平，导致包括税收和补贴的财务价格可能并不反映真实的经济成本和效益。在进行经济费用效益分析中，转移支付的处理应区别对待：

(1) 剔除企业所得税或补贴对财务价格的影响；

(2) 一些税收、补贴或罚款往往是用于校正项目“外部效果”的一种重要手段，这类转移支付不可剔除，可以用于计算外部效果；

(3) 项目投入与产出中流转税应具体问题具体处理。

在经济费用效益分析中，遵循以上原则，尽可能全面地识别建设项目的经济效益和费用，并需要注意以下几点：

(1) 对项目涉及的所有社会成员的有关费用和效益进行识别和计算，全面分析项目投资及运营活动耗用资源的真实价值以及项目为社会成员福利的实际增加所做出的贡献。

①分析体现在项目实体本身的直接费用和效益以及项目引起的其他组织、机构或个人发生的各种外部费用和效益；②分析项目的近期影响以及项目可能带来的中期、远期影响；③分析与项目主要目标直接联系的直接费用和效益以及各种间接费用和效益；④分析具有物资载体的有形费用和效益以及各种无形费用和效益。

(2) 项目费用与效益识别的时间范围应足以包含项目所产生的全部重要费用和效益，而不应仅根据有关财务核算规定确定。如财务分析的计算期可根据投资各方的合作期进行计算，而经济费用效益分析不受此限制。

(3) 应对项目外部效果的识别是否适当进行评估，防止漏算或重复计算。只考虑与所评估项目直接有关的外部效果，对于项目的投入或产出可能产生的第二级乘数波及效应，在经济费用效益分析中一般不予考虑。

8.3.2 效益和费用的计算原则

项目投资所造成的经济费用或效益的计算，应在利益相关者分析的基础上，研究在特定的社会经济背景条件下相关利益主体获得的收益及付出的代价，计算项目相关的费用和效益。

1. 支付意愿原则

项目产出物的正面效果的计算遵循支付意愿原则，用于分析社会成员为项目所产出的效益愿意支付的价值。

2. 受偿意愿原则

项目产出物的负面效果的计算遵循接受补偿意愿原则，用于分析社会成员为接受这种不利影响所得到补偿的价值。

3. 机会成本原则

项目投入的经济费用的计算应遵循机会成本原则，用于分析项目所占用的所有资源的机会成本。机会成本应按资源的其他最有效利用所产生的效益进行计算。

4. 实际价值计算原则

项目经济费用效益分析应对所有费用和效益采用反映资源真实价值的实际价格进行计算，不考虑通货膨胀因素的影响，但应考虑相对价格变动。

8.3.3 效益和费用识别的特殊问题

1. 项目产出效果表现为对人力资本、生命延续或疾病预防等方面的影响

如果项目的产出效果表现为对人力资本、生命延续或疾病预防等方面的影响，如教育项目、卫生项目、环境改善工程或交通运输项目等，应根据项目的具体情况，测算人力资本增值的价值、可能引起的死亡增加或减少的价值以及对健康影响的价值，并将量化结果纳入项目经济费用效益分析的框架之中。如果货币量化缺乏可靠依据，应采用非货币的方法进行量化。

（1）对于项目的实施可能引起人力资本增值的效果，如教育项目引起的人才培养和素质提高，在劳动力市场发育成熟的情况下，其价值应根据“有项目”和“无项目”两种情况下的税前工资率的差别进行估算。

（2）对于项目的效果表现为增加或减少死亡的价值，应尽可能地分析由于死亡风险的增加或减少的价值，根据社会成员为避免死亡而愿意支付的价格进行计算。在缺乏估算人们对生命的支付意愿的资料时，可通过人力资本法，通过分析人员死亡所带来的为社会创造收入的减少来评价死亡引起的损失，以测算生命的价值，或者通过分析不同工种的工资差别来测算人们对生命价值的支付意愿。

（3）对于项目的效果表现为对人们健康的影响时，一般应通过分析疾病发病率与项目影响之间的关系，测算发病率的变化所导致的收入损失，看病、住院、医药等医疗成本及其他各种相关支出的变化，并综合考虑人们对避免疾病而获得健康生活所愿意付出的代价，测算其经济价值。

2. 项目效益表现为费用的节约

一些项目的效益表现为费用的节约，在计算中需要注意的几点：

（1）按照“有无对比”原则，分析“有项目”和“无项目”两种情况下的费用变动趋势，尤其应重视对“无项目”情况下费用变动状况进行合理预测，通过增量分析估算费用节约的效益。

（2）从整个项目周期费用的角度进行分析，既要分析初始建设投资费用，也应分析运营期费用。

（3）从广义费用的角度进行分析，既要分析项目实体付出的费用，也要分析各种间接费用、次级波及费用；既要分析货币量化的费用，又要分析非货币化的费用。

（4）在费用分析中应注意避免重复计算。

3. 项目效果表现为时间的节约

对于表现为时间节约的项目效果，应按照有无对比的原则分析“有项目”和“无项目”情况下的时间耗费情况，区分不同人群、货物，根据项目具体特点测算时间节约的价值。

（1）出行时间节约的价值。出行时间节约的价值是指为了得到这种节约受益者所愿意支付的货币数量。在项目经济费用效益分析中，应根据所节约时间的具体性质分别测算。

①如果所节约的时间用于工作，时间节约的价值应为将节约的时间用于工作带来的产出增加，由企业负担的所得税前工资、保险、退休金及有关的其他劳动成本综合分析计算。

②如果所节约的时间用于闲暇，应从受益者个人的角度，综合考虑个人家庭情况、收入水平、对闲暇的偏好等因素，采用意愿调查评估的方法进行估算。

（2）货物时间节约的价值。货物时间节约的价值是得到这种节约受益者所愿意支付的货币数量。在项目经济费用效益分析中，应根据不同货物对时间的敏感程度测算其时间节约价值。

4. 项目外部效果

项目外部效果是指项目可能会对其他社会群体产生正面或负面影响，而项目本身却不会承担相应的货币费用或享有相应的货币效益。

以往经济费用效益分析对项目产生的有利影响（正面影响）的分析比较多，而对项目会带来不利影响（主要是对环境、生态和社会的负面影响）的分析较少考虑，这种做法既不利于充分认识项目外部效果以便采取成本最小措施，也不能在危害的预防与接受之间进行权衡。

外部效果计算的范围应考虑环境及生态影响效果、技术扩散效果和产业关联效果。一般计算一次性的外部影响效果。

计算外部效果应明确项目“范围”的边界。根据具体项目情况，合理确定项目扩展的边界。有条件时可将具有相互关联的项目拴在一起作为“项目群”进行评价，使外部效果的处理内部化。对无法量化的外部效果，应进行定性分析。

（1）环境及生态影响效果。为对建设项目进行全面的经济费用效益分析，应重视对环境影响外部效果的经济费用效益分析，尽可能地对环境成本与效益进行量化，在可行的情况下赋予经济价值，并纳入整个项目经济费用效益分析的框架体系之中。对于建设项目环境影响的量化分析，应从社会整体角度对建设项目环境影响的经济费用和效益进行识别和计算。

①如果项目对环境的影响可能导致受影响的区域生产能力发生变化，可以根据项目所造成的相关产出物的产出量变化，对环境影响效果进行量化。如果产出物具有完全竞争的市场价格，应直接采用市场价格计算其经济价值；如果存在市场扭曲现象，应对其市场价格进行相应调整。

②如果不能直接估算拟建项目环境影响对相关产出量的影响，可以通过有关成本费用信息来间接估算环境影响的费用或效益。可运用替代成本法、预防性支出法、置换成本法、机会成本法、意愿调查评估法进行估算。

③对于无法通过产出物市场价格或成本变化测算其影响的环境价值，应采用各种间接评估的方法进行量化。如隐含价值分析法、产品替代法、成果参照法等。

（2）技术扩散效果。通常包括技术培训和技术推广等，是一种比较明显的技术外部效果，是一种间接效益。但由于这种效果通常是隐蔽的、滞后的，因而难以识别和计算，因此大多只作定性的描述。

(3) 产业关联效果。包括对上游企业和下游企业的关联效果。对下游企业的关联效果主要是指生产初级产品的项目对以其产出物为原料的经济部门产生的效果。对下游企业的关联效果是指一个项目的建设可能会刺激那些为该项目提供原材料或半成品的经济部门的发展。

8.4 影子价格选取与调整

经济费用效益分析中投入物或产出物使用的计算价格称为“影子价格”。影子价格是依据一定原则确定的，能够真实反映投入物和产出物的真实经济价值，反映市场供求状况，反映资源稀缺程度，使资源得到合理配置的价格。

影子价格的测算在建设项目的经济费用效益分析中占有重要地位。考虑到我国仍然是发展中国家，整个经济体系还没有完成工业化过程，国际市场和国内市场的完全融合仍然需要一定时间等具体情况，将投入物和产出物区分为外贸货物和非外贸货物，并采用不同的思路确定其影子价格。

8.4.1 市场机制定价货物或服务的影子价格

随着我国市场经济发展和国际贸易的增长，大部分的产品已经主要由市场定价，政府不再进行管制和干预，市场价格由市场形成，价格可以近似反映价值。因此，市场机制定价货物或服务的影子价格可以以市场价格为基础来确定，具体应遵循以下原则。

1. 非外贸货物价格

非外贸货物是指其生产或使用将不影响国家进出口水平的货物。非外贸货物影子价格以市场价格加或减国内运杂费作为影子价格。

投入物的影子价格（投入物到厂价）＝市场价格＋国内运杂费

产出物的影子价格（产出物出厂价）＝市场价格－国内运杂费

在确定非外贸货物影子价格时，还要注意以下问题：

(1) 若该货物或服务处于竞争性市场环境中，市场价格能够反映支付意愿或机会成本，应采用市场价格作为计算项目投入物或产出物影子价格的依据。

(2) 如果项目的投入物或产出物的规模很大，项目的实施将足以影响其市场价格，导致“有项目”和“无项目”两种情况下市场价格不一致，在项目评价实践中，取两者的平均值作为测算影子价格的依据。

(3) 投入与产出的影子价格中流转税的处理，应遵循以下原则：

①对于产出品，增加供给满足国内市场供应的，影子价格按支付意愿确定，

含流转税；顶替原有市场供应的，影子价格按机会成本确定，不含流转税。

②对于投入品，用新增供应来满足项目的，影子价格按机会成本确定，不含流转税；挤占原有用户需求来满足项目的，影子价格按支付意愿确定，含流转税。

③在不能判别产出或投入是增加供给还是挤占（替代）原有供给的情况下，可简化处理为：产出的影子价格一般包含实际缴纳流转税，投入的影子价格一般不含实际缴纳流转税。

2. 外贸货物价格

外贸货物是指其生产或使用将直接或间接影响国家进出口水平的货物。对于可外贸货物，其投入物或产出物价格应基于口岸价格进行计算，以反映其价格取值具有国际竞争力。计算公式为

出口产出的影子价格（出厂价）＝离岸价（FOB）×影子汇率－出口费用

进口投入的影子价格（到厂价）＝到岸价（CIF）×影子汇率＋进口费用

式中：

离岸价（FOB）是指出口货物运抵我国出口口岸交货的价格；

到岸价（CIF）是指进口货物运抵我国进口口岸交货的价格，包括货物进口的货价、运抵我国口岸之前所发生的境外的运费和保险费。

进口或出口费用是指货物进出口环节在国内所发生的所有相关费用，包括运输费用、储运、装卸、运输保险等各种费用支出及物流环节的各种损失、损耗等。

如果可外贸货物以财务成本或价格为基础调整计算经济费用和效益，应注意：

（1）如果不存在关税、增值税、消费税、补贴等转移支付因素，则项目的投入物或产出物价值直接采用口岸价格进行调整计算。

（2）如果在货物的进出口环节存在转移支付因素，应区分不同情况处理。

8.4.2 不具有市场价格的货物或服务的影子价格测算

当项目的产出效果不具有市场价格，或市场价格难以真实反映其经济价值时，对项目的产品或服务的影子价格需进行重新测算。具体应采用下述方法：

1. 按照消费者支付意愿的原则

消费者支付意愿是指消费者对一定数量的某种商品所愿意付出的最高价格或成本。按照消费者支付意愿的原则，通过其他相关市场价格信号，按照“显示偏好”的方法，寻找揭示这些影响的隐含价值，对其效果进行间接估算。如项目的

外部效果导致关联对象产出水平或成本费用的变动，通过对这些变动进行客观量化分析，作为对项目外部效果进行量化的依据。

2. 根据意愿调查评估法

根据意愿调查评估法，按照“陈述偏好”的原则进行间接估算。一般通过对被评估者的直接调查，直接评价调查对象的支付意愿或接受补偿的意愿，从中推断出项目造成的有关外部影响的影子价格。应注意调查评估中可能出现的以下偏差：

（1）调查对象相信他们的回答能影响决策，从而使他们实际支付的私人成本低于正常条件下的预期值时，调查结果可能产生的策略性偏倚；

（2）调查者对各种备选方案介绍得不完全或使人误解时，调查结果可能产生的资料性偏倚；

（3）问卷假设的收款或付款方式不当，调查结果可能产生的手段性偏倚；

（4）调查对象长期免费享受环境和生态资源等所形成的“免费搭车”心理，导致调查对象将这种享受看作是天赋权利而反对为此付款，从而导致调查结果的假想性偏倚。

8.4.3 特殊投入物影子价格的确定

1. 人力资源

项目占用的人力资源，是项目实施所付出的代价。如果财务工资与人力资源的影子价格之间存在差异，应对财务工资进行调整计算，以反映其真实经济价值。

人力资源投入的影子价格＝劳动力机会成本＋新增资源消耗

（1）劳动力机会成本。劳动力机会成本是拟建项目占用的人力资源由于在本项目使用而不能再用于其他地方或享受闲暇时间而被迫放弃的价值，应根据项目所在地的人力资源市场及劳动力就业状况，按下列原则进行分析确定：

①过去受雇于别处，由于本项目的实施而转移过来的人员，其影子工资应是其放弃过去就业机会的工资（含工资性福利）及支付的税金之和。

②对于自愿失业人员，影子工资应等于本项目的使用所支付的税后净工资额，以反映边际工人投入到劳动力市场所必须支付的金额。

③非自愿失业劳动力的影子工资应反映他们为了工作而放弃休闲愿意接受的最低工资金额，其数值应低于本项目的使用所支付的税后净工资并大于支付的最低生活保障收入。当缺少信息，可以按非自愿失业人员接受的最低生活保障收入和税后净工资率的平均值近似测算。

（2）新增资源耗费。新增资源耗费是指劳动力在本项目新就业或由其他就业岗位转移到本项目而发生的经济资源消耗，而这种消耗与劳动者生活水平的提高无关。在分析中应根据劳动力就业的转移成本测算。

2. 土地

土地是一种重要的经济资源，项目占用的土地无论是否需要实际支付财务成本，均应根据土地用途的机会成本原则或消费者支付意愿的原则计算其影子价格。

（1）生产性用地。生产性用地，主要指农业、林业、牧业、渔业及其他生产性用地，按照这些生产用地未来可以提供的产出物的效益及因改变土地用途而发生的新增资源消耗进行计算。即

土地的经济成本＝土地机会成本＋新增资源消耗

式中：土地的机会成本应按照社会对这些生产用地未来可以提供的消费产品的支付意愿价格进行分析计算，一般按照项目占用土地在“无项目”情况下的“最佳可行替代用途”的生产性产出的净效益现值进行计算。

新增资源耗费应按照在“有项目”情况下土地的征用造成原有地上附属物财产的损失及其他资源耗费来计算。土地平整等开发成本应计入工程建设成本中，在土地经济成本估算中不再重复计算。

（2）非生产性用地。对于非生产性用地，如住宅、休闲用地等，应按照支付意愿的原则，根据市场交易价格测算其影子价格。

（3）在经济费用效益分析中，应根据项目计算期内未来土地用途的可能变化，合理预测项目占用土地的影子价格。对土地机会成本的计算应按以下要求进行：

①通过政府公开招标取得的国有土地出让使用权，以及通过市场交易取得的已出让国有土地使用权，应按市场交易价格计算其影子价格。

②未通过正常市场交易取得的土地使用权，应分析价格优惠或扭曲情况，参照当地正常情况下的市场交易价格，调整或类比计算其影子价格。

③当无法通过正常市场交易价格类比确定土地影子价格时，应采用收益现值法或以土地开发成本加开发投资应得收益确定。

④由于土地开发规划许可的取得，会对土地市场价格产生影响，土地价值的估算应反映实际的或潜在的规划批准情况，应分析规划得到批准的可能性及其对地价的影响。如果土地用途受到限制，其影子价格就会被压低。应分析这些限制被解除的可能性，以及解除限制对土地价值的影响。

⑤项目征用农村用地，应按土地征用费调整计算其影子价格。其中耕地补偿费及青苗补偿费应视为土地机会成本，地上建筑物补偿费及安置补偿费应视为新

增资源消耗。这些费用如果与农民进行了充分协商并获得认可，可直接按财务成本计算其影子价格；若存在征地费优惠，或在征地中没有进行充分协商，导致补偿和安置补助费低于市场定价，应按当地正常征地补偿标准调整计算土地的影子价格。

⑥在征地过程中收取的征地管理费、耕地占用税、耕地开垦费、土地管理费、土地开发费等各种税费，应视为转移支付，不列入土地经济费用的计算。

3. 自然资源

自然资源是指自然形成的，在一定的经济、技术条件下可以被开发利用以提高人们生活福利水平和生存能力，并同时具有某种“稀缺性”的实物性资源的总称，包括土地资源、森林资源、矿产资源和水资源等。项目经济费用效益分析将自然资源分为资源资产和非资产性自然资源，在影子价格的计算中只考虑资源资产。

资源资产是指所有权已经界定，或者随着项目的实施可以界定，所有者能够有效控制并能够在目前或可预见的将来产生预期经济效益的自然资源。资源资产属于经济资产范畴，包括土地资产、森林资产、矿产资产、水资产等。经济费用效益分析中，项目的建设和运营需要投入的自然资源，是项目投资所付出的代价，这些代价要用资源的经济价值而不是市场价格表示，可以用项目投入物的替代方案的成本、对这些资源资产用于其他用途的机会成本等进行分析测算。

8.5　国民经济效益评估报表

进行国民经济效益评估，一般只需编制国民经济效益费用流量表，分析国民经济盈利能力。国民经济效益费用流量表的编制，可以按照经济费用效益识别和计算的原则和方法直接进行，也可以在财务分析的基础上将财务现金流量转换为反映真正资源变动状况的经济费用效益流量。

1. 直接进行经济费用效益流量的识别和计算

有些行业的项目可能需要直接进行国民经济评价，判断项目的经济合理性。直接进行经济费用效益流量的识别和计算的基本步骤如下：

（1）对于项目的各种投入物，应按照机会成本的原则计算其经济价值。

（2）识别项目产出物可能带来的各种影响效果。

（3）对于具有市场价格的产出物，以市场价格为基础计算其经济价值。

（4）对于没有市场价格的产出效果，应按照支付意愿及接受补偿意愿的原则计算其经济价值。

（5）对于难以进行货币量化的产出效果，应尽可能地采用其他量纲进行量化。难以量化的，进行定性描述，以全面反映项目的产出效果。

2. 在财务分析基础上进行经济费用效益流量的识别和计算

以财务分析为基础编制国民经济费用效益流量表（表 8-1），应注意合理调整费用与效益的范围和数值，具体内容如下：

（1）剔除财务现金流量中的通货膨胀因素，得到以实价表示的财务现金流量。

（2）剔除转移支付。剔除运营期财务现金流量中不反映真实资源流量变动状况的转移支付因素，即将财务现金流量表中列支的营业税金及附加、增值税，国内借款利息，国家或地方政府给予的补贴作为转移支付剔除。

（3）调整建设投资。用影子价格和影子汇率调整建设投资各项组成，并剔除其费用中的转移支付项目。

进口设备价格调整通常要剔出进口关税、增值税等转移支付，建筑工程费和安装工程费按材料费、劳动力的影子价格进行调整。土地费用按土地影子价格计算方法进行调整，自然资源的消耗按自然资源的影子价格进行调整。

（4）调整流动资金。将流动资产和流动负债中不反映实际资源耗费的有关现金、应收、应付、预收、预付款项，从流动资金中剔除。这是由于，流动资金中的应收、应付款项及现金占用，只是财务会计账目上的资产或负债占用，并没有实际耗用经济资源（其中，库存现金虽确实占用，但因其数额很小，可忽略不计），故国民经济评价中应从流动资金中扣除。

根据建设投资和流动资金调整结果，编制国民经济评价投资费用估算调整表，见表 8-2。

（5）调整经营费用。用影子价格调整各项经营费用，对主要原材料、燃料及动力费用、用影子价格进行调整，对工资及福利费用影子工资进行调整，编制国民经济评价经营费用估算调整表，见表 8-3。

（6）调整营业收入。用影子价格调整计算项目产出物的营业收入。对于具有市场价格的产出物，以市场价格为基础计算其影子价格；对于没有市场价格的产出效果，以支付意愿或接受补偿意愿的原则计算其影子价格；编制项目直接效益估算调整表，见表 8-4。

（7）对于可货币化的外部效果，应将货币化的外部效果计入经济效益费用流量；对于难以进行货币化的外部效果，应尽可能地采用其他量纲进行量化。难以量化的，进行定性描述，以全面反映项目的产出效果。对于可货币化的外部效果，需编制项目间接效益估算表、项目间接费用估算表，见表 8-5 和表 8-6。

在上述调整基础上，编制项目投资经济费用效益流量表，见表 8-1。

表 8-1　项目投资经济费用效益流量表（单位：万元人民币）

序号	项 目	合计	计 算 期					
1	效益流量							
1.1	项目直接效益							
1.2	资产余值回收							
1.3	项目间接效益							
2	费用流量							
2.1	建设投资							
2.2	维持运营投资							
2.3	流动资金							
2.4	经营费用							
2.5	项目间接费用							
3	净效益流量（1－2）							

计算指标：

经济内部收益率（%）

经济净现值 i_s（%）

表 8-2　经济费用效益分析投资费用估算调整表

（单位：万元人民币）

序号	项 目	财务分析			经济费用效益分析			经济费用效益分析比财务分析增减
1	建设投资							
1.1	建筑工程费							
1.2	设备购置费							
1.3	安装工程费							
1.4	其他费用							
1.4.1	其中：土地费用							
1.4.2	专利及专有技术费							
1.5	基本预备费							
1.6	涨价预备费							
1.7	建设期利息							
2	流动资金							
	合计（1＋2）							

注：若投资费用是通过直接估算得到的，本表应略去财务分析的相关栏目。

表 8-3　经济费用效益分析经营费用估算调整表

（单位：万元人民币）

序号	项 目	单位	投入量	财务分析		经济费用效益分析	
				单价（元）	成本	单价（元）	费用
1	外购原材料						
1.1	原材料 A						
1.2	原材料 B						
1.3	原材料 C						
1.4	……						
2	外购燃料及动力						
2.1	煤						
2.2	水						
2.3	电						
2.4	重油						
2.5	……						
3	工资及福利费						
4	修理费						
5	其他费用						
合计							

注：若经营费用是通过直接估算得到的，本表应略去财务分析的相关栏目。

表 8-4　项目直接效益估算调整表　　（单位：万元人民币）

产出物名称			投产第一期负荷（%）				投产第二期负荷（%）				…	正常生产年份（%）			
			A 产品	B 产品	…	小计	A 产品	B 产品	…	小计		A 产品	B 产品	…	小计
年产出量	计算单位														
	国内														
	国际														
	合计														
财务分析	国内市场	单价（元）													
		现金收入													
	国际市场	单价（美元）													
		现金收入													
经济费用效益分析	国内市场	单价（元）													
		直接效益													
	国际市场	单价（美元）													
		直接效益													
合计（万元）															

注：若直接效益是通过直接估算得到的，本表应略去财务分析的相关栏目。

表 8-5　项目间接费用估算表　　　（单位：万元人民币）

序号	项 目	合计	计 算 期					
			1	2	3	4	…	n

表 8-6　项目间接效益估算表　　　（单位：万元人民币）

序号	项 目	合计	计 算 期					
			1	2	3	4	…	n

8.6 国民经济效益评估指标

根据国民经济效益费用流量表计算经济内部收益率和经济净现值指标，进行国民经济效益分析。

1. 经济净现值（ENPV）

经济净现值（ENPV）是项目按照社会折现率将计算期内各年的经济净效益流量折现到建设期初的现值之和，是经济费用效益分析的主要评价指标。计算公式为

$$\mathrm{ENPV}=\sum_{t=1}^{n}(B-C)_t(1+i_s)^{-t}$$

式中：B——经济效益流量；

C——经济费用流量；

$(B-C)_t$——第 t 期的经济净效益流量；

n——项目计算期；

i_s——社会折现率。

在经济费用效益分析中，如果经济净现值等于或大于 0，说明项目可以达到社会折现率要求的效率水平，认为该项目从经济资源配置的角度可以被接受。

经济费用效益分析以国家公布的社会折现率作为对未来经济费用效益流量进行折现的折现率，目前推荐的社会折现率为 8%。

项目的所有费用和效益，包括不能货币化的效果均可根据需要予以折现。社会折现率是用以衡量资金时间经济价值的重要参数，代表资金占用的机会成本，并且用作不同年份之间资金价值换算的折现率。社会折现率应根据经济发展的实际情况、投资效益水平、资金供求状况、资金机会成本、社会成员的费用效益时间偏好以及国家宏观调控目标取向等因素进行综合分析测定。社会折现率应该采用不考虑通货膨胀因素影响的实际折现率，而不应该是名义折现率。

在实际工作中，可根据项目产出效果的特性、项目所在地区经济发展的情况、项目投资管理的要求等因素，在国家公布的社会折现率的基础上，可适当调整社会折现率的取值，但调整幅度不宜太大。

2. 经济内部效益率（EIRR）

经济内部效益率（EIRR）是项目在计算期内经济净效益流量的现值累计等于零时的折现率，是经济费用效益分析的辅助评价指标。计算公式为

$$\sum_{t=1}^{n}(B-C)_t(1+\mathrm{EIRR})^{-t}=0$$

式中：B——经济效益流量；

C——经济费用流量；

$(B-C)_t$——第 t 期的经济净效益流量；

n——项目计算期；

EIRR——经济内部效益率。

如果项目经济内部效益率等于或者大于社会折现率，表明项目资源配置的经济效率达到了可以被接受的水平。

3. 效益费用比（R_{BC}）

效益费用比（R_{BC}）是项目在计算期内效益流量的现值与费用流量的现值的比率，是经济费用效益分析的辅助评价指标。计算公式为

$$R_{BC}=\frac{\sum_{t=1}^{n}B_t(1+i_s)^{-t}}{\sum_{t=1}^{n}C_t(1+i_s)^{-t}}$$

式中：R_{BC}——效益费用比；

B_t——第 t 期的经济效益；

C_t——第 t 期的经济费用。

如果效益费用比大于 1，表明项目资源配置的经济效率达到了可以被接受的水平。

在计算经济效益费用指标基础上，要进行经济效益与费用分析，并提出经济费用效益分析的对策建议。

要通过财务现金流量与经济费用效益流量的对比分析，判断两者出现的差异及其原因，分析项目所在行业或部门存在的导致市场失灵的现行政策，提出纠正政策干预失当、改革现行政策法规制度、提高部门效率的政策建议；通过项目费用及效益在不同利益相关者之间分布状况的分析，评价项目对不同利益相关群体的影响程度，分析项目利益相关群体受益及受损状况的经济合理性。

第九章 社会效益评估

本章提要：社会效益评估是识别、监测和评估投资项目的各种社会影响，促进利益相关者对项目投资活动的有效参与，优化项目建设实施方案，规避投资项目社会风险的重要工具和手段。社会效益评估是项目评估的重要组成部分，它与财务效益评估、国民经济效益评估、环境效益评估相互补充，共同构成项目评估的科学内容。

本章概述了项目社会效益评估的概念、原则和意义，并研究了项目社会效益评估的主要内容和方法，使读者对项目社会效益评估的基本问题有基本把握。

9.1 社会效益评估的概念、原则和意义

1. 项目社会效益评估的基本概念

项目社会效益评估是应用社会学和人类学的一些基本理论和方法，系统地调查和收集与项目相关的社会因素和社会数据，了解项目实施过程中可能出现的社会问题，研究、分析对项目成功有影响的社会过程，提出保证项目顺利实施和效果持续发挥的建议和措施的一种项目评估方法。

社会效益评估是项目评估的重要组成部分，它与财务效益评估、国民经济效益评估、环境效益评估相互补充，共同构成项目评估的科学内容，它们既有交叉，又有区别，分别从不同角度分析、考察、判别拟建项目的合理性和可行性。

社会效益评估的主要特征有：

(1) 目标的多元性。财务分析的目标是评价项目的盈利能力及债务清偿能力等，经济分析的目标是资源优化配置及社会成员福利最大化，评价目标均比较单一，而社会效益评估由于涉及的社会因素复杂，目标多元化，没有共同度量的

标准。

（2）评价工作的周期长。社会评价贯穿于项目周期的各个环节和过程，而且要关注近期与远期与项目运行有关的各种社会发展目标，持续时间相对较长。

（3）定量分析困难，一般以定性分析为主，从而要求社会评价专业人员必须有丰富的经验，对各种社会问题具有高度的敏感性，否则将难以胜任社会评价工作。

（4）行业定向，项目定向。社会评价没有通用的方法，各行业部门、不同类型项目社会评价的内容、方法差异很大，从而增加了社会评价的难度。

（5）间接效益与间接影响多。由于社会系统的复杂性及相互关联性，有关社会问题的波及效应比较明显。

投资项目的社会评价工作贯穿于项目周期全过程的各个阶段，是识别、监测和评估投资项目的各种社会影响，促进利益相关者对项目投资活动的有效参与，优化项目建设实施方案，规避投资项目社会风险的重要工具和手段。

2. 投资项目社会效益评估的原则

（1）多层次分析的原则。投资项目社会效益评估涉及三个层次的问题：即国家层次、地区层次和项目层次。在国家层次上进行项目社会评价的目的是确定项目（或规划方案）对国家发展目标的重要性和贡献，其所要解决的问题牵涉国家的社会与经济发展政策以及国家发展的目标和方向，这些可能包括满足所有公民的物质和文化需要，保持经济持续增长和社会稳定发展，脱贫以及更恰当的收入分配。

在地区层次上进行的项目社会评价主要涉及特殊的地区发展目标和地区实际状况，地区的优先发展次序以及项目目标和地区的优先发展次序之间的关系等方面的问题。在该层次上应更加注重地区差别。

项目的社会评价在项目层次上涉及确定项目范围内的关键社会因素，例如，项目受益人的参与意愿，项目社区的吸收能力，民族习惯，本地文化，脆弱群体。这些关键性社会因素将影响到项目的设计、规模、选址、时机、技术和项目目标的实现。

（2）根据项目的具体特点选用不同的评价方法。不同类型投资项目所使用的社会评价方法应当有所区别。项目的社会影响因素将因它们的不同目标、不同位址和不同类型而各异。这就导致不可能采用某种统一的社会评价方法来对位址不同的所有类型的投资项目进行分析。社会评价的一条重要原则就是要依据不同项目的特定情况使用社会学和人类学的知识来进行特定的社会评价，并根据项目目标和所涉及社会因素的重要程度而有所侧重。

特别要注意对那些影响面大、影响持续时间长的社会因素的分析。就同一类型项目而言，由于地理位置不同，所处的社会环境不同，所涉及的利益群体不同，其分析的主要社会因素也应有所区别，应当采取灵活的方法，具体问题具体分析。

(3) 坚持以人为中心的原则。投资项目的社会评价强调人是投资项目的主体，项目的各个利益群体都要参与项目的全过程，项目的计划、设计与实施都要考虑项目不同利益群体的意见、要求、对项目的态度，并能满足他们的需要。项目社会评价把人放在首位，重视项目对人和社会因素影响的分析，增强项目决策的透明度和民主化，着重考虑项目过程中社会因素的变化，注重人的作用，不仅包括项目的实施者、管理者，而且把重点放在项目影响到的社区的各类人群。

衡量投资全过程中人的因素，评价项目与个人利益协调的程度，以最大限度发挥投资效益，满足个人的需要；同时促进个人自身的发展与进步。在分析项目对社会的各种正负影响的基础上，分析项目的各种影响对社区个人生活的作用，以及当地社区个人对这些影响产生的反应及其对项目的影响和反作用，采取措施促使项目与社会相互适应，相互协调发展，从而保证项目的持续生存与发展，并推动社会的进步，促进个人自身的进步与发展，提高人群的素质。

(4) 社会评价应贯穿项目周期的各个阶段。项目周期包括项目的识别、确定、评估，实施监测和后评价等各个阶段。不同阶段社会评价的目的、内容和侧重点各不相同，对项目的影响程度也不相同。因此应根据项目周期各阶段的具体特点开展相应的社会评价工作。

3. 项目社会效益评估的意义

项目社会效益评估的提出和推广应用，是基于发展观的演变的结果。20 世纪 80 年代以来，新的发展战略越来越强调以人为中心的重要性，强调发展是一个多学科的、综合的、内在的、持续的过程。在这一过程中，人的参与作用构成了基本的发展活动。在新的发展战略指导下，项目评估中，除去物质的或经济的因素以外，必须充分考虑社会的、人的因素。因此，在项目评估中，除了财务上和经济上的可行性以外，社会的可行性也应该保证。在社会评价中，社会学、人类社会学等多学科理论与方法的引入，使得项目中难以量化的变量能得到更好的描述、解释及预测，从而保证评价者和受影响者得以详细了解项目状况，并加以调整控制，进一步保证项目的效益得以实现。社会分析方法的应用，可以更加有效地调动人们参与项目的积极性，一方面使项目的实施得到内部的支持，另一方面也在项目过程中促进了人的发展。

(1) 社会效益评估有利于贯彻执行可持续发展战略。可持续发展包括发展过程中经济、环境、社会等方面的可持续性。经济发展、社会发展、环境保护是可持续发展相互依赖、相互促进的组成部分，其中社会评价强调以人为本的可持续发展，强调从全社会的宏观角度考察项目对社会带来的贡献与影响，评价项目对社会发展目标的影响，强调可持续发展，是在项目层次贯彻可持续发展战略的有效工具。

(2) 有利于保证项目与所处社会环境的协调发展，为实现项目的其他目标提供社会保障基础。项目都是在特定社会环境、社会背景条件下投资建设的，因此项目能否成功，与项目所处的社会环境密切相关。一个项目的财务目标、经济目标或环境目标能否实现，与项目所处的社会环境密切相关。通过社会效益评估，增强投资项目的社会文化等方面的适应性，强调项目与所在地区社会环境的相互适应性，对保证投资项目其他目标的实现至关重要。从发展的角度看，社会发展包括经济发展，但又不止于经济发展，它强调社会的全面发展。发展评价应该是多视角评价，而不只限于单一视角的评价。社会评价与经济分析、财务分析、技术评价、环境影响评价互为补充，为保证项目与社会环境的协调发展，保证项目各方面目标的实现提供保证。

(3) 社会效益评估是完善项目评价理论及方法体系的必然要求。项目评价的理论和方法体系是不断完善的。随着经济的发展、社会的进步，经济学家开始大量参与到项目的投资决策分析活动中，强调资源的优化配置及社会福利的改善，强调利用费用效果分析和费用效益分析的方法进行经济分析；同时，随着发展战略的转变，社会学家开始涉足项目决策，开始考虑投资项目的各种社会目标能否实现，于是开始强调社会评价的重要性。开展社会效益评估，是完善项目评价理论及方法体系的客观需要。

(4) 加强对投资项目进行宏观调控的需要。社会效益评估不仅重视项目本身的可持续性，强调应从社会发展的战略高度，分析项目对利益相关者的直接和间接、短期和远期、有形和无形、正面和负面影响，而且还强调整个社会的可持续发展，分析项目所占用或耗费的社会资源，要体现“代际公平”和“代内公平”。在市场经济体制下，政府对社会投资活动的管理，强调政府从公共社会事务管理者的角度进行宏观调控，社会评价成为一种有效的工具。

(5) 有利于项目评价与国际接轨。世界银行和亚洲开发银行等国际金融机构的贷款项目一般都要求进行社会评价，市场经济国家对公共投资项目的核准也非常强调社会评价。因此，开展社会评价，是在项目评价的方法体系方面与国际接轨的客观需要。

(6) 有利于促进自然资源合理利用与生态环境保护。人类赖以生存的土地、水资源、能源等自然资源是有限的。社会评价正是随着后工业化社会的环境、人口爆炸、能源危机等问题日益突出而在发达国家首先兴起的。开展社会评价，有利于社会经济建设合理利用和节约有限自然资源，保护自然与生态环境，造福人类，实现以人为本的可持续发展战略。

9.2 社会效益评估的主要内容

我国的社会效益评估是在总结国内已有的经验，吸收国外社会费用效益分析、社会影响评价与社会分析等方法的基础上，结合我国国情而设计的，内容包括社会效益与影响评价和项目与社会两者相互适应的分析。既分析项目对社会的贡献与影响，又分析项目对社会政策贯彻的效用，研究项目与社会的相互适应性，揭示防范社会风险，从项目的社会可行性方面为项目决策提供科学分析依据。

1. 利益群体的识别

项目利益群体（stakeholder）是指与项目有直接或间接的利害关系，并对项目的成功与否有直接或间接影响的所有有关各方，如项目的受益者、受害者及受影响者；为项目提供资金的机构；项目的实施机构（包括计划、设计及咨询机构等，如有关的政府组织与非政府组织等）。

利益群体的划分一般是按各群体与项目的关系及其对项目的影响程度与性质或其受项目影响的程度与性质决定的。投资项目社会评价利益相关者的划分一般是按有关各方与项目的关系及其对项目的影响程度与性质或其受项目影响的程度与性质决定的。项目利益相关者一般划分为：①项目受益人；②项目受害人；③项目受影响人；④其他利益相关者，包括项目的建设单位、设计单位、咨询单位、与项目有关的政府部门与非政府组织。

对一个具体项目的利益群体分析是一件相当复杂的事情，投资项目社会评价利益相关者分析的主要内容有，根据项目单位的要求和项目的主要目标，确定项目所包括的主要利益相关者；明确各利益相关者的利益所在以及与项目的关系；分析各个利益相关者之间的相互关系；分析各利益相关者参与项目的设计、实施的各种可能方式。

2. 项目的社会影响分析

投资项目的社会影响分析，是分析、预测项目可能产生的正影响（通常称为社会效益）和负影响。主要社会影响包括三个层次四个方面的分析，即分析在国家、地区、项目（社区）三个层次上展开，包括项目对社会环境、社会经济、自然与生态和自然资源方面的影响。具体内容包括：

（1）对项目所在地区居民收入的影响。主要分析预测居民收入增加或减少的范围、程度及其原因；分析收入分配是否公平，是否扩大贫富收入差距以及如何实现收入公平分配的政策建议。对于扶贫项目，应着重分析项目的实施是否能减轻当地的贫困，能帮助多少贫困人口脱贫。

（2）对项目所在地区居民生活水平和质量的影响。主要分析居民居住水平、消费水平、消费结构、人均寿命的变化以及产生这些变化的原因。

（3）对项目所在地区居民就业的影响。主要分析项目的建设和运营对当地居民就业结构和就业机会的正影响和负影响。正影响是指增加的新的就业机会，负影响是指可能排挤掉的原有就业机会及人数以及由此可能引发的社会矛盾。

（4）对项目所在地区不同利益群体的影响。主要分析项目的建设和运营使哪些人受益，哪些人受损以及对受损群体的补偿措施和途径。对兴建运输通道、建设新港口和商业区、发展城市基础设施建设、露天矿区建设等引起的非自愿移民项目，要特别加强此项分析。

（5）对项目所在地区文化、教育、卫生的影响，主要分析项目的建设和运营期间可能引起的当地文化教育水平、卫生健康程度的变化和对当地自然景观、文物古迹的影响以及如何消除不利影响的社会政策措施。社会事业项目要特别加强这项内容的分析。

（6）对社会基础设施和公共服务的影响。主要分析项目的建设和运营期间，是否可能增加或挤占原有的可供当地使用的公共基础设施，包括道路、桥梁、供电、供水（包括排水与污水处理）、供气及商业、饮食社会服务设施。

（7）对项目所在地区少数民族文化和宗教的影响。主要分析项目的建设和运营是否符合国家的民族政策，是否充分考虑了民族地区的风俗习惯、生活方式、宗教信仰，是否会引起民族矛盾、发生民族纠纷、影响当地社会安定。

3. 项目与社会的相互适应性分析

主要分析预测项目与社会能否相互适应，协调发展，以防止发生社会风险，保证项目生存的持续性，促使社会适应项目的生存与发展，以促进社会进步与发展。一般包括以下内容：

（1）项目是否适应国家、地区（省、市）发展的重点。

（2）项目的文化与技术的可接受性。即分析项目是否适应当地人群的需求，当地人群在文化与技术上能否接受此项目，有无更好的成本低、效益高，更易为当地人群接受的方案等。

（3）项目存在社会风险的程度。即分析项目有无社会风险，严重程度如何，领导与群众对项目有何反应；他们对项目的态度如何，有无不满或反对的，特别是项目是否为贫困户、妇女与受损群众所接受，他们是否存在不满；采取什么措施防止社会风险。

（4）受损群众的补偿问题。即分析项目使谁受益，谁受损，特别是有无脆弱群体受损；分析影响受益与受损的因素，研究如何防止效益流失或减少受损群众的数量以及如何补偿的措施等。

（5）项目的参与水平。分析研究社区领导、群众参与项目各项活动的态度、要求，可能的参与水平，提出参与规划。

（6）项目承担机构能力的适应性。分析项目承担机构的能力，是否需要采取措施提高其能力以适应项目的持续性，研究是否要建立非政府组织以协助项目承担机构的工作，以及组织机构的发展等问题。

（7）项目的持续性。主要是通过分析研究项目与社会的各种适应性，存在的社会风险等问题，研究项目能否持续实施，并持续发挥效益的问题。对影响项目持续性的各种社会因素，研究采取措施解决，以保证项目生存的持续性。同时，还要重点分析项目的社会环境、人文条件能否接纳、支持项目的存在与相互适应关系。具体包括：分析预测与项目相关的不同利益群体对项目建设和生产运营的态度及参与程度，选择可以促使项目成功的参与方式。对可能阻碍项目存在与持续发展的因素提出防范措施。分析、预测项目所在地区的各级组织对项目建设和运营的态度，可能在哪些方面、多大程度上对项目予以支持和配合，促进项目目标的持续发展。分析、预测项目所在地区现有技术、文化状况能否适应项目的建设，保证持续发展。还要对影响项目设计与实施的社会的和文化的因素进行系统的调查和分析。

4. 公平问题

公平指的是公正，或公平原则所追求的目标，它意味着：只要人们认为某种方式或方法是公平或正当的情况下，人们就可以给予不同的待遇，或者相同的需求应获得相同的供给（或相同的获取机会）。这在发展研究中已经被视为社会发展的一项主要目标，同时在国际社会中也被视为投资项目社会评价的一个重要指标。

一般应在宏观和微观两个层次上考虑公平性问题。在宏观层次上，公平应当作为项目立项阶段社会评价的一个主要指标。社会分析人员要是根据各地区的社会统计数据分析各地区的社会发展水平，提出适应于各地区发展水平的项目的建议。在微观层次上，社会评价中可用两种方式来分析公平问题。一是项目的实施在使得项目地区的某些人得到益处的时候，将不损害其他任何人的利益。二是项目的实施将不会加剧项目地区现有的人们之间存在的各种不平等现象。通常情况下，应当分析经济的、社会的、政治的及自然的不平等。可采用平均收入，平均财产，平均工资，人均国民生产总值等社会指标，还要分析性别差异、住房、通信及交通条件，不同集团的人们利用社会服务设施的机会等。所选用的指标将因项目不同而有所差异。

项目的社会评价还应当分析实现公平的手段。社会评价人员应根据项目社区的社会状况选择恰当的实现公平的方式。

如果公平目标仅能通过当地人群的参与实现，那么，社会评价人员应确定项目的目标人口，并分析目标人口的利益，需要及能力等。同时还应当分析其他一些对实现公平有影响的社会因素，如信仰、种族、社会习俗及亲戚关系等。最后社会评价人员应当推荐出采取什么样的方式才能通过项目活动实现公平目标。

5. 参与问题

通常参与是实现项目效果持续性的一种有效工具，是吸收公众参与投资项目设计、评价和实施的一种有效方法。它有利于提高项目方案的透明度和决策民主化；有助于取得项目所在地各有关利益群体的理解、支持与合作；有利于提高项目的成功率，减少不良社会后果，一般来说，参与程度越高，项目的社会风险越小。

参与的主要功能是：①可以更多地了解到现有统计资料所无法提供的有关社会变迁、发展的活动情况；②可以掌握与项目有利害关系的不同利益群体对项目的态度及其可能产生的正、负影响；③可以吸收更多人的智慧，优化原有方案；④可以提高当地居民、机构对项目实施的责任感。

在项目可行性研究评价阶段，要根据项目的具体情况设计出确实可行的参与模式。参与一般可采用咨询式、邀请式、委托式参与方式。通过参与方式分析项目社区中不同利益群体参与项目活动的重要性；分析对当地人群的参与有影响的关键的社会因素；分析在项目社区中是否有一些群体被排除在项目设计之外，或在项目的设计中没有发表意见的机会。

6. 持续性问题

社会评价中持续性评价应当包括三个方面的内容：

（1）环境功能的持续性。环境功能的持续性是一个全球性的长期发展目标。但它与人类的生产和生活方式紧密联系在一起。几乎所有的项目在它们的建设和实施过程中对环境都会有影响，因此环境功能的持续性应作为投资项目社会评价的一个指标。

（2）经济增长的持续性。经济增长的持续性即国民经济以一个持续的速度增长。投资项目的社会评价应把经济增长的持续性作为一个主要指标来考虑。

（3）项目效果的持续性。在社会评价中，项目效果的持续性能力作为一个主要指标来判断项目的成功与否。项目效果的持续性意即实现项目所计划的目标为个人提供商品和服务的能力。实际上，有很多因素，如环境的、技术的、资金的、经济的及社会的因素对项目效果的持续性都有影响，这些因素又相互作用相互影响。

7. 机构发展问题

实践经验表明，如果没有一个良好地组织起来的机构来负责项目建设、实施和运行的管理，将很难实现预定的项目目标。因此，机构发展已经成为社会评价的一个主要部分。

关于机构发展的社会评价的内容应当包括对现有机构的能力分析及建立新机构的可能性分析。现有机构能力的分析包括机构的目标、特点、结构、体制与程序和激励机制、资源及协调性等。上述各方面是相互联系相互影响的。因此，社会评价不能仅对各个部分进行单纯的分析，还应分析它们之间是否相互协调。具体可分析：①项目的组织机构设置是否合理，能否适应项目建设与运营的需要？②项目的组织机构设置方案是否与项目采用的技术相适应？③项目承担建设、运营、维护的机构能力如何？能否保证项目持续实施？如何提高项目承担机构的能力，以保证项目的持续性？④根据项目实施的具体需要，是否需要建立非政府的群众组织机构，协助承担机构保证项目持续实施？

8. 性别问题

在社会评价中，关于妇女问题的分析，主要是基于在项目的设计中应当考虑到不同的性别具有不同的作用和需要。在对具体项目进行妇女问题分析时，可以提出下列问题：①当地社区的妇女在生产劳动、就业、收入分配方面有无与男人不平等或有所不同的情况？是否影响项目效益的发挥？是否影响项目实施？采取什么措施解决？②妇女在文化方面、政治权利方面与男人有差别吗？这些差别是否妨碍妇女参与项目活动？是否妨碍收集妇女对项目的意见与要求？③社区有无因妇女的特殊情况，影响项目的投资效果的？若有，用什么方法解决？④项目的实施，对当地妇女的政治、经济地位的影响及解决措施。

9. 贫困问题

发展的主要目标就是消除贫困。分析贫困问题时，应当区分绝对贫困和相对贫困。绝对贫困可由绝对贫困线来衡量，而相对贫困则指的是相对剥削。绝对贫困线是指人们维持生命所必需的吃、穿、住的最低费用。在投资项目的社会评价中，不仅要考虑人们的绝对贫困状况，同时还应当分析人们的相对贫困状况。

在对具体项目进行分析时，主要分析以下问题：①项目的实施能否减轻当地贫困，在多大程度上有助于社区的贫困户脱贫？②项目使当地贫困户受益或受损情况？采取的相应措施？③对于扶贫项目，分析该项目是否能真正达到扶贫目的。④项目是否符合当地贫困户的需求？有无任何群体或个人对拟建项目不满或反对，如何解决？⑤当地社区个人的文化、民族关系、风俗习惯、宗教信仰、乡规民约等有无可能妨碍群众接受此项目而使扶贫目标达不到，如果有应采取什么措施防止这种社会风险？

9.3　社会效益评估的主要方法

项目的社会因素多而复杂，多数是无形的，甚至是潜在的。如项目对社区安全稳定的影响，人们对项目的态度、社区的人际关系，项目对卫生保健、文化水平提高的效益，对生态环境的影响，对人口素质提高的影响等，很难采用统一的方法进行评价。一般采用定性分析和定量分析相结合的方法。

1. 社会基础数据的收集方法

（1）文献调查法。文献调查法也叫二手资料查阅法，就是通过收集有关的各种文献资料，摘取其中对社会评价有用的社会信息的方法。社会调查一般是从文献调查开始的，因为社会调查人员无论是要进行访谈，还是要进行现场观察或要进行问卷调查等都首先希望占有一些现成的资料和信息。这样才可能心中有数，有的放矢。

（2）问卷调查法。问卷调查是一种以书面提问方式调查社会信息的方法，它属标准化调查，即要求所有被调查者按统一的格式回答同样的问题。

问卷中的问题可以采取开放或封闭或半开放半封闭式的形式。开放式问题对答案不提供具体内容，完全让被调查者用自己的语言回答问题；封闭式问题就是调查者先规定问题的几个答案，再让被调查者选定自己认为适当的答案；在实践中，用得最多的往往是半开放、半封闭式的问题，即对某问题调查者先给出几种答案，让被调查者选择，然后要求其回答选择答案的理由。

问卷设计好之后，应先在小范围内进行检验，以便在问卷发出之前，能发现其中的不足之处。通常应检验以下几方面：①问题的用语。如用词是否恰当、准确，是否所有的被调查者对问题的理解可能都相同。②句子的结构。各个句子是否都适当，是否做到了言简意赅。③问题的方式。问题的方式是否合适，如开放式的问题易于回答吗，封闭式问题的答案规定得适当吗。④会不会出现被调查者拒绝回答的问题。⑤会不会出现答案全部相同的问题。⑥完成问卷的时间大概多长，被调查者在最后会不会感到厌倦。⑦是否全部需要调查的内容都能通过问卷收集到。

（3）专家讨论法。专家讨论法就是邀请有关专家讨论所需调查的内容，从而获取所需信息的方法，它是一种求助专家的重要形式。由于专家看问题往往有自己独到的见解，有时还能提出别的类似项目成功的经验或失败的教训，这些无疑对项目社会评价大有帮助，所以无论是社会调查者还是社会评价者都应及时听取专家的意见。在投资项目社会评价中通常有必要邀请社会学家、人类学家、经济学家、环境保护学家、生态学家、市政规划学家、项目管理学家、心理学家、统计学家等参加专家讨论会。专家讨论会法有别于集体访谈法，后者参与者全部来自项目的利益群体（包括直接的与间接的），而前者则是有关讨论内容的专家。此外，专家讨论会法不仅能获得社会信息，往往也能直接获得解决某些因项目引发的社会问题的办法或措施。

（4）访谈法。访谈法又称访问调查法，就是调查人员主要通过与被调查者以口头交谈的方式了解社会信息的方法。按被访问者的人数，访谈法分为个别访谈法和集体访谈法。

个别访谈法。即对项目参与者、项目的利益相关者及一些重要信息提供者的个别访谈，个别访谈法通常分为三种类型：非正式的会话式访谈（又称非结构化访谈），重点问题访谈和标准化访谈（又称结构化访谈）。非正式的会话式访谈往往不局限于事先预定的问题和问题的先后排列顺序，可以涉及较宽的领域，有利于充分发挥访问者和被访问者的主动性和创造性，因而能调查得到调查方案中没预料到的信息；重点问题访谈通常是把将要访谈的重点内容用表格或清单列出；标准化访谈就是按照格式、内容相同的问卷所进行的访谈。

在实际调查工作中，这三种访谈方式常常可以相互配合使用。一般是先进行非正式访谈，然后辅以重点问题访谈或标准化访谈。

集体访谈法。集体访谈法就是召集被调查者开会讨论和交流，以收集社会信息。这是一种更省时、更高效的访谈法。它不仅能做到调查者和被调查者之间的交流，也能做到被调查者之间的交流。但一些涉及保密性、隐私性问题不宜在集体访谈中调查。

（5）参与式观察法。参与式观察法就是调查者作为项目目标群体的一员，通过耳闻目睹收集社会信息的方法，是一种高效的、直接的调查方法。其优点一是能够获得访谈法和问卷调查法等其他方法根本收集不到的真实、准确的社会信息，二是参与者可以观察或亲身体验社区某种社会变化或某个现象的全部过程，三是参与者有可能了解社区中那些不能或不愿明确反映自己所处的困境和面临的问题的人的需求和生活方式。但是该法要求调查者比较长的时间（至少几个月）生活在项目所在地，这无疑需要较多的费用；要真正成为当地社会的成员，并取得当地人的信任，往往会因语言和生活习惯障碍而不容易做到。这是其不足之处。此外，如果项目社会评价范围涉及的地区很广，该法就更难于普遍采用，而如果只在少数社区实施，又难免代表性不够。因此该方法只适用于社会分析评价范围较小的项目的有关信息收集。

（6）实验观察法。实验观察法也叫试验观察法，是通过做社会实验的方式获取社会信息的方法，它起源于自然科学，是一种最有效、最直接的调查方法，也是一种最复杂、最高级的调查。实验观察的过程，不仅仅是资料和信息的收集过程，更是一个深入、详细的分析过程。实验的方法往往是现场观察、参与式观察、访谈和问卷调查等方法的综合运用。实验观察的成果几乎完全取决于调查者的能力、经验和智慧。实验观察法对有些项目，如农业项目、林业项目、移民项目、扶贫项目、卫生保健项目等的社会评价非常适用，因这类项目具有可实验性。而对一些不具实验性的项目，如水利建设项目、能源开发项目和交通运输项目等，则不大适用。

（7）现场观察法。现场观察法也叫实地观察法，即调查者深入现场获取所需社会信息的方法，是社会调查的一种基本方法。同前述的访谈法、参与式观察法和实验观察法一样，也属于直接调查方法。现场观察法的最大优点是它的直观性和可靠性。其缺点一是获得的社会信息都带有一定的偶然性和表面性；二是受时空等条件的限制，许多社会信息不能或不宜进行现场参观和考察。所以在实际社会调查中，现场观察法常和文献调查法、问卷调查法等结合使用。在现场调查者可以访谈当地居民和官员、观察社区成员的生活方式。

2. 有无对比评价法

有无对比分析是指有项目情况与无项目情况的对比分析。这是社会评价中通常采用的分析评价方法。社会评价通过有无对比分析以确定拟建项目引起的社会变化，即各种效益与影响的性质与程度。在社会评价中，无项目情况，即经过研究确定的基准线情况。有项目情况，即考虑拟建项目建设运营中对社会引起各种社会经济变化后的社会经济状况。有项目情况减去同一时刻的无项目情况，即可得到由于项目的实施而引起的各种社会影响。在实践中，经过有无对比分析，确定各种影响的性质与程度比较复杂，因为有时基准线预测可能不准确，这一点在后评价时就会反映出来，特别是政策、体制的变化。因此，在后评价时，可能需要对原来调查预测的基准线重新研究确定。

有无对比法的应用，关键是要调查确定评价的基准线。基准线即没有拟建项目情况下研究区域的社会状况。调查确定评价的基准线应首先对研究区域现有社会经济情况进行调查，除了调查社会经济现状外，还要搜集资料预测当地社会经济现状在项目影响时限内可能的变化。对于基准线的有关经济、人文情况方面的统计数据，如人口、人均收入、工农业产值等，可以采用一般的科学预测方法预测这些数据可能的变化。有些经济资源、文化教育卫生项目建设等将来的发展情况，可以通过收集国家和地方计划方面的安排情况进行预测，其他情况可能需要向当地有关地方机构和社区领导了解，或请有经验的专家估计。调查预测基准线情况以后，应对收集的资料进行整理加工，写出“基准线调查预测”情况的书面材料，作为评价的基准，此即“无项目”时的情况。

3. 逻辑框架法（LFA）

逻辑框架结构矩阵，简称逻辑框架法，是由美国国际开发署于20世纪70年代提出的一种开发项目的工具，用于项目的规划、实施、监督和评价。逻辑框架法是将一个复杂项目的多个具有因果关系的动态因素组合起来，用一张简单的框图分析其内涵和关系，以确定项目范围和任务，分清项目目标和达到目标所需手段的逻辑关系，以评价项目活动及其成果的方法。该方法可应用于项目策划设计、风险分析、评估、实施检查、监测评价和可持续性分析中，已成为一种通用的方法。

LFA为项目计划者和评估者提供一种分析框架，用以确定工作的范围和任务，并通过对项目目标和达到目标所需手段进行逻辑关系分析。社会评价常常运用这种方法分析事物的因果关系，并根据项目的目标与实现目标的手段来分析项目，从而制定项目计划。这种方法能清楚地描述项目的建设理由，可能影响项目的社会的、文化的、经济的及物质的因素以及项目的活动与其目标的关系。这种分析方法比较简明，易于使人们形成一个明确的轮廓概念。

所谓逻辑关系简单说就是有什么原因就会产生什么结果。用逻辑关系分析项目的一系列相关变化过程，从而明确项目的目标及其相关联的假设条件或先决条件，以改善项目的设计方案。将逻辑框架分析法应用于具体的项目分析时一般要构造如表9-1所示的一个矩阵框架表。

表9-1　逻辑框架分析表

项目结构	指标	考核的方法	假设
宏观目标	实现目标的衡量标准	资料来源 采用的方法	宏观目标和直接目标之间相关的假设条件
直接目标	项目的最终状态	资料来源 采用的方法	产出和直接目标之间相关的假设条件
产出	产出数量、范围、计划完成时间	资料来源 采用的方法	投入与产出之间相关的假设条件
活动/投入	投入/预算、进度	资料来源	项目的原始假设条件

在这个项目逻辑框架表中包含两种逻辑关系，即垂直逻辑和水平逻辑。

垂直逻辑是要确定项目的具体内容，明确项目手段与目标间的相互关系，分清项目本身和项目所处社会、物质、政治及环境的不确定性因素。在垂直逻辑中需要说明以下几个问题：项目在不同层次上的目标，各层次间的因果关系，重要的假定条件。

（1）项目的层次。①宏观目标。指项目实施后在最高层次的结果。一般指项目的国家或者省级目标，即从宏观层次考虑的项目的目标，或从宏观方面考察，为什么要建这个项目。如建设一个水利灌溉项目，宏观层次分析是增加国民收入。如有数量要求，则在指标框内填上增加国民收入的数量。② 直接目标。项目的活动加投入的资源可以达到的一种结果，即我们希望项目达到的具体目标，是我们建设本项目的直接目的。如建设一个水利灌溉项目的直接目标是增加农业产量以增加农民收入。如有具体数量可填入指标栏内。如目标没有具体数量则在指标栏内填上“项目的最终状态”，如“建成一所学校”。③产出。项目通过管理产生的具体结果，也就是项目的具体范围。如灌溉项目具体增加多少谷物产量，包括具体品种、数量。又如建成一所女子中学，指明了项目所建学校的具体范围是女子中学。④ 活动。指项目如何进行或项目活动的内容。在指标栏一般填投资预算多少，可获得的程度，或项目的活动内容，如产出物如何获得所需资源。如一个水利灌溉项目，活动内容可以包括选择项目地区，组织村里的劳工，挖井等。

（2）因果关系。垂直逻辑是基于手段和目标之间的因果关系原则建立的。从投入到目标有三个因果联系，如同手段与目标相关联一样，每一层次与上一层次相关联。

（3）假设条件。所谓重要假设主要指可能影响项目进程或成败的条件或因素或项目需要的外部条件，即假设解决了所需的外部条件，则可达到什么结果。社会评价人员的主要任务就是要识别这些因素，并设法使项目所需的外部条件得到保障。

水平逻辑的目的是通过找出客观可验证的指标和验证方法来衡量资源和项目的成果。水平逻辑要求对垂直逻辑四个层次上取得的成果做出说明，并用这种方法提供项目的详细情况。

（1）指标。所谓指标就是度量项目执行情况的度量标准。界定达到目标的程度，这包括三方面的内容，即产出的数量、质量、时间。在逻辑框架中对长远目标、近期目标、产出和投入应当采用不同的客观可考核的指标。

（2）考核方法。指用什么方法检查考核项目达到目标。主要考虑如何对所选用的指标进行评价以及由谁来评价，评价每个指标需要收集的信息以及所需信息的来源。

4. 利益群体分析

项目利益群体是指与项目有直接或间接的利害关系，并对项目的成功与否有直接或间接的影响的所有有关各方，如项目的受益人，受害人，与项目有关的政府组织与非政府组织等。利益群体的划分一般是按各群体与项目的关系及其对项目的影响程度与性质或其受项目影响的程度与性质决定的。对一个具体项目的利益群体分析是一件相当复杂的事情。

项目利益群体一般划分为：项目受益人；项目受害人；项目受影响人；其他利益群体，如项目的建设单位，咨询单位，与项目有关的政府部门与非政府组织。

项目利益群体分析的主要内容是：①根据项目单位的要求与项目的主要目标，确定项目所包括的主要利益群体；②明确各利益群体的利益所在及与项目的关系；③分析各利益群体间的相互关系；④分析各利益群体参与项目的设计、实施的各种可能方式。

项目利益群体分析一般按下列步骤进行：

（1）构造项目利益群体一览表。这一步需要完成以下工作：识别项目所有潜在的利益群体；鉴别项目各利益群体的利益与项目所强调的问题及项目目标的关系；简要说明项目对各利益群体的各种利益的影响；提出能满足各利益群体利益的各种项目活动。

（2）评价各利益群体对项目成功与否所起作用的重要程度。具体需要完成以下工作：针对现有的问题及项目的各种方案，考察各利益群体的利益会受到什么影响；就某些关键问题对项目的利益群体进行调查，以了解各利益群体期望得到什么，利益群体可能对项目作了什么承诺，项目各利益群体的既得利益是否会因项目的实施受到损害，各利益群体彼此间的关系如何等；分析项目各利益群体对项目的设计、实施方案的影响力或控制力，并做出评价。

（3）根据项目的目标，对项目各利益群体的重要性做出评价。

（4）根据以上各步的分析结果，提出在项目实施过程中对各种利益群体应采取的措施。

5. 排序打分法

排序和打分就是把所研究或分析的对象按一定的顺序排列起来。排序和打分两者之间的区别在于排序是用序数，而打分是使用基数对所研究或分析的对象进行排列。通常，对项目所在地区的社会问题、项目利益相关者的偏好、项目给不同利益相关者所带来的机会进行排序，是迅速鉴别项目地区主要社会问题、利益相关者的重要性和偏好的一种方法。应用这种方法时，一般应遵循的原则：

（1）确认排序的对象满足所研究问题和环境的需要；

（2）与有知识的人员共同决定选择哪些对象进行排序并对所选择对象的相关性进行讨论；

（3）列出打分的指标；

（4）请参加打分的利益相关者对不同的问题进行打分、排序，例如1代表最好、2 代表次好等；

（5）分析打分者对不同的因素给予不同分值的原因；

（6）探讨更多的打分指标；

（7）寻求让不同的利益相关者对一些相同的问题进行打分和排序；

（8）将不同因素排序与不同利益相关者的利益联系起来。

6. 财富排序法

财富排序法是在较短时间内分析村级社区社会分层状况的一种工具。其具体分析步骤为：

（1）分析人员应与当地主要的信息提供者一起列出所分析村庄的所有住户，把所有住户的名称分别写在不同的卡片上。

（2）找一些对所有住户都熟悉的人并让每位根据各户的财富将写有住户名称的卡片分成若干堆，或者请一些对所有住户都熟悉的人根据各自对财富的判别标准给所有的住户打分排序，不同人由于所采用的财富判别标准不同会把住户分成不同的堆数，或者不同的打分排序。

（3）根据不同的信息提供者在排序时所采用的排序标准和排序的结果分析项目地区社会分层状况。这种方法多应用于扶贫取向型的项目中。

7. 综合分析评价法

分析项目的社会可行性通常要考虑项目的多个社会因素及目标的实现程度。对这种多个目标的评价决策问题，通常选用多目标决策科学方法，如德尔斐法、矩阵分析法、层次分析法、模糊综合评价法、数据包络分析法等。评价人员可以根据项目定量与定性指标的复杂程度，选择合适的评价方法。多目标综合评价法一般都要组织若干专家，包括各行业和各学科的专家学者，根据国家的产业发展政策和地区的社会发展水平和发展目标，结合拟建项目的具体情况，对确定下来的各个分项指标视其对项目的重要程度给以一定的权重，并对每个指标进行分析和打分，最后计算出项目的综合社会评价效果，得出评价的结论。

社会评价综合分析结论不能单独应用，必须与项目社会适应性分析结合起来考虑。项目与社区的互适性分析，研究如何采取措施使项目与社会相互适应，以取得较好的投资效果。对于项目社会评价来说，多项目分析综合评价方法得出的结果，往往只能作为一种分析总结的参与数据，不能据此决策。

第十章

不确定性分析与风险分析

本章提要：在对投资项目进行决策分析时，分析人员所收集的数据大多数都来自估计和预测，在现实中，很多社会和经济因素都有可能会影响估计和预测的准确性，继而给项目的经济分析带来很大的不确定性或风险。所以，在完成对投资项目基本方案的财务效益评估和国民经济效益评估之后，应分析在不确定性和风险条件下项目效益的可能变化，以提供充分的信息，为决策服务。因此，在投资项目决策分析与评价过程中必须进行不确定性分析与风险分析。

本章分析了不确定性和风险产生的因素，详细叙述了不确定性分析中的盈亏平衡分析和敏感性分析的原理和方法；对风险识别，风险估计，风险评价和风险应对的内容进行了分析研究，并简述了常用的风险分析方法。学习本章能够掌握项目不确定分析与风险分析的基本理论与方法，为项目科学决策提供参考。

10.1 不确定性分析与风险分析概述

10.1.1 不确定性分析与风险分析关系

1. 不确定性分析

项目经济评价所采用的基本变量都是来自于对未来的预测和估算，这就不可避免地要涉及各种假设和推断，于是按前述基础数据编制的经济评价报表以及据此而计算出来的各种效益指标，必然带有不确定性。不确定性的直接后果是使方案经济效果的实际值与评价值相偏离，如果不对此进行分析，仅凭一些基础数据所做的确定性分析为依据来取舍项目，就可能会导致投资决策的失误。为了分析不确定因素对经济评价指标的影响，应根据拟建项目的具体情况，分析各种外部条件发生变化或者测算数据误差对方案经济效果的影响程度，以估计项目可能承担的不确定性和风险及其承受能力，确定项目在经济上的可靠性，并采取相应的对策力争把风险减低到最小限度。即通过对拟建项目具有较大影响的不确定性因素进行分析，计算基本变量的增减变化引起项目财务或经济效益指标的变化，找出最敏感的因素及其临界点，预测项目可能承担的风险，使项目的投资决策建立在较为稳妥的基础上。

2. 风险分析

风险是指未来发生不利事件的概率或可能性。一个投资项目尤其是重大项目，在决策过程中往往存在着很多风险因素，要受到政治、经济、国防、社会、资源、技术等多方面的影响，而这些因素是随着时间、地点、条件改变而不断变化的，这些风险因素可能给投资项目带来预期外的收益，也可能带来预期外的损失。投资建设项目经济风险就是指由于不确定性的存在导致项目实施后偏离预期财务和经济效益目标的可能性。

经济风险分析是通过对风险因素的识别，采用定性或定量分析的方法估计各风险因素发生的可能性及对项目的影响程度，揭示影响项目成败的关键风险因素，提出项目风险的预警、预报和相应的对策，为投资决策服务。经济风险分析的另一重要功能还在于它有助于在可行性研究的过程中，通过信息反馈，改进或优化项目设计方案，直接起到降低项目风险的作用。本章主要研究投资项目的经济风险分析。

3. 不确定性分析与风险分析的关系

不确定性分析与风险分析既有联系，又有区别。由于人们对未来事物认识的局限性，可获信息的有限性以及未来事物本身的不确定性，使得投资建设项目的实施结果可能偏离预期目标，这就形成了投资建设项目预期目标的不确定性，从而使项目可能得到高于或低于预期的效益，甚至遭受一定的损失，导致投资建设项目“有风险”。通过不确定性分析对投资项目受各种不确定因素的影响进行分析，可以找出影响项目效益的敏感因素，确定敏感程度，但不可能知道这些不确定因素可能出现的各种状况及其产生影响。借助于风险分析可以预知不确定因素可能出现的各种状况发生的可能性，求得其对投资项目影响发生的可能性，得知不确定性因素发生的可能性以及给项目带来经济损失的程度。而不确定性分析找出的敏感因素又可以作为风险因素识别和风险估计的依据。

10.1.2　不确定及风险因素

产生不确定性及风险的原因很多，一般情况下，产生不确定性及风险的主要原因如下：

1. 法律、法规及政策变化

社会、政治、文化等因素主要构成投资项目的一般环境，也可列为投资的软环境中的因素，尤其是政治因素对投资项目影响很大。政治稳定期，实现项目的预期效益的可能性就大，反之，就会影响项目预期效益的实现。

在市场经济条件下，国家的宏观经济调控政策，各种改革措施以及经济发展本身对投资项目有着重要影响，都会影响投资项目效益且具有不确定性。如由于政府政策调整，使项目原定目标难以实现所造成的损失，如税收、金融、环保、产业政策等的调整变化，税率、利率、汇率、通货膨胀率的变化都会对项目经济效益带来影响。因此，在项目评价时，应尽可能考虑这些因素的影响。

2. 市场需求的变化

投资项目投产后的经济寿命较长，甚至在建期也较长。在市场经济条件下，商品供求关系主要靠价值规律调节，人们的需求结构变化、需求数量变化，产品供给结构、供给数量变化频繁且难以预测，尽管可以通过分析目前的投入及投入结构来预测未来市场的供给，但要做到这点是很困难的，因此由于市场需求的变化、竞争对手的竞争策略调整，项目产品销路不畅，产品价格低迷等，以致产量和销售收入达不到预期的目标，可能给项目预期收益带来一定损失。

3. 自然条件与资源

任何投资项目的建设都需要以一定的自然条件和自然资源作为保证才可以顺利地进行。而自然条件和资源在项目周期中是有可能发生变化的。例如资源开发与利用的项目，由于矿产资源的储量、品位、可采储量、开拓工程量及采选方式等与原预测结果发生较大偏离，导致项目开采成本增高，产量降低或经济寿命期缩短，造成巨大的经济损失。在水资源短缺地区的投资建设项目，可能受水资源勘察不明、气候不正常等因素的影响。对于农业灌溉项目还可能有水资源分配问题等。因此，在对项目进行评价时必须考虑到自然条件和资源有可能对项目造成的影响。

4. 技术的可靠性

现代科学技术飞速发展，新材料、新技术、新工艺的发展日新月异，尽管投资者在投资时所采用的技术工艺是最先进的，但可能很快就有更新的技术、工艺来替代它，每一种新技术都会给某些行业带来新的市场机会，同时也会给某些行业的企业造成环境威胁。项目采用的技术，特别是引进技术的先进性、可靠性、适用性和经济性与原方案发生重大变化，可能导致项目不能按期进入正常生产状态，或生产能力利用率降低，达不到设计要求；或生产成本提高，产品质量达不到预期要求等，这些都是影响项目经济评价的重要因素。

5. 工程方面

因工程地质和水文地质条件出乎预料的变化，工程设计发生重大变化，导致工程量增加、投资增加、工期延长所造成的损失；由于前期准备工作不足，导致项目实施阶段建设方案的变化；工程设计方案不合理，可能给项目的生产经营带来影响等，造成经济损失。

6. 融资方案

项目资金来源的可靠性、充足性和及时性不能保证；由于工程量预计不足、或设备材料价格上升导致投资增加；由于计划不周或外部条件等因素导致建设工期拖延；利率、汇率变化导致融资成本升高所造成的损失。

7. 组织管理

由于项目组织结构不当、管理机制不完善或主要管理者能力不足等，导致项目不能按计划建成投产，投资超出估算；或在项目投产后，未能制定有效的企业竞争策略，在市场竞争中失败。

8. 环境与社会

对于许多项目，外部环境因素包括自然环境和社会环境因素的影响。如项目选址不当，项目对社区的影响、生态环境影响估计不足，或项目环保措施不当，在项目建成后，可能对社区和生态带来严重影响，导致社区居民和社会的反对，造成直接经济损失。

9. 外部配套条件

建设项目需要的外部配套设施，如供水排水、供电供汽、公路铁路、港口码头以及上下游配套设施等，在可行性研究中虽都作了考虑，但是实际上仍然可能存在外部配套设施没有如期落实的问题，致使建设项目不能发挥应有效益，从而带来风险。

除上述几方面外，对于某些项目，应考虑特有的风险因素。如对于合资项目，要考虑合资对象的法人资格和资信问题；对于农业建设项目，要考虑因气候、土壤、水利等条件的变化对收成不利影响的风险因素等；许多无形成本和效益的度量是分析专家个人的主观价值判断，不能量化的外部或间接效果的定性判断完全是主观的。评价人员的主观意念和偏好以及业务水平也会影响着评价过程的数据处理和方案的选择，难以全面揭示出隐藏的影响投资项目效益的不利因素，这就加大了投资项目的不确定性和风险性。

10.2 盈亏平衡分析

10.2.1 盈亏平衡分析的概念

盈亏平衡分析也称量、本、利分析，是在一定市场和生产能力的条件下，根据建设项目正常生产年份的产品产量（销售量）、固定成本、可变成本等，研究拟建项目产量、成本与收益之间变化与平衡关系的方法。当项目的成本与收益相等时，即项目盈利与亏损的分界点，称为盈亏平衡点（Break-Even-Point，BEP）。在这点上，销售（营业）收入等于总成本费用，项目正好盈亏平衡。盈亏平衡分析就是找出盈亏平衡点，分析项目成本与收益之间的平衡关系，盈亏平衡点越低，项目盈利的可能性越大，亏损的可能性越小，项目的抗风险能力越强。

盈亏平衡点的表达形式有多种。它可以用实物产量、单位产品单价、单位产品的售价及单位产品的可变成本的绝对量表示，也可以用生产能力利用率等相对值表示。其中以产量和生产能力利用率表示的平衡点最为广泛。

另外，根据生产成本与销售收入与产量（销售量）之间的关系，盈亏平衡分析又可分为线性盈亏平衡分析和非线性盈亏平衡分析。

10.2.2 线性盈亏平衡分析

线性盈亏平衡分析适用于项目的收益和成本都是产量的线性函数的情况。

1. 线性盈亏平衡分析的前提条件

（1）产量等于销售量，即当年生产的产品（服务，下同）当年销售出去。

（2）产量变化，单位可变成本不变，从而总成本费用是产量的线性函数。假定项目正常生产年份的总成本可划分为固定成本和可变成本两部分，其中固定成本不随产量变动而变动，可变成本总额随产量变动成比例变化，单位可变成本不随产量变化而变化，从而总生产成本是产量的线性函数。

（3）产量变化，产品售价不变，从而销售收入是销售量的线性函数。

（4）按单一产品计算，当生产多种产品，应换算为单一产品，不同产品的生产负荷率的变化应保持一致。

2. 固定成本与可变成本的划分

在进行线性盈亏平衡分析时，首先必须要把项目建成投产后的正常年份的总成本费用划分为可变成本和固定成本。实际上，按照成本与产量之间的关系，可以将成本分为固定成本、变动成本与半可变成本。

固定成本即在一定范围内，成本总额中不随产品产量的增减而变动的那一部分成本。固定成本主要包括工资（计件工资除外）、折旧费、无形资产及其他资产摊销费、修理费和其他费用等。为简化计算，财务费用一般也将其作为固定成本。固定成本严格地说是相对的，即当产量在一定范围内，它是固定不变的，如果超过这个产量范围，固定成本可能就要发生变化。而单个产品成本中所占固定成本的份额，则要随产量的变化而变化，产量大，单位成品成本中的固定成本份额就少。

变动成本即成本总额中与产量的增减成正比例变化的那部分成本，主要包括原材料、燃料、动力消耗、包装费和计件工资等。变动成本总额是随着产量的增减成正比例地变动的，但单位产品的变动成本却是固定不变的，因为一个产品要消耗的原材料等资源在一定时间内是不会有变化的，正是由于单位产品的变动成本不变，因此当产量增减时，变动成本总额随着产量的增减成正比例变动。

半变动成本是指既不是固定不变，也不是随产量变动成正比例变动的成本，是一种既固定又变动的混合成本，如电、水、煤气费等。因此，在进行盈亏平衡分析时，应将半变动成本进一步分解为固定成本与可变成本两部分，否则将影响结果的正确性。

3. 混合成本的分解方法

准确地划分固定成本与可变成本是正确运用盈亏平衡分析的前提，而正确地划分固定成本与可变成本的关键，又在于把介于变动成本与固定成本之间的混合成本分解为变动成本与可变成本。分解混合成本的最精确的做法，是将费用发生的原始凭据逐项分析汇总，但是这种方法工作量大，在项目经济评价中不易采用。可采用以下较简单的方法分解。

（1）直接法。这种方法是指根据各个半变动成本项目的性质、视其比较接近那一类成本（固定或变动）就作那一类成本处理。如低值易耗品、运输费用等虽然不与产量成正比例变动，但费用的变动与产量关系较大，则可作为变动成本处理。直接方法比较粗略、简单，易于理解。

（2）高低点法。这种方法是根据企业在一定时期的产量和成本水平总是有高有低这个事实，找出产销量和总成本的最高点和最低点，然后计算出最高点和最低点产销量之差和成本之差，即求得单位变动成本，其计算公式为：

单位变动成本＝(最高点成本－最低点成本)/(最高点销售量－最低点销售量)

＝成本极差/产量极差

再将单位变动成本之值代入高点或低点业务量的总成本方程即可求得

固定成本＝最高（低）点成本－单位变动成本×最高（低）点产量

例如：某项目的 2006 年 5 至 10 月产量和成本统计表，见表 10-1。

表 10-1 产量和成本统计表

项目	5 月	6 月	7 月	8 月	9 月	10 月	合计
产量（件）	12 000	11 500	12 500	12 000	10 500	7 800	66 300
成本（元）	25 000	21 000	24 500	28 700	19 500	18 000	136 700

根据表 10-1 的数据计算如下

产量极差＝12 500－7 800＝4 700（件）

成本极差＝28 700－18 000＝10 700（元）

单位可变成本＝10 700/4 700＝2.27（元/件）

按最高点的产量将成本分解：

变动成本＝2.27×12 500＝28 375（元）

固定成本＝28 700－28 375＝325（元）

（3）回归分析法（最小二乘法）。回归分析法是一种比较精确的方法。这种方法是假定混合成本与产量之间存在着线性关系，然后根据一套产量与成本相关的数据资料中，确定一条代表平均成本的直线。这条直线的位置可由 a、b 两个数值确定，其中 a 可以认为是固定成本，b 可以认为是变动成本，y 代表总成本，x 代表产量。根据回归分析原理，这条直线的待定系数可由下列公式计算：

$$a = \left(\sum y - b\sum x\right)/n$$

$$b = \left(n\sum xy - \sum x \cdot \sum y\right)/\left\{n\sum x^2 - \left(\sum x\right)^2\right\}$$

式中：n——观测数据总次数。

例如：某项目 2006 年 1 至 6 月份的产量和总成本的资料见表 10-2。

表 10-2 产量和总成本的资料

月	产量（X）	混合成本（Y）	$X \cdot Y$	X^2	Y^2
1	300	2 700	810 000	90 000	7 290 000
2	400	3 300	1 320 000	160 000	10 890 000
3	500	4 500	2 250 000	250 000	20 250 000
4	600	4 800	2 880 000	360 000	23 040 000
5	700	5 000	3 500 000	490 000	25 000 000
6	800	5 200	4 160 000	640 000	27 040 000
合计	3 300	25 500	14 920 000	1 990 000	113 510 000

解：将上表的数据代入公式，

则有 $b = (6\times 14\ 920\ 000-3\ 300\times 25\ 500)/(6\times 1\ 990\ 000-3\ 300^2) = 5.11$

$a = (25\ 500 - 5.11\times 3\ 300)/6 = 1\ 439.5$

即固定成本总额为 1439.5，单位变动成本为 5.11 元。

应当注意的是，在运用回归分析之前，应先对混合成本与业务量（包括产销量和销售收入）之间的相关程度进行分析，如果用来分解的业务量与混合成本关系不大，分析出来的结果将不正确。确定相关的程度，可用下式计算：

$$r = \frac{n\sum xy - \sum x\cdot\sum y}{\sqrt{\left[n\sum x^2 - \left(\sum x\right)^2\right]\left[n\sum y^2 - \left(\sum y\right)^2\right]}}$$

r 是相关系数，取值范围在零与正负 1 之间，当 $r=0$ 时，即说明两变量之间不存在相关关系，当 $r=+1$ 时，说明两变量有完全的正相关；当 $r=-1$ 时，说明两变量有完全的负相关，当 r 值介于零与正负 1 之间，其数值的大小，即可说明两变量之间相关程度的密切与否。

根据上例，计算相关系数如下：

$$r = (6\times 14\ 920\ 000 - 3\ 300\times 25\ 500)/[6\times 1\ 990\ 000 - 3\ 300^2] + [6\times 113\ 510\ 000 - 25\ 500^2] = 0.94\ 413$$

这说明业务量与混合成本之间有较大的依存关系，可以用这种业务量来分解。

4. 线性盈亏平衡分析方法

线性盈亏平衡分析主要通过计算以产量和生产能力利用率表示的盈亏平衡点，进行盈亏平衡分析。盈亏平衡点一般采用公式计算，也可利用盈亏平衡图求取。盈亏平衡点通过正常年份的产量或者销售量、可变成本、固定成本、产品价格和营业税金及附加等数据计算。正常年份应选择还款期间的第一个达产年和还款后的年份分别计算，以便分别给出最高和最低的盈亏平衡点区间范围。

盈亏平衡点的计算公式如下：

$$BEP_{生产能力利用率} = \frac{年固定成本}{年营业收入 - 年可变成本 - 年营业税金及附加}\times 100\%$$

$$BEP_{产量} = \frac{年固定成本}{单位产品价格 - 单位产品可变成本 - 单位产品营业税金及附加}$$

盈亏平衡生产能力利用率也可以根据盈亏平衡时的产量与设计生产能力对比计算得出，即

$$BEP_{生产能力利用率} = \frac{BEP_{产量}}{设计生产能力}\times 100\%$$

盈亏平衡点产量越少，生产能力利用率越低，表明项目抗风险能力越强。

可以形象地用图示的方法，把项目的营业收入、总成本费用和产量三者之间的变动关系反映出来，便于比较和分析。在盈亏平衡图中，横坐标表示产量，纵坐标表示收入或成本金额（图 10-1）。

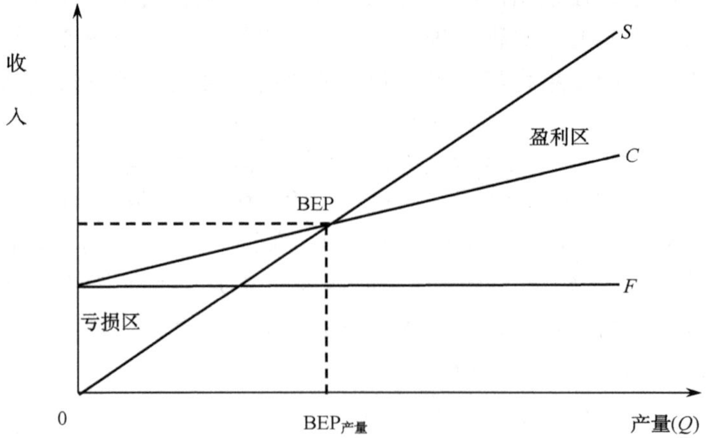

图 10-1 盈亏平衡图

图中：F——为固定成本曲线；C——为总成本曲线；S——为营业收入曲线

例如：某项目设计生产产量为 18 万吨，总成本费用为 8.32 亿元，其中固定成本为 1.12 亿元，单位变动成本为 3300 元/吨，单位产品价格为 5000 元，单位产品营业税金及附加为 700 元，计算以生产能力利用率和产量表示的盈亏平衡点。

解：

$$\mathrm{BEP}_{\text{产量}} = \frac{\text{年固定成本}}{\text{单位产品价格} - \text{单位产品可变成本} - \text{单位产品营业税金及附加}}$$

$$= \frac{112 \times 10^6}{5000 - 3300 - 700} = 11.2(\text{万吨})$$

$$\mathrm{BEP}_{\text{生产能力利用率}} = \frac{\mathrm{BEP}_{\text{产量}}}{\text{设计生产能力}} \times 100\% = \frac{11.2}{18} \times 100\% = 62.22\%$$

即当产量达到 11.2 万吨，生产负荷为 63%时，项目才能盈亏平衡。

由于线性盈亏平衡分析是建立在一系列假设的条件基础上，若假定条件与实际情况有出入，分析结果就难以准确；盈亏平衡分析只是讨论假定价格（产量、可变成本、固定成本）等不确定因素的变化对盈亏平衡产生的影响，并不能从盈亏平衡分析中判断投资项目的最终实际盈利能力。另外，盈亏平衡分析是静态分析，并没有考虑资金的时间价值，分析时某个不确定因素的变化幅度也是人为设定的，无法得到出现某一确定数值的几率大小，必然影响分析结果，因此，要结合其他方法进行分析评价。

10.2.3　非线性盈亏平衡分析

当产品的年总成本与产量不成线性关系，销售收入与产量也不呈线性关系时，要用非线性盈亏平衡分析方法进行分析。

成本与产量不再保持线性关系的可能原因是：当产量扩大到某一限度后，正常价格的原料、动力已不能保障供应，企业必须付出更高的代价才能获得，正常的生产班次也不能完成生产任务，不得不加班加点，增大了劳务费用，此外，设备的超负荷运转也带来了磨损的增大，寿命的缩短和维修费用的增加。

成本函数一般呈下列两种形式：

$$C(x) = b_0 + (b_1 - b_2 x)x$$

$$C(x) = b_0 + (b_1 + b_2 x)x$$

假定取第二类形式，则价格或收入函数是递减的：

$$S(x) = (a_1 - a_2 x)x$$

式中：a_1、a_2、b_0、b_1、b_2 为非负常数。

由 $S(x) = C(x)$ 得

$$(a_1 - a_2 x)x = b_0 + (b_1 + b_2 x)x$$

$$(a_2 + b_2)x^2 + (b_1 - a_1)x + b_0 = 0$$

一般二次方程式为

$$Ax^2 + Bx + C = 0$$

$$A = a_2 + b_2 \qquad B = b_1 - a_1 \qquad C = b_0$$

解之得 $$x_0^{(1)} = \frac{-B + \sqrt{B^2 - 4AC}}{2A}$$

$$x_0^{(2)} = \frac{-B - \sqrt{B^2 - 4AC}}{2A}$$

当 $B^2 \geqslant 4AC$ 和 $B < 0$ 且 $|B| > B^2 - 4AC$ 时，二次方程有两个非负根，得到两个平衡点产量 $x_0^{(1)}$ 和 $x_0^{(2)}$。

显然，企业最佳生产规模必然是企业获利最大的生产量，设利润函数为 $B(x)$，则：

$$B(x) = S(x) - C(x)$$

$$\frac{\partial B(x)}{\partial x} = \frac{\partial S(x)}{\partial x} - \frac{\partial C(x)}{\partial x} = 0$$

$$\frac{\partial S(x)}{\partial x} - \frac{\partial C(x)}{\partial x} = 0$$

可得到 B（x）的一个极值点产量 X_0，它是否是利润最大时的生产量，还需要检验，看下式是否成立：

$$\frac{\partial^2 S(x)}{\partial x^2}-\frac{\partial^2 C(x)}{\partial x^2}<0$$

若成立，则 X_0 是企业的最佳生产规模（图 10-2）。

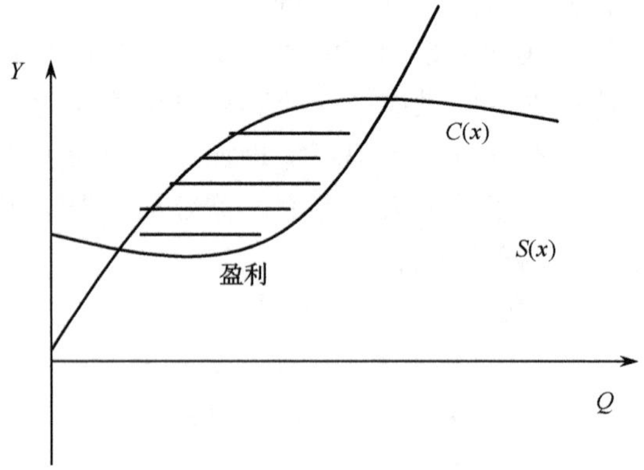

图 10-2 非线性盈亏分析图

例：某企业生产某种产品，年固定成本为 10 000 元，单位可变成本为 30 元，单位产品售价 P 按（$50-0.005x$）的规律下降，试求利润最大时的产量。

解：因为销售收入函数 $S(x)=(50-0.005x)x$

$$总成本函数\ C(x)=10\,000+30x$$

则 $B(x)=S(x)-C(x)=-0.005x^2+20x-10\,000$

解一元二次方程得 $x_1=586$（件），$x_2=3414$（件），即当产量在 586～3414 件之间时企业盈利，最大利润最佳产量 x_0 在它们之间：

令
$$\frac{\partial B(x)}{\partial x}=0$$

即
$$\frac{\partial B(x)}{\partial x}=0.01x+20=0$$

则 $x=2000$ 件是否是最佳产量，要看：

$\frac{\partial^2 B(x)}{\partial x^2}$ 是否小于零即可。

因：$\frac{\partial^2 B(x)}{\partial x^2}=-0.01<0$

故 $x=2000$ 件是要求的最佳产量 x_0，则最大利润为

$$B(x)=S(x)-C(x)=-0.005x^2+20x-10\,000=10\,000（元）$$

10.3　敏感性分析

10.3.1　敏感性分析的意义

敏感性分析是指从众多不确定性因素中找出对投资项目经济效益指标有重要影响的敏感性因素，并分析、测算其对项目经济效益指标的影响程度和敏感性程度，进而判断项目承受能力的一种不确定性分析方法。

敏感性分析的目的在于：

（1）找出影响项目经济效益变动的敏感性因素，分析敏感性因素变动的原因，并为进一步进行风险分析提供依据；

（2）研究不确定性因素变动将引起项目经济效益值变动的范围或极限值，分析判断项目承担风险的能力；

（3）比较多方案的敏感性大小，以便在经济效益值相似的情况下，从中选出不敏感的投资方案。

根据不确定性因素每次变动数目的多少，敏感性分析可以分为单因素敏感性分析和多因素敏感性分析。单因素敏感性分析是敏感性分析的最基本方法，进行单因素敏感性分析时，首先假设各因素之间相互独立，然后每次只考察一项可变参数的变化而其他参数保持不变时，项目经济评价指标的变化情况。

多因素敏感性分析是分析两个或两个以上的不确定性因素同时发生变化时，对项目经济评价指标的影响。由于项目评估过程中的参数或因素同时发生变化的情况非常普遍，所以多因素敏感性分析也有很强的实用价值。多因素敏感性分析一般是在单因素敏感性分析基础上进行，且分析的基本原理与单因素敏感性分析大体相同，但需要注意的是，多因素敏感性分析须进一步假定同时变动的几个因素都是相互独立的，且各因素发生变化的概率相同。

10.3.2　单因素敏感性分析

单因素敏感性分析是分析单个因素的变动对项目经济效益指标的影响程度，即每次只有一个因素发生变化，而其他因素不变时所作的敏感性分析。

1. 单因素敏感性分析的具体内容和方法

（1）选择需分析的不确定因素。影响项目经济效益指标的因素很多，如投资、成本、价格、汇率、建设期等，在实际中没有必要对所有因素进行分析，而应选择对项目经济效益指标影响较大的，即主要的不确定因素进行分析。根据项目特点，结合经验判断选择对项目效益影响较大且重要的不确定因素进行分析。

经验表明，主要对产出物价格、建设投资、主要投入物价格或可变成本、生产负荷、建设工期及汇率等不确定因素进行敏感性分析。

在选择确定分析因素基础上，还要进一步分析这些因素的可能变动范围。一般是选择不确定因素变化的百分率为±5%、±10%、±15%、±20%等；对于不便用百分数表示的因素，例如建设工期，可采用延长一段时间表示，如延长一年。

(2) 确定敏感性分析中采用的项目效益指标。建设项目经济评估有一整套指标体系，敏感性分析可选定其中一个或几个主要指标进行分析，最基本的分析指标是内部收益率，根据项目的实际情况也可选择净现值或投资回收期评价指标，必要时可同时针对两个或两个以上的指标进行敏感性分析。

(3) 计算敏感性分析指标。为较准确反映项目评价指标对不确定因素的敏感程度，分析不确定性因素的变化使项目由可行变为不可行的临界数值，应计算敏感度系数和临界点（转换值 Switch Value）指标。

①敏感度系数。敏感度系数系指项目评价指标变化的百分率与不确定因素变化的百分率之比。敏感度系数高，表示项目效益对该不确定因素敏感程度高。

$$S_{AF}=\frac{\Delta A/A}{\Delta F/F}$$

式中：S_{AF}——评价指标 A 对于不确定因素 F 的敏感系数；

$\Delta F/F$——不确定因素 F 的变化率；

$\Delta A/A$——不确定因素 F 发生 ΔF 变化时，评价指标 A 的相应变化率。

$S_{AF}>0$，表示评价指标与不确定因素同方向变化；$S_{AF}<0$，表示评价指标与不确定因素反方向变化。$|S_{AF}|$ 较大者敏感度系数高。

②临界点（转换值 Switch Value）。临界点是指不确定性因素的变化使项目由可行变为不可行的临界数值，可采用不确定性因素相对基本方案的变化率或其对应的具体数值表示。当该不确定因素为费用科目时，即为其增加的百分率；当其为效益科目时为降低的百分率。临界点也可用该百分率对应的具体数值表示。当不确定因素的变化超过了临界点所表示的不确定因素的极限变化时，项目将由可行变为不可行。

临界点的高低与计算临界点的指标的初始值有关。若选取基准收益率为计算临界点的指标，对于同一个项目，随着设定基准收益率的提高，临界点就会变低（即临界点表示的不确定因素的极限变化变小）；而在一定的基准收益率下，临界点越低，说明该因素对项目评价指标影响越大，项目对该因素就越敏感。

从根本上说，临界点计算是使用试插法。当然，也可用计算机软件的函数或图解法求得。由于项目评价指标的变化与不确定因素变化之间不是直线关系，当通过敏感性分析图求得临界点的近似值时，有时会有一定误差。

(4) 确定敏感性因素。各因素的变化都会引起效益指标的一定变化，但其影响程度却各不相同。有些因素小幅度的变化，就能引起经济评价指标发生较大幅度的波动，而另一类因素即使发生了较大幅度的变化，对经济效益评价指标的影响也不是很大。我们把前一类因素称为敏感性因素，后一类因素称为非敏感性因素。敏感性分析的目的就是要找出哪些不确定因素是敏感性因素，哪些是非敏感性因素。

(5) 提出敏感性分析的结论和建议。结合确定性分析与敏感性分析的结果，粗略预测项目可能的风险，对项目作进一步评价，并为下一步风险分析打下基础，同时还可以进一步寻找相应的控制风险的对策。如果进行敏感性分析的目的是对不同的投资项目进行比选，一般应选择敏感程度小，承受风险能力强，可靠性大的项目或方案。

2. 敏感性分析指标计算及应用

敏感性系数可运用相对测定法计算。即设定要分析的各因素均从确定性经济分析中所采用的数值开始变动，且各因素每次变动的幅度相同，通过比较在同一变动幅度下各因素对项目经济效益指标的影响大小，来判断各因素的敏感性。

临界值的测定可运用绝对测定法。即设各因素均向对项目不利的方向变动，并取其有可能出现对项目不利的数值，据此计算项目的经济效益指标，看其是否达到使项目无法接受的程度。若某因素可能出现的最不利的数值，能使项目变得不可接受，则表明该因素是项目的敏感性因素，项目能否接受的依据是各经济效果指标的临界值（如 FNPV 或 ENPV$\geqslant 0$、FIRR 或 EIRR$\geqslant i_c$ 或 i_s）。

绝对测定方法的另一个变通的方式是，先设定有关经济效益指标为临界值，然后求待分析因素的最大允许变化幅度，并与可能出现的变动幅度相比较，如果某因素可能出现的变动幅度超过最大允许变动幅度，则表明该因素是项目的敏感性因素。

例如：有一生产家用取暖器的投资项目，进行确定性分析的数据是根据对未来的可能出现的情况预测估算的，由于对未来影响经济环境的某些因素把握不大，项目的建设投资（不含建设期利息）、经营成本和产品均有可能在±20%的幅度内变动，如果折现率为 10%，试就上述三个不确定因素进行敏感性分析。

(1) 敏感度系数的计算。根据表 10-3 数据，为简便计算，选定净现值为进行敏感性分析的经济效益指标，则有

$$\mathrm{NPV} = -I + (S - C - T)(P/A,10\%,10)(P/F,10\%,1) + L(P/F,10\%,11)$$
$$= -15000 + 4600 \times 6.144 \times 0.9091 + 2000 \times 0.35050 = 11394 \text{（万元）}$$

下面分析投资、经营成本和产品价格变化对净现值的影响：

设投资的变化幅度为 X，则投资变化时的净现值的计算公式为

$$NPV = -I(1+X)+(S-C-T)(P/A,10\%,10)(P/F,10\%,1) + L(P/F,10\%,11)$$

表 10-3 某项目现金流量表

项目＼年份	0	1	2～10	11
建设投资（I）	15 000			
营业收入（S）			22 000	22 000
经营成本（C）			15 200	15 200
营业税金及附加（T）			2 200	2 200
期末残值（L）				2 200
净现金流量	－15 000	0	4 600	6 600

若设经营成本的变化幅度为 Y，则其变化时：

$$NPV = -I+[S-C(1+Y)-T](P/A,10\%,10)(P/F,10\%,1) + L(P/F,10\%,11)$$

设价格的变化幅度为 Z，则：

$$NPV = -I+[(S-T)(1+Z)-C](P/A,10\%,10)(P/F,10\%,1) + L(P/F,10\%,11)$$

根据上述公式，分别计算各因素在不同变化幅度时的净现值数值，计算见表 10-4，在此基础上，可以计算得出敏感度系数，见表 10-5。

表 10-4 敏感性分析表 （单位：万元）

变化因素＼变化率	－20%	－15%	－10%	－5%	0	+5%	+10%	+15%	+20%
建设投资	14 392	13 644	12 894	12 144	11 394	10 644	9 894	9 144	8 394
经营成本	28 374	24 129	19 884	15 639	11 394	7 149	2 904	－1 341	－5 586
产品价格	－10 725	－5 195	335	5 864	11 394	16 924	22 453	27 983	33 513

表 10-5 敏感度系数和临界点分析表

序号	不确定因素	变化率（%）	净现值（NPV）（万元）	敏感度系数	临界点（%）
	基本方案		11 394		
1	建设投资	+10%	9 894	－1.32	+76.0
		－10%	12 894	+1.32	

续表

序号	不确定因素	变化率（%）	净现值（NPV）（万元）	敏感度系数	临界点（%）
2	经营成本	+10%	2 904	−7.45	+13.4
		−10%	19 884	+7.45	
3	产品价格	+10%	22 453	+9.71	
		−10%	335	−9.71	−10.3

根据表 10-4 可做出敏感分析图（图 10-3）：

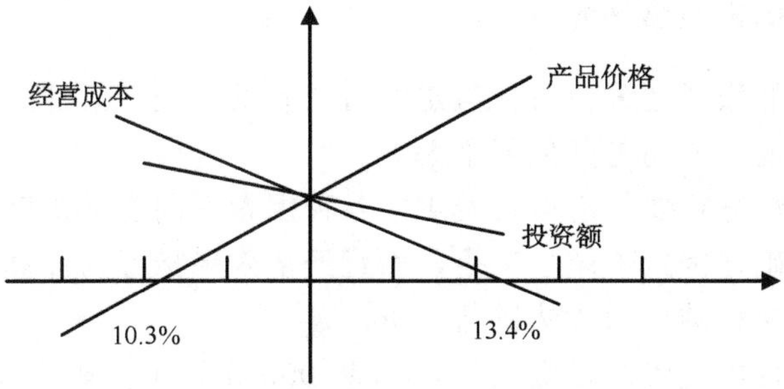

图 10-3　单因素敏感性分析图

（2）临界值的计算。利用前述计算净现值的公式，可计算出当 NPV 处于临界值时的各因素的变化最大允许变化幅度，即 NPV＝0 时，分别按上述公式计算出：

$$X=76.0\%$$
$$Y=13.4\%$$
$$Z=-10.3\%$$

即当投资额与产品价格不变时，年经营成本如果高于预测值的 13.4%以上；或当投资与经营成本不变，价格低于预测价格的 10.3%以上，方案就不可接受；而如果经营成本和价格不变，投资额增加 76.0%以上，才会使项目不可接受。

从表 10-4 可以看出，当其他因素均不发生变化时，产品价格每下降 1%，净现值下降 9.71%；当其他因素均不发生变化时，投资每增加 1%，净现值将下降 1.32%；在其他因素均不发生变化的情况下经营成本每上升 1%，净现值下降 7.45%。因此在各个变量因素变化率相同的情况下，产品价格的变动对净现值的影响程度最大，产品价格是最敏感的因素，其次是经营成本，最不敏感的因素是建设投资。

综合敏感度系数和临界值分析，可看出，产品价格变动对 NPV 的影响最大，经营成本变动的影响次之，投资额变动影响最小。

由于价格和经营成本是影响项目经济效益指标的敏感因素，应对其可能变动的范围进行预测估算，若价格低于预测值10.3%以上或经营成本高于原预测值13.4%以上的可能性较大，则意味着项目的风险较大，如果实施，就要严格控制成本，注重产品质量，使其价格保持一定的竞争优势。

单因素的敏感性分析，实际上是在一定假定条件下进行的，即假定一个因素变化时，其他因素不变，这实际上是很难成立的，实际上可能会有多个因素同时变动，此时单因素敏感性分析就不能反映项目能够承担风险的情况，因此若有可能，有必要进行多因素的敏感性分析。

10.3.3 多因素敏感性分析

进行多因素的敏感性分析时，假定同时变动的几个因素都是相互独立的，一个因素的变动幅度、方向与其他因素无关。

多因素敏感性分析要考虑可能发生的各种因素不同变动幅度的多种组合，如果需要分析的不确定因素不超过三个，而且经济效果指标的计算比较简单，可以用解析法与作图法相结合的方法进行分析。

例如：某项目固定资产投资（I）为170 000元，年营业收入（S）为35 000元，年经营费用（C）为3000元，该项目的寿命期为10年，回收固定资产余值（L）为20 000元，若基准收益率为13%，试就最关键的两个因素：投资和年销售收入，对项目的净现值指标进行两因素的敏感性分析。

解：因为：

$$\begin{aligned}\text{NPV} &= -I+(S-C)(P/A,13\%,10)+L(P/F,13\%,10)\\ &= -170\,000+(35\,000-3000)(P/A,13\%,10)\\ &\quad +20\,000(P/F,13\%,10)\end{aligned}$$

设X表示投资变化率，Y表示同时改变的年销售收入变化率，则有

$$\begin{aligned}\text{NPV} = &-170\,000(1+X)+[35\,000(1+Y)-3000](P/A,13\%,10)\\ &+20\,000(P/F,13\%,10)\end{aligned}$$

如果：NPV≥0，则该投资项目可盈利在13%以上。

令：$\text{NPV}\geqslant 0$ 即 $9530.2-17\,000X+189\,917.0Y\geqslant 0$

$$Y\geqslant -0.051\,2+0.895\,1$$

当$X=0\%$时，$Y=-5.02\%$，当$Y=0\%$时，$X=5.6\%$，即当投资变化增加超过5.6%时，营业收入降低超过5.02%时，NPV<0，见图10-4。

根据上图可看出，$Y\geqslant -0.051\,2+0.895\,1X$，NPV≥0，即斜线以上区域NPV（13%）≥0，而斜线以下区域NPV（13%）≤0，并显示了两因素同时允许变化的幅度，投资增加、销售收入减少时，项目NPV（13%）≥0的区域如图中阴影的区域。

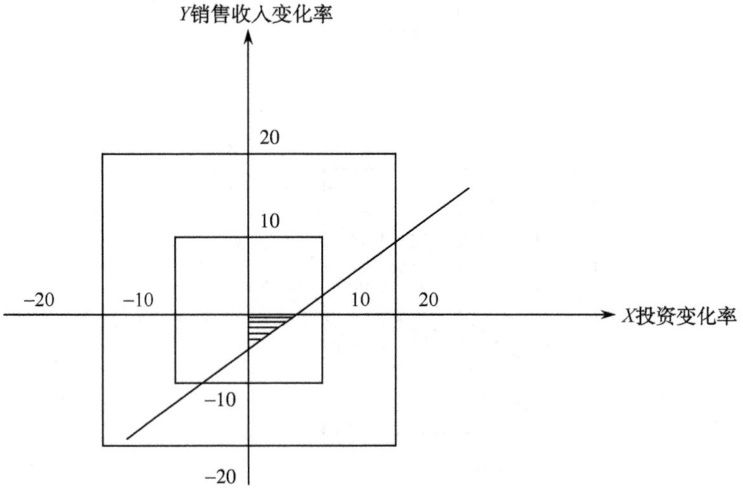

图 10-4 两因素敏感性分析图

根据上例，我们可继续进行三因素的敏感性分析，即对投资、销售收入、经营成本同时变化时进行三因素的敏感性分析，有关数据同上，另设经营成本的变化率为 Z，则根据：

$$\begin{aligned}NPV &= -170\ 000(1+X)+[35\ 000(1+Y)-3000(1+Z)](P/A,13\%,10)\\&\quad+20\ 000(P/F,13\%,10)\\&= -17\ 000X+189\ 917Y-16\ 278.6(1+Z)+25\ 808.8\geqslant 0\end{aligned}$$

$$\begin{cases}0.895\ 1X-0.007\ 3, & Z=0.5\\0.895\ 1X+0.035\ 5, & Z=1\\0.895\ 1X-0.093\ 0, & Z=-0.5\\0.895\ 1X-0.135\ 8, & Z=-1\end{cases}$$

画出图如下，由图 10-5 看出，对应不同经营费用以上区域，NPV（13%）$\geqslant$ 0，以下区域 NPV（13%）$\leqslant$0，显示了经营费用以某个幅度变化时，其他两个因素允许变化的幅度。

例如，$Z=0.5$ 时，$Y=0.895\ 1X-0.007\ 3$，$X=0$，$Y=-0.73\%$；$Y=0$，$X=0.82\%$即经营费用增加 50%时，投资允许增加 0.82%，销售收入允许减少 0.73%，方能盈利，否则亏损。

同理，可求出当经营费用其他变动幅度时，投资与销售收入允许变化的最大幅度。

敏感性分析可以帮助我们确定影响项目的经济效益的敏感因素，区分哪些是敏感的，哪些是不敏感的，并计算得出影响程度的定量数值，从而做到心中有

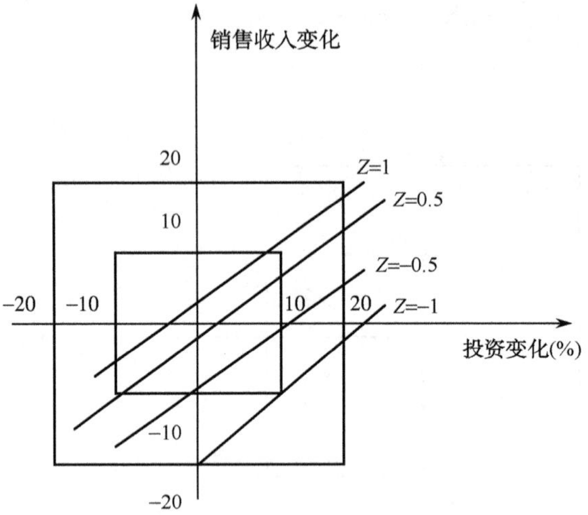

图 10-5 三因素敏感性分析图

数。但是，分析不确定因素对项目的影响程度时，常常带有很大的主观性，无法求出某一因素真正的变化范围以及在这一范围内变化的可能性大小，只是为了计算的方便，人为地让不确定性因素改变某一幅度，而实际上，各种不确定性因素未来发生变化的可能性大小是有所不同的。如有可能通过敏感性分析找出的某一敏感因素，其未来发生变动的可能性很小；而另一不太敏感的因素，其未来发生变化的可能性却很大，以致必须考虑其对项目经济效果的影响。另外，各个不确定性因素的变化方向可能相同，也可能不同，他们究竟如何地影响着项目的经济效益指标，这些问题都是敏感性分析无法解决的，而要借助于风险分析。

10.4 风险分析

风险分析，是运用概率研究预测各种不确定因素和风险因素对项目经济效益指标影响的一种定量分析方法。即通过对项目有影响的风险变量调查分析，确定可能发生的状态及相应概率，计算项目评价指标的概率分布，进而确定项目偏离预期目标的程度和可能发生偏离的概率。风险分析能够定量确定项目从经济上可行转变为不可行的可能性，判定项目风险程度，为决策提供依据。

10.4.1 风险分析的内容

风险分析应首先从认识风险特征入手去识别风险因素，其次根据需要和可能选择适当的方法估计风险程度，进行风险评价，研究有针对性的风险对策。

1. 风险识别

风险识别是风险分析的基础，运用系统论的方法对项目进行全面考察综合分析，找出潜在的各种风险因素，并对各种风险进行比较、分类，确定各因素间的相关性与独立性，判断其发生的可能性及对项目的影响程度，按其重要性进行排队，或赋予权重。

风险识别包含两方面内容，即识别哪些风险可能影响项目进展及记录具体风险的各方面特征。风险识别不是一次性行为，而应有规律的贯穿于整个项目实施过程中。

风险识别包括识别内在风险及外在风险。内在风险指项目工作组能加以控制和影响的风险，如人事任免和成本估计等。外在风险指超出项目工作组的控制力和影响力之外的风险，如市场转向或政府行为等。

风险识别应根据项目的特点选用适当的方法。常用的方法有问卷调查、专家调查法和情景分析等。具体操作中，一般通过问卷调查或专家调查法完成，建立项目风险因素调查表。

风险识别应注意以下问题：

（1）建设项目的不同阶段存在的主要风险有所不同；

（2）风险因素根据项目不同具有特殊性；

（3）对于项目的有关各方（不同的风险管理主体）可能会有不同的风险；

（4）风险的构成具有明显的递阶层次，风险识别应层层剖析，尽可能深入到最基本的风险单元，以明确风险的根本来源；

（5）正确判断风险因素间的相关性与独立性；

（6）识别风险应注意借鉴历史经验，要求分析者富有经验、创建性和系统观念。

2. 风险估计

风险估计又称风险测定、测试、衡量和估算等。风险估计是在风险识别之后，通过定量分析的方法测度风险发生的可能性及对项目的影响程度。风险估计就是对识别出的风险进行测量，给定某一风险的概率。其主要目的在于评估和比较项目各种方案或行动路线的风险大小，从中选择威胁最少、机会最多的方案；加深对项目本身和环境的理解，寻求更多的可行方案，并加以反馈。

项目风险估计的首要任务是分析和估计风险事件发生的概率与概率分布，即风险事件发生可能性的大小，这是项目风险分析估计中最为重要的一项工作，而且往往也是最困难的一项工作。

一般而言，风险事件的概率分布应当根据历史资料来确定。当项目管理人员没有足够的资料来确定风险事件的概率分布时，可以利用理论概率分布来进行风险估计。

在项目评价中，要对项目的投入与产出进行从机会研究到投产运营全过程的预测。由于不可能获得足够时间与资金对某一事件发生的可能性作大量的试验，又因事件是将来发生的，也不可能做出准确的分析，很难计算出该事件发生的客观概率，但决策又需要对事件发生的概率做出估计，因此项目前期的风险估计最常用的方法是由专家或决策者对事件出现的可能性得出主观概率。

主观概率是指人们对某一风险因素发生可能性的主观判断，用介于0到1的数据来描述。这种主观估计基于人们所掌握的大量信息或长期经验的积累，是在一定条件下，对未来风险事件发生可能性大小的一种主观相信程度的度量。而不是随意“拍脑袋”。

主观概率与客观概率的主要区别是，主观概率无法用试验或统计的方法来检验其正确性。客观概率是根据大量的试验数据，用统计的方法计算某一风险因素发生的可能性，它是不以人的主观意志为转移的客观存在的概率，客观概率计算需要足够多的试验数据作支持。

通过风险估计，要确定风险事件的概率分布。确定概率分布时，需要注意充分利用已获得的各种信息进行估测和计算，在获得的信息不够充分的条件下则需要根据主观判断和近似的方法确定概率分布，具体采用何种分布应根据项目风险特点而定。确定风险事件的概率分布常用的方法有概率树、蒙特卡罗模拟及记忆模型（CIM）型等分析法。

3. 风险评价

风险评价是对项目经济风险进行综合分析，是依据风险对项目经济目标的影响程度进行项目风险分级排序的过程。它是在项目风险识别和估计的基础上，通过建立项目风险的系统评价模型，列出各种风险因素发生的概率及概率分布，确定可能导致的损失大小，从而找到该项目的关键风险，确定项目的整体风险水平，为如何处置这些风险提供科学依据。风险评价的判别标准可采用两种类型：

（1）以经济指标的累计概率、标准差为判别标准。财务（经济）内部收益率大于等于基准收益率的累计概率值越大，风险越小；标准差越小，风险越小。或者财务（经济）净现值大于等于零的累计概率值越大，风险越小；标准差越小，风险越小。

（2）以综合风险等级为判别标准。风险等级的划分既要考虑风险因素出现的可能性又要考虑风险出现后对项目的影响程度，有多种表述方法，一般应选择矩阵列表法划分风险等级。矩阵列表法简单直观，将风险因素出现的可能性及对项目的影响程度构造一个矩阵，表中每一单元对应一种风险的可能性及其影响程度。为适应现实生活中人们往往以单一指标描述事物的习惯，将风险的可能性与影响程度综合起来，用某种级别表示，见表 10-6。该表是以风险应对的方式来表示风险的综合等级。所示风险等级亦可采用数学推导和专家判断相结合确定。

表 10-6　综合风险等级分类表

综合风险等级		风险影响的程度			
		严重	较大	适度	低
风险的可能性	高	K	M	R	R
	较高	M	M	R	R
	适度	T	T	R	I
	低	T	T	R	I

综合风险等级分为 K、M、T、R、I 五个等级：

K（kill）表示项目风险很强，出现这类风险就要放弃项目；

M（modify plan）表示项目风险强，需要修正拟议中的方案，通过改变设计或采取补偿措施等；

T（trigger）表示风险较强，设定某些指标的临界值，指标一旦达到临界值，就要变更设计或对负面影响采取补偿措施；

R（review and reconsider）表示风险适度（较小），适当采取措施后不影响项目；

I（ignore）表示风险弱，可忽略。

落在该表左上角的风险会产生严重后果；落在这个表左下角的风险，发生的可能性相对低。必须注意临界指标的变化，提前防范与管理；落在该表右上角的风险影响虽然相对适度，但是发生的可能性相对高，也会对项目产生影响，应注意防范；落在该表右下角的风险，损失不大，发生的概率小，可以忽略不计。

以上介绍风险等级的划分标准并不是唯一的，其他可供选择的划分标准有很多，如常用的风险等级划分为 1～9 级等。

4. 风险应对

在经济风险分析中找出的关键风险因素，对项目的成败具有重大影响，需要采取相应的应对措施，尽可能降低风险的不利影响，实现预期投资效益。

（1）确定风险应对的原则。经济风险来源于技术、市场、工程等各个方面，因此，应从规划设计上就采取规避防范风险的措施，才能防患于未然。风险应对应注意以下原则：

①针对性。风险对策研究应有很强的针对性，应结合行业特点，针对特定项

目主要的或关键的风险因素提出必要的措施，将其影响降低到最小程度。

②可行性。可行性研究阶段所进行的风险应对研究应立足于现实客观的基础之上，提出的风险应对应在财务、技术等方面是切实可行的。

③经济性。规避防范风险是要付出代价的，如果提出的风险应对所花费的费用远大于可能造成的风险损失，该对策将毫无意义。在风险应对研究中应将规避防范风险措施所付出的代价与该风险可能造成的损失进行权衡，旨在寻求以最少的费用获取最大的风险效益。

（2）决策阶段的风险应对措施。在决策阶段为降低风险，应制定多个备选方案，通过多方案的技术、经济比较，选择最优方案；对有关重大工程技术难题潜在风险因素提出必要研究与试验课题，准确地把握有关问题，消除模糊认识；对影响投资、质量、工期和效益等有关数据，如价格、汇率和利率等风险因素，在编制投资估算、制定建设计划和分析经济效益时，应留有充分的余地，谨慎决策，并在项目执行过程中实施有效监控。

（3）建设或运营期的风险应对措施。建设或运营期的风险可建议采取回避、转移、分担和自担措施。

①风险回避。风险回避是彻底规避风险的一种做法，即断绝风险的来源。风险回避一般适用于以下两种情况，某种风险可能造成相当大的损失；风险应对防范风险代价昂贵，得不偿失。

②风险分担。风险分担是针对风险较大，投资人无法独立承担，或是为了控制项目的风险源，而采取与其他企业合资或合作等方式，共同承担风险、共享收益的方法。

③风险转移。风险转移是将项目业主可能面临的风险转移给他人承担，以避免风险损失的一种方法。转移风险有两种方式，一是将风险源转移出去，如将已做完前期工作的项目转给他人投资，或将其中风险大的部分转给他人承包建设或经营；二是只把部分或全部风险损失转移出去，包括保险转移方式和非保险转移方式两种。

④风险自担。风险自担是将风险损失留给项目业主自己独立承担项目的风险。投资者已知有风险但由于可能获利而需要冒险时，同时又不愿意将获利的机会分给别人，必须保留和承担这种风险。

上述风险应对不是互斥的，实际运用时可组合使用，应结合项目的实际情况，研究并选用相应的风险对策。

10.4.2 常用风险分析方法

风险分析是由风险分析人员，通过对风险分析工具、技术以及风险表现类别的掌握，对风险存在和发生的时间、风险的影响和损失、风险可能性、风险级别以及风险的可控性加以分析。常用风险分析的方法较多，本节仅简单扼要介绍几种常用方法的基本原理和基本操作步骤。具体应用可参见有关书籍。

1. 专家调查法

对风险的识别和评价可采用专家调查法。专家调查法简单、易操作，它凭借分析者的经验对项目各类风险因素及其风险程度做出定性估计。专家调查法可以通过发函、开会或其他形式向专家进行调查，对项目风险因素、风险发生的可能性及风险对项目的影响程度评定，将多位专家的经验集中起来形成分析结论。由于它比一般的经验识别法更具客观性，因此应用较为广泛。

采用专家调查法时，专家应熟悉该行业和所评估的风险因素，并能做到客观公正。为减少主观性，聘用的专家应有一定数量，一般应在 10 至 20 位。

具体操作上，将项目可能出现的各类风险因素、风险发生的可能性及风险对项目的影响程度采取表格形式一一列出，请每位专家凭借经验独立对各类风险因素的可能性和影响程度进行选择，最后将各位专家的意见归集起来，填写专家调查表。专家调查法是获得主观概率的基本方法。

2. 层次分析法

层次分析法（the analytic hierarchy process）是美国著名运筹学家，匹兹堡大学教授 T. L. Saaty 于 20 世纪 70 年代中期提出的一种定性与定量相结合的决策分析方法，简称 AHP 方法。

层次分析法是一种多准则者决策分析方法。这种方法是在对复杂的决策问题的本质、影响因素及其内在关系等进行深入分析的基础上，利用较少的定量信息使决策的思维过程数学化，从而为多目标、多准则或无结构特性的复杂决策问题提供简便的决策方法。尤其适合于对决策结果难于直接准确计量的场合。

层次分析法的特点是能将人们的思维过程数学化、系统化，以便于接受。应用这种方法时所需的定量信息较少，但要求决策者对决策问题的本质、包含的要素及其相互之间的逻辑关系掌握十分透彻。

在风险分析中它有两种用途：一是将风险因素逐层分解识别，直至最基本的风险因素，也称正向分解；二是两两比较同一层次风险因素的重要程度，列出该层风险因素的判断矩阵（判断矩阵可由专家调查法得出），判断矩阵的特征根就是该层次各个风险因素的权重，利用权重与同层次风险因素概率分布的组合，求得上一层风险的概率分布，直至求出总目标的概率分布，也称反向合成。运用层次分析法的步骤一般如下：

（1）通过对项目风险的深刻认识，确定该项目的总目标，实现目标的准则、策略和各种风险因素件等，广泛地收集信息。

(2) 建立一个多层次的递阶结构，按目标的不同、实现功能的差异，将系统分为几个等级层次（图 10-6）。应用 AHP 分析决策问题时，首先要把问题条理化、层次化，构造出一个有层次的结构模型。在这个模型下，复杂问题被分解为元素的组成部分。这些元素又按其属性及关系形成若干层次。上一层次的元素作为准则对下一层次有关元素起支配作用。这些层次可以分为三类：

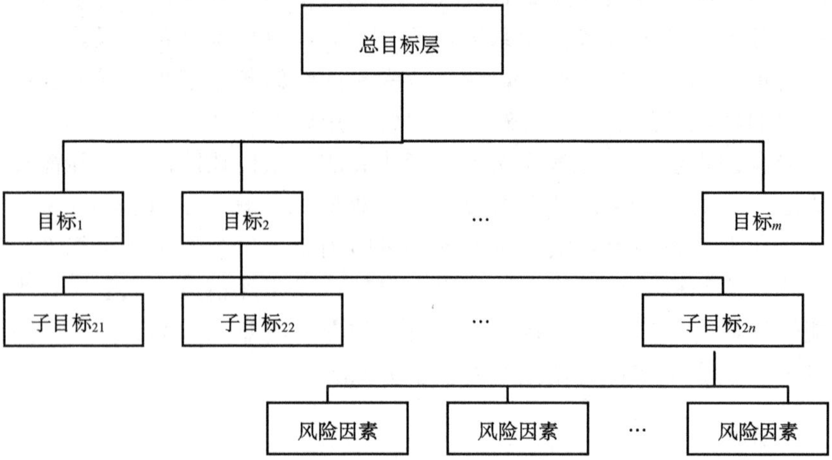

图 10-6 风险因素的递阶层次图

①最高层。这一层次中只有一个元素，一般它是分析问题的预定目标或理想结果，因此也称为目标层。

②中间层。这一层次中包含了为实现目标所涉及的中间环节，它可以由若干个层次组成，包括所需考虑的准则、子准则，因此也称为准则层。

③最底层。这一层次包括了为实现目标可供选择的各种措施、决策方案等，因此也称为措施层或方案层。

递阶层次结构中的层次数与问题的复杂程度及需要分析的详尽程度有关，一般地层次数不受限制。每一层次中各元素所支配的元素一般不要超过 9 个。这是因为支配的元素过多会给两两比较判断带来困难。

(3) 确定以上递阶结构中相邻层次元素间相关程度。通过构造两两比较判断矩阵及矩阵运算的数学方法，确定对于上一层次的某个元素而言，本层次中与其相关元素的重要性排序——相对权值。

(4) 计算各层元素对系统目标的合成权重，进行总排序，以确定递阶结构图中最底层各个元素的总目标中的重要程度。

(5) 将各项的权重与子项的风险概率分布加权叠加，得出项目的经济风险概率分布。

3. CIM 法

CIM 模型（CIM，controlled interval and memory model）是控制区间和记忆模型，也称概率分布的叠加模型，或“记忆模型”。这种方法是 C. 钱伯曼（C. Chapman）和 D. 库泊（D. Cooper ）在 1983 年提出的。CIM 模型包括串联响应模型和并联响应模型，它们分别是以随机变量的概率分布形式进行串联、并联叠加的有效方法。

CIM 方法的主要特点是：用离散的直方图表示随机变量概率分布，用和代替概率函数的积分，并按串联或并联响应模型进行概率叠加。在概率叠加的时候，CIM 可将直方图的变量区间进行调整，即所谓的区间控制，一般是缩小变量区间，使直方图与概率解析分布的误差显著减小，提高了计算的精度。CIM 模型同时也可用“记忆”的方式考虑前后变量的相互影响，把前面概率分布叠加的结果记忆下来，应用“控制区间”的方法将其与后面变量的概率分布叠加，直到最后一个变量为止。应用 CIM 模型分析风险的具体方法，读者可以参考有关 CIM 的书籍。

4. 概率树

概率树分析是假定风险变量之间是相互独立的，在构造概率树的基础上，将每个风险变量的各种状态取值组合计算，分别计算每种组合状态下的评价指标值及相应的概率，得到评价指标的概率分布，并统计出评价指标低于或高于基准值的累计概率，计算评价指标的期望值、方差、标准差和离散系数。可以绘制以评价指标为横轴，累计概率为纵轴的累计概率曲线。运用概率树计算项目净现值的期望值和净现值大于或等于零的累计概率的计算步骤：

（1）通过敏感性分析，确定风险变量；

（2）判断风险变量可能发生的情况；

（3）确定每种情况可能发生的概率，每种情况发生的概率之和必须等于 1；

（4）求出可能发生事件的净现值、加权净现值，然后求出净现值的期望值；

（5）可用插入法求出净现值大于或等于零的累计概率。

5. 蒙特卡罗模拟法

蒙特卡罗模拟法（Monte-Carlo Simulation）又称随机模拟法或统计试验法，是一种依据统计理论，利用计算机来研究风险发生概率或风险损失的数值计算方法。在目前的工程项目风险分析中，是一种应用广泛、相对较精确的方法。该方法源于第二次世界大战期间，Von Neuman 和 Ulam 对裂变物质中子的随机扩散进行模拟的研究，并以世界闻名的赌城蒙特卡罗作为该项目研究的秘密代号而得名。

蒙特卡罗模拟技术，是用随机抽样的方法抽取一组满足输入变量的概率分布特征的数值，输入这组变量计算项目评价指标，通过多次抽样计算可获得评价指标的概率分布及累计概率分布、期望值、方差、标准差，计算项目可行或不可行的概率，从而估计项目投资所承担的风险。具体模拟过程如下：

（1）通过敏感性分析，确定风险变量；

（2）构造风险变量的概率分布模型；

（3）为各输入风险变量抽取随机数；

（4）将抽得的随机数转化为各输入变量的抽样值；

（5）将抽样值组成一组项目评价基础数据；

（6）根据基础数据计算出评价指标值；

（7）整理模拟结果所得评价指标的期望值、方差、标准差和它的概率分布及累计概率，绘制累计概率图，计算项目可行或不可行的概率。

第十一章

方案经济比选

本章提要： 方案经济比选是在对各种技术上可行的方案进行技术经济对比分析计算，并结合其他因素详细论证、比较的基础上做出抉择，也是投资项目评估工作的重要组成部分。本章分别叙述了项目独立方案、互斥方案的比选原则和方法，并对有约束条件下和不确定因素下方案的经济比选方法进行了分析。

11.1 方案经济比选概述

方案比较分析是寻求合理的经济和技术决策的前提条件，在项目评价中，各项主要经济和技术决策如工厂规模、产品方案、工艺流程、主要技术设备选择等，都应根据实际情况多提供几个方案，对这些方案进行比较分析，并对其他因素进行详细地论证、比较作出选择。

1. 项目方案的类型

在项目评价、选优过程中，按项目方案相互之间的经济关系，可把项目方案分为独立方案、互斥方案和相关方案。

互斥方案，是指各个方案之间存在着互不相容、互相排斥的关系，在进行比选时，在各个备选方案中只能选择一个，其余的均必须放弃，不能同时存在。

独立方案，是指各个方案的现金流量是独立的不具相关性，其中任一方案的采用与否与其自己的可行性有关，而与其他方案是否采用没有关系。

相关方案，是指在各个方案之间，某一方案的采用与否会对其他方案的现金流量带来一定的影响，进而影响其他方案的采用或拒绝。

方案的相关关系有正相关和负相关。当一个项目（方案）的执行虽然不排斥其他项目（方案），但可以使其效益减少，这时项目（方案）之间具有负相关关系，项目（方案）之间的比选可以转化为互斥关系。当一个项目（方案）的执行使其他项目（方案）的效益增加，这时项目（方案）之间具有正相关关系，项目（方案）之间的比选可以采用独立方案比选方法。

项目评价中应对互斥方案和可转化互斥型方案的方案进行比选。

投资项目按有无约束条件可分为有约束项目（方案）和无约束项目（方案）。无约束方案是指没有资金、劳动力、材料、设备及其他资源拥有量限制的项目（或方案）；有约束方案是指有上述资源限制的项目（方案）。

2. 方案比较与选择类型

（1）局部比选和整体比选。按比选范围分，项目方案比选可分为局部比选和整体比选。整体比选是按各备选方案所含的因素（相同因素和不同因素）进行定量和定性的全面的对比；局部比选仅就所备选方案的不同因素或部分重要因素进行局部对比。

局部比选通常相对容易，操作简单，而且容易提高比选结果差异的显著性，如果备选方案在许多方面都有差异，采用局部比选的方法工作量大，而且每个局部比选结果之间出现交叉优势，其比选结果多样性，难以提供决策，这时应采用整体比选方法。

（2）综合比选与专项比选。按方案经济比选目的分，可分为综合比选与专项比选。方案比选贯穿于可行性研究全过程中，一般项目方案比选是选择两个或三个备选方案进行整体的综合比选，从中选出最优方案作为推荐方案。在实际过程中，往往伴随着项目的具体情况，有必要进行局部的专项方案比选，如产品规模的确定、技术路线的选择、厂址比较等。

（3）定性比选与定量比选。按内容分，项目方案经济比选可分为定性比选与定量比选。定性分析较适合于方案比选的初级阶段，在一些比选因素较为直观且不复杂的情况下，定性分析简单易操作。如在厂址方案比选中，环保政策允许性等可能一票否决，没有必要比较下去，定性分析能满足比选要求。

在较为复杂系统方案比选工作中，一般先经过定性分析，如果直观很难判断各个方案的优劣，再通过定量分析，论证其经济效益的大小，据以判别方案的优劣。在实践中，有时需要定性比选与定量比选相结合来判别方案的优劣。

3. 方案比较选择的要求和应注意问题

（1）被选方案提供的信息资料应可靠、均衡。

（2）被选方案的整体功能达到目标要求。同时进行财务分析和国民经济评价时，方案经济比选主要应按国民经济评价结论来选择方案。

（3）被选方案的经济效率达到可以被接受的水平。被选方案的经济指标的数值比较差异不大时，不能依此判定方案的优劣，只有经济指标的取值存在足够的差异时，且估算的误差不足以使评价结论出现逆转时，方能认定比较方案有显著的差异，并一次判断方案的优劣。

(4) 被选方案包含的范围和时间应一致，效益和费用计算口径一致。方案比较选择应注意各个方案之间的可比性，如计算基础资料、计算方法、满足需要等是否可比。

(5) 被选方案的计算期不同时，应采用净年值法和费用年值法。如果采用差额内部收益率法，可将各方案的计算期的最小公倍数作为比较方案的计算期，或者以各方案中最短的计算期作为比较方案的计算期。也可考虑采用研究期法。方案比选中经济评价指标的应用范围见表 11-1。

表 11-1 方案比选中经济评价指标的应用范围表

用途 \ 指标	净现值	内部收益率
方案比选（互斥方案选优）	无资金限制时，可选择 NPV 较大者	一般不直接用，可计算差额投资内部收益率（ΔIRR），当 ΔIRR ≥ i_c（i_s）时，以投资较大方案为优
项目排队（独立项目按优劣排序的最优组合）	不单独使用	一般不采用（可用于排除项目）

(6) 项目方案比选的折现率选择。折现率是建设项目经济评价中的重要参数，可以从两个角度考虑设定折现率：一是从具体项目投资决策的角度，设定折现率应反映投资者对资金时间价值的估计，作为投资项目决策的判据；二是从投资者投资计划整体优化的角度，设定折现率应有助于选择投资方向，作出使全部投资净收益最大化的投资决策。本章所涉及的是前者，在可行性研究阶段，作为具体投资项目（或方案）的决策判据。方案比选中，通常采用与财务分析或经济费用效益分析统一的折现率基准。

方案比选中通常使用设定的折现率。但在多方案的成本比较中，由于成本费用的节约，使得项目收益增加和风险减少，采用设定的折现率对不同年份的成本费用折算，可能会因使用的折现率过高而影响费用现值，因此，多方案比选时，应采用统一的折现率。

11.2 独立方案的比较与选择

在无约束的条件下，一群独立项目的决策是比较容易的，这时项目评价要解决的问题是项目评价指标能否达到某一标准的问题。这时由于对于经济上彼此独立的常规项目（即各年净现金流量只有一次由负值转为正值的变化，且流入总额总是大于流出总额的项目），只要计算有关静态指标，判断项目是否可行就可以了。但是在若干可供选择的独立项目中，如果有约束条件（如资金限制）则只能从中选择一部分项目实施，这就出现了资金的合理分配问题，一般要通过项目组合来优选项目，各个项目组合间是互斥的。因此，有约束条件的独立项目选择又转化为互斥的项目组合的选择问题。这里首先研究在无约束的条件下，独立方案选择的常用指标和方法。

1. 净现值法（NPV）

在项目评价或方案比较中的净现值，是指按照要求达到的收益率将项目（或方案）计算期（或寿命期）内各年的净现金流量折算到建设期初的现值之和。根据净现值的大小可决定独立方案取舍。其计算公式为

$$NPV = \sum_{t=1}^{n} (CI - CO)_t \cdot (1+i)^{-t}$$

式中：NPV——表示项目或方案的净现值；

CI——现金流入；

CO——现金流出；

$(CI-CO)_t$——第 t 年的净现金流量；

i——折现率（基准收益率）。

在进行财务评价时，i 通常取按行业确定的财务基准收益率（i_c），计算得出财务净现值；在进行国民经济评价时，取社会折现率（i_s）计算得到社会净现值。为简化叙述，以后将财务基准收益率和社会折现率统称为基准收益率。NPV≥0 时，说明项目的收益率大于或等于基准收益率，项目从经济的角度是可行的。当 NPV>0 时，说明项目除能达到基准收益率，还能获得超额收益或效益；当 NPV<0 时，说明该项目在经济上是不可行的。在用净现值比较被选方案时，应采用相同的折现率。

例如：有两个独立项目 A 和 B，各项目在计算期内的净现金流量见表 11-2，设行业基准收益率 $i_c=15\%$，试比较选择这两个项目在经济上是否可行？

表 11-2 计算期内的净现金流量 （单位：万元）

项 目	计算期（年）	
	0	1～10
A	−200	45
B	−200	30

利用净现值的计算公式计算：

$$NPV_a = -200 + 45\ (P/A,\ 15\%\ ,\ 10) = 25.8\ (\text{万元})$$

$$NPV_b = -200 + 30\ (P/A,\ 15\%\ ,\ 10) = -49.4\ (\text{万元})$$

由上述计算可看出，项目 A 的净现值大于零，项目从经济上看是可行的；而项目 B 的净现值小于零，则从经济上看是不可行的，应予否定。

2. 净年值法（AW）

年值法是通过分别计算各备选方案净现金流量的年值（AW）并进行比较的方法，以 AW≥0，且 AW 最大者为最优方案。即把项目或方案在计算期（或寿命期）内各年的净现金流量，按照要求的收益率折算成与该现金量等值的、分布在各年末的等额年金序列。其计算式为

$$AW = \sum_{t=1}^{n}(CI - CO)_t \quad (1+i)^{-t}(A/P,i,n)$$

$$AW = \sum_{t=1}^{n}(CI - CO)_t \quad (1+i)^{n-t}(A/F,i,n)$$

仍以表 11-2 的现金流量为例：$i=15\%$，$n=10$，计算其年值为

$$AW_a = -200\ (A/P,\ 15\%,\ 10) + 45 = 5.14\ (\text{万元})$$

$$AW_b = -200\ (A/P,\ 15\%,\ 10) + 30 = -9.86\ (\text{万元})$$

$AW_a > 0$，说明该项目除了能达到 15%的收益率外，还能每年得到 5.11 万元的超额收益，在经济上是可行的；而 B 项目则达不到 15%的收益率，因此在经济上是不可行的。

11.3　互斥方案的比较与选择

下面按照计算期是否相同来分别研究互斥方案的比较方法。

11.3.1　计算期相同的方案比较

1. 效益比选方法

效益比选方法包括净现值法、年值法和差额投资内部收益率法。

（1）净现值法。我们知道，NPV≥0 时，该项目是可以接受的，在进行互斥方案的比较，计算期又相同时，可根据净现值的大小来选择方案，即 NPV 大的方案是较优的方案。

也可根据净年值（AW）的大小来选择方案，即在方案可接受的条件下，选择 AW 大的方案。

（2）差额投资内部收益率法。在互斥方案比较中，不能直接采用内部收益率

法，而需采用差额投资内部收益率法。

差额投资内部收益率是指两个方案各年净现金流量的差额的现值之和等于零时的折现率，其计算公式为

$$\sum_{t=1}^{n}[(CI-CO)_{大}-(CI-CO)_{小}]_t(1+\Delta FIRR)^{-t}=0$$

式中：$(CI-CO)_{大}$——投资大的方案的财务净现金流量；

$(CI-CO)_{小}$——投资小的方案的财务净现金流量；

ΔFIRR——差额投资财务内部收益率。

差额投资内部收益率可用试差法或用专用函数求得。用其比较方案时，当差额财务投资内部收益率大于或等于设定的基准收益率时，投资大的方案为优；反之，投资小的方案为优。在进行多方案比较时，应先按投资大小由小到大排序，再依次两两比较，从中选出最优方案。

例如某项目有两个方案，其现金流量如表 11-3 所示。

表 11-3 现金流量

方案	现金流量	0 年	1 年	2 年	3 年	4 年	5 年
A	现金流入		2 843	2 843	2 843	2 843	2 843
	现金流出	7 000					
B	现金流入		2 088	2 088	2 088	2 088	2 088
	现金流出	10 000					
A－B	差额现金流量	－3 000	755	755	755	755	755

解：计算差额投资内部收益率

$$-3000+755\ (P/A,\ \Delta IRR,\ 5)\ =0$$

即 $(P/A,\ \Delta IRR,\ 5)=3.97$，反查表得

$$i_1=8\%时，(P/A,\ \Delta IRR,\ 5)=3.9927$$

$$i_2=9\%时，(P/A,\ \Delta IRR,\ 5)=3.8896$$

则用插值法求得

$$\Delta IRR=8.183\%$$

若基准收益率为 12%时，则投资小的方案 A 为较优方案；若基准收益率为 8%时，则投资大的方案 B 为较优方案。

2. 费用效果分析方法

费用效果分析专指耗费采用货币计量，效果采用非货币计量的分析方法。根据社会和经济发展的客观需要直接进行费用效果分析的项目，一般情况下，在充

分论证项目必要性的前提下，重点是制定实现项目目标的途径和方案，并根据以尽可能少的费用获得尽可能大的效果原则，通过多方案比选，提供优先选定方案或进行方案优先次序排队，以供决策。费用效果分析只能比较不同方案的优劣，不能像费用效益分析那样保证所选方案的效果大于费用，因此，更加强调充分挖掘方案的重要性。

费用效果分析既可以应用于财务现金流量，也可以用于经济费用效益流量。用于前者，主要用于项目各个环节的方案比选，项目总体方案的初步筛选；用于后者，除了可以用于上述方案比选、筛选以外，对于项目主体效益难于货币化的，则取代费用效益分析，并作为经济分析的最终结论。

费用的测算强调采用寿命周期费用，它是项目从建设投资开始到项目终结整个过程期限内所发生的全部费用，包括投资、经营成本、末期资产回收和拆除、恢复环境的处置费用。寿命周期费用一般按现值计算或按年值计算。

（1）费用现值比较法。费用现值比较法，是计算各方案的费用现值并进行对比，费用现值较低的方案为可取的方案。各方案费用现值的表达式为

$$\mathrm{PW}=\sum_{t=1}^{n}(I+C-S_v-W)_t(P/F,i_c,n)$$

式中：I——全部投资；

C——年经营成本；

S_v——计算期末回收的固定资产余值；

W——计算期末回收的流动资金；

i_c——基准收益率。

例如：某建设项目有两个方案，其生产能力、产品质量相同，有关数据见表11-4，如基准收益率为12%，试用费用现值法比较这两个方案。

表 11-4　方案数据

现金流量	方案Ⅰ	方案Ⅱ
初始投资（万元）	4000	5000
寿命期（年）	5	5
残值（万元）	500	800
年经营成本（万元）	1500	1200

解：根据上述公式有

$\mathrm{PW}_{\mathrm{I}}=4000+1500(P/A,12\%,5)-500(P/F,12\%,5)=9123.5$（万元）

$\mathrm{PW}_{\mathrm{II}}=5000+1200(P/A,12\%,5)-800(P/F,12\%,5)=8871.84$（万元）

因为 $\mathrm{PW}_{\mathrm{I}}>\mathrm{PW}_{\mathrm{II}}$，所以应选方案Ⅱ。

（2）年费用比较法。所谓年费用法就是按基准收益率将各方案经济寿命期内的费用折算成一个等额年值，通过比较方案的年费用的大小来选择方案。年费用较低的方案为较优方案。各方案通用的年费用的表达式为

$$AC = \left[\sum_{t=1}^{n}(I + C - S_v - W)_t (P/F, i, n)_t\right](A/P, i, n)$$

或 AC＝PW（A/P，i，n）

例：仍以表 11-4 的数据为例，基准收益率仍为 12%，分别计算年费用：

AC_{I} ＝4000（A/P，12%，5）＋1500－500（A/F，12%，5）

＝2530.95（万元）

AC_{II} ＝5000（A/P，12%，5）＋1200－800（A/F，12%，5）

＝2461.14（万元）

由于 $AC_{\text{I}} > AC_{\text{II}}$，故选择方案Ⅱ。

11.3.2 计算期不同的方案比较

计算期不同的互斥方案的比选，需要对各备选方案的计算期和计算公式进行适当的处理，使各方案在相同的条件下进行比较。

满足时间可比条件而进行处理的方法很多，常用的有年值法、最小公倍数法和研究期法等。

1. 年值法

计算期不同的方案比较宜采用年值法（AW）和年费用法（AC），可直接比较各方案这两个指标大小来选择方案。

若采用净现值法、费用现值法或差额投资内部收益率法，则需对各比较方案的计算期作相应调整，才能进行比较。常用的调整方法有最小公倍数法和研究期法。

2. 最小公倍数法

最小公倍数法又称方案重复法，是以各备选方案计算期的最小公倍数作为各方案的共同计算期，假设各个方案均在这样一个共同的计算期内重复进行，对各方案计算期内各年的净现金流量进行重复计算，直至与共同的计算期相等。以净现值较大的方案或费用现值最小的方案为优。

例如：某厂进行设备更新，有两种设备均能满足使用要求，具体数据见表 11-5，设基准收益率为 19%，试进行设备方案选择？

表 11-5　设备具体数据　　（单位：万元）

设 备	投 资	年净收益	寿命（年）
A	1 000	400	4
B	2 000	530	6

解：由于两个方案的寿命期不同，需先求出它们寿命期的最小公倍数（12），画出现金流量图，如图 11-1 所示，然后再进行计算。

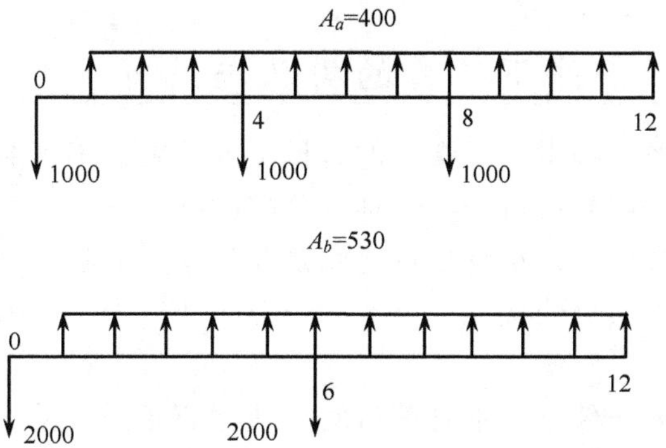

图 11-1　现金流量图

$$\begin{aligned}NPV_a &= 400(P/A,10\%,12)-1000-1000(P/F,10\%,4)-1000(P/F,10\%,8)\\ &=576(\text{万元})\end{aligned}$$

$NPV_b=530(P/A,10\%,12)-2000-2000(P/F,10\%,6)=483$(万元)

因为 $NPV_a>NPV_b$，因此应选择方案 A。

3. 研究期法

研究期法就是通过研究分析，直接选取一个适当的计算期作为各个方案共同的计算期，计算各个方案在该计算期内的净现值或费用现值，以净现值较大或费用现值较小的方案为优。在实际应用中，为方便起见，往往直接选取诸方案中最短的计算期作为各方案的共同计算期，此时研究期法也可以称为最小计算期法。

例如：仍以上例数据，按最短的寿命期法来比较选择方案。

解：A、B 方案的现金流量图见图 11-2。

各方案的最短的寿命期为 4 年，则

$$NPV_a=-1000+400(P/A,10\%,4)=268(\text{万元})$$

$$NPV_b=[-2000(A/P,10\%,6)+530](P/A,10\%,4)=224(\text{万元})$$

$NPV_a>NPV_b$，则方案 A 较优。

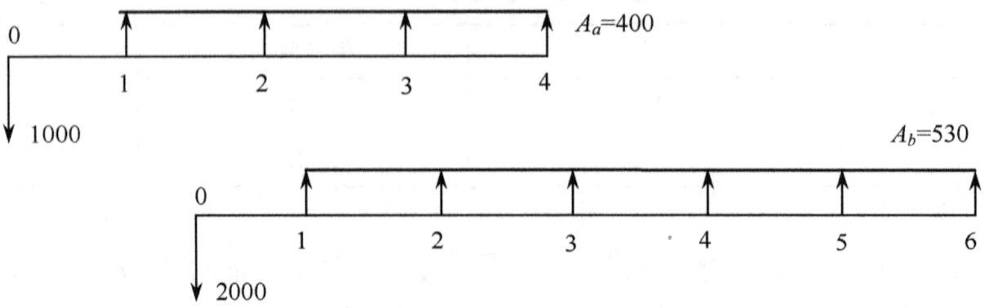

图 11-2　A、B 方案的现金流量图

11.4　有约束条件下项目的排队与选择

项目比较和选择过程中，最常见的是投资的约束，不可能采用所有经济合理的项目或方案，这就需要进行资金的合理分配问题。

在存在约束的条件下，尽管项目之间是互不相关的独立项目，即采用其中某一项目并不影响其他项目的选择，但在约束条件下（如资金限制），便会成为相关的项目。

所以，在有约束条件下，不管项目间是独立的还是互斥的，都可用同一种选择方法，即把所有能够满足约束条件的投资项目的互斥组合列出来，在此基础上，可以采用前面介绍过的互斥项目的选择方法进行选择。具体步骤是：

（1）首先判断每一个方案在经济上是否可行，舍弃那些不可行的方案。

（2）列出在约束条件下所有可能的互斥方案组合，方案组合内部的方案是相互独立的，方案组合之间是互斥的，选择其中某一方案组合就排斥了选择其他方案组合的可能性。

（3）把各方案组合按约束的因素（在总投资有限时方案组的初始投资额）的大小，从小到大排序。

（4）舍弃那些不能满足约束条件的方案组合。

（5）留待考虑的方案组，可用差额投资内部收益率或增额投资净现值法选择最优方案组。

例如：有三个独立方案 A、B、C，各方案的投资、年净收益和寿命期见表 11-6，基准收益率为 15%。现有总投资限额为 30000 元，请比较选择方案？

表 11-6　各方案的投资、年净收益和寿命期　　　　（单位：元）

方 案	投资（生产初期）	年净收益	寿命期（年）
A	12 000	4 300	5
B	10 000	4 200	5
C	17 000	5 800	10

解：①首先判断每一个方案是否可行

要判断每一个方案是否可行可用前面介绍过的净现值、净年值、内部收益率等指标。这里用内部收益率指标：分别求出各方案的 IRR 与基准收益率比较。

$-12000+4300(P/A, \text{IRR}, 5)=0$

即：$(P/A, \text{IRR}, 5)=2.79$，反查复利系数表，用插值法求得

$$\text{IRR}_a=20\%>15\%$$

同理，可求得方案 B、C 的 IRR 也大于基准收益率，因此，这三个方案都可行。

②在资金约束条件下，列出所有可能的方案组合，见表 11-7。

表 11-7　方案组合　　（单位：万元）

组号	方案组合	投资	年净收益
1	A	12 000	4 300（1—5 年）
2	B	10 000	4 200（1—5 年）
3	C	17 000	5 800（1—5 年）
4	AB	22 000	8 500（1—5 年）
5	AC	29 000	10 100（1—5 年） 5 800（6—10 年）
6	BC	27 000	10 000（1—5 年） 5 800（6—10 年）
7	ABC	39 000	14 300（1—5 年） 5 800（6—10 年）

③除去不满足约束条件的投资组合，即舍去 ABC 组合，并按投资额从小到大排列出要考虑的投资方案组合，见表 11-8。

表 11-8　投资方案组合　　（单位：万元）

组号	方案组合	投资	年净收益
1	B	10 000	4 200（1—5 年）
2	A	12 000	4 300（1—5 年）
3	C	17 000	5 800（1—10 年）
4	AB	22 000	8 500（1—5 年）
6	BC	27 000	10 000（1—5 年） 5 800（6—10 年）
5	AC	29 000	10 100（1—5 年） 5 800（6—10 年）

④用差额投资收益率法和增量投资的净现值来选择方案，得出的结果见表11-9。

表 11-9 方案组合

组号	方案组合	增量	增量 IRR（%）		增量 NPV（元）	
			数值	决策	数值	决策
2	B					
1	A	1−2	负值	放弃 1	−1 164.78	放弃 1
3	C	3−1	32.57	放弃 2	8 029.81	放弃 2
4	AB	4−3	负值	放弃 4	−5 615.54	放弃 4
6	BC	6−3	32.45	放弃 3	4 414.27	放弃 3
5	AC	5−6	负值	放弃 5	−1 664.78	放弃 5

从表 11-9 可看出，用差额投资内部收益率或增额投资净现值来选择方案，其结果是一致的，最好的投资选择都是选择 BC，即应当上项目 B 和项目 C。

下面我们用直接求各方案组合的净现值的方法来选择方案，计算结果见表 11-10。

表 11-10 各方案组合的净现值 （单位：元）

组号	方案的组合	NPV（15%）	按 NPV 值从大到小排列	决策
1	A	2 414.27	6	
2	B	4 079.05	7	
3	C	12 108.86	3	
4	AB	6 493.32	4	
5	AC	14 523.12	2	
6	BC	16 187.91	1	选中

由表 11-10 可看出，净现值最大的组合 BC 组合，即 BC 组合为最优方案组合。用净现值法选择方案和用差额投资内部收益率法或增额投资净现值法选择方案的结果是一致的，因此在有约束条件下进行互斥组合方案的选择时，可以用方案组合净现值最大作为选择原则，这样可简化计算。

11.5 不确定性因素下的方案比选

在多方案比较中，应分析不确定因素和风险因素对方案比选的影响，判断其对比较结果的影响程度，进行必要的不确定分析和风险分析，以保证比选结果的有效性。不确定因素下的方案比选可采取以下方法。

1. 折现率调整法

通过调高折现率使备选方案净现值变为零，折现率变动幅度小的方案的风险小。

2. 标准差法

即对被选方案进行概率分析，计算出评价指标的期望值和标准差，在期望值大致相同的前提下，比较其标准差，标准差较高者，风险相对较大。若评价指标的期望值差异较大，则应比较标准差系数，标准差系数越小，风险越小。

设有初始投资相同的两个方案，其预计的净现值如表 11-11 所示，试分析比较这两个方案。

表 11-11　方案Ⅰ、方案Ⅱ的可能的净现值

Ⅰ		Ⅱ	
NPV（万元）	概率	NPV（万元）	概率
−1000	0.1	−1000	0.1
0	0.2	500	0.2
1000	0.4	2000	0.4
2000	0.2	3500	0.2
3000	0.1	5000	0.1

解：根据表 11-11 计算出各方案的净现值的期望值

$$E_{\mathrm{I}}(\mathrm{NPV})=0.1\times(-1000)+0.2\times0+0.4\times1000+0.2\times2000+3000\times0.1$$
$$=1000(\text{万元})$$

$$E_{\mathrm{II}}(\mathrm{NPV})=0.1\times(-1000)+0.2\times500+0.4\times2000+0.2\times3500+0.1\times5000$$
$$=2000(\text{万元})$$

再计算出各方案的标准差

$$\sigma_{\mathrm{I}}=1095\ (\text{万元}),\quad \sigma_{\mathrm{II}}=1643\ (\text{万元})$$

虽然标准差是反映随机变量离散程度的一个量，但是一个绝对量，只能用来比较收益期望值相同的各投资项目之间的风险程度，不能用来比较收益期望值不同的各投资项目之间的风险程度，因此应计算标准差系数（V_σ）

$$V_{\sigma_{\mathrm{I}}}=1095/1000=1.095$$
$$V_{\sigma_{\mathrm{II}}}=1643/2000=0.882$$

通过计算，方案Ⅱ标准差系数较小，因此风险较小。

根据上述计算画出图 11-3。

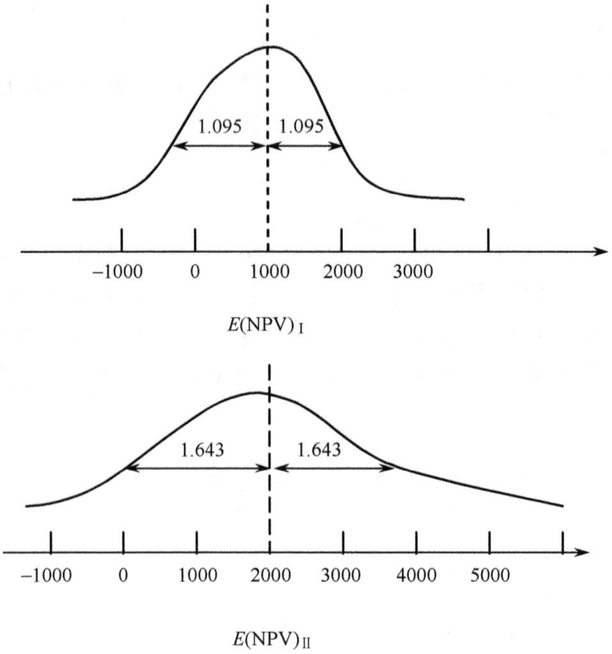

图 11-3　方案Ⅰ、方案Ⅱ的净现值的期望值

图 11-3 说明，在 $\mu_{Ⅰ}$ 加减 1 个 σ 的范围内，可能会出现负的 NPV，在 $\mu_{Ⅱ}$ 加减 1 个 σ 的范围内，还不会出现负的 NPV，从图中也可看出项目Ⅰ的风险大于项目Ⅱ，即方案Ⅱ较优。

3. 累计概率法

累计概率法是根据各种情况发生的可能性（即概率），计算项目净现值的期望值及净现值大于或等于零时的累计概率。即计算备选方案净现值大于或等于零的累计概率，估计方案承受风险的程度，方案的净现值大于或等于零的累计概率值越接近于 1，说明方案的风险越小；反之，方案的风险大。

一般步骤是：

（1）列出各种要考虑的不确定性因素或风险因素；

（2）设想各不确定性因素可能发生的情况，即其数值发生变化的几种情况；

（3）分别求出各种情况下出现的可能性即概率，每种不确定性因素可能发生的情况的概率之和必须等于 1；

（4）分别求出各可能发生事件的净现值、加权净现值，然后求出净现值的期望值；

(5) 求出净现值大于或等于零的累计概率。

例如：某一生产城市小型汽车的投资项目，估计其预计寿命变动的概率是：3 年的概率为 0.3，5 年的概率为 0.4，7 年的概率为 0.3。该项目的预计投资为 10000 万元，回收固定资产余值为 2000 万元，预计年收入为 5000 万元，年支出为 2200 万元，若最低收益率为 10%，试判断该独立方案是否可行？

解：①首先计算方案净现值的期望值

预计寿命为 3 年净现值

$$\begin{aligned} NPV_1 &= -10\ 000+(5000-2200)\times(P/A,10\%,3)+2000(P/F,10\%,3) \\ &= -15\ 332(\text{万元}) \end{aligned}$$

预计寿命为 5 年的净现值

$$\begin{aligned} NPV_2 &= -10\ 000+(5000-2200)\times(P/A,10\%,5)+2000(P/F,10\%,5) \\ &= 1856.5(\text{万元}) \end{aligned}$$

预计寿命为 7 年的净现值

$$\begin{aligned} NPV_3 &= -10\ 000+(5000-2200)\times(P/A,10\%,7)+2000(P/F,10\%,7) \\ &= 4656.8(\text{万元}) \end{aligned}$$

②再求净现值的期望值

$$\begin{aligned} E(NPV) &= -1533.2\times0.3+1856.6\times0.4+4656.8\times0.3 \\ &= 1679.72\ (\text{万元}) \end{aligned}$$

③计算净现值的方差。根据方差的计算公式有

$$\begin{aligned} \sigma^2 &= (-1533.2)^2 0.3+(1856.6)^2 0.4+(4656.8)^2 0.3-1679.72^2 \\ &= 5\ 768\ 273 \end{aligned}$$

$$\sigma=\sqrt{\sigma^2}=\sqrt{5\ 768\ 273}=2401.72(\text{万元})$$

该项目的预计寿命的期望值为

$$E(N)=3\times0.3+5\times0.4+7\times0.3=5\ (\text{年})$$

净现值的期望值比预计 5 年寿命时的净现值的期望值要低一些。

根据概率论的有关原理知

$$P\left(NPV \succ -\frac{1679.72-0}{2401.72}\right)\sigma=P\ (NPV \succ -0.6993\sigma)\ =24.5\%$$

$$P\ (NPV \succ 0)\ =1-0.245=75.5\%$$

即该项目净现值的期望值小于零的概率为 24.5%，说明该方案有一定的风险，应慎重决策。

第十二章

改扩建项目与并购项目经济评估

本章提要：改扩建项目是企业为了生存与发展进行的生产性的长期投融资决策，它是企业发展规划的重要组成部分。并购项目是对企业价值合理评估的基础上，通过收购和兼并等资本运作活动，优化资源组合，建立新的生产设施或扩充现有生产能力。本章概述既有企业改扩建项目和并购项目经济评价的特点和方法。

12.1 改扩建项目经济评估

12.1.1 改扩建项目经济评估特点

改扩建项目是指既有企业利用原有资产与资源，投资形成新的生产（服务）设施，扩大或完善原有生产（服务）系统的活动，包括改建、扩建、技术改造、迁建、停产复建等。

改扩建项目的目的在于增加产品供给，开发新型产品，调整产品结构，提高技术水平，降低资源消耗，节省运行费用、提高产品质量，改善劳动条件，治理生产环境等。项目的效益与其目的有关，有些效益可以用目的直接体现，有些效益要通过间接途径来表现。

改扩建项目具有下列特点：

(1) 项目是既有企业有机组成部分，同时项目的活动与企业的活动在一定程度上是有区别的；

(2) 项目的融资主体是既有企业，项目的还贷主体还是既有企业。改扩建项目通过既有法人融资并承担债务偿还，以“增量”投资（费用），使用一部分“存量”资产与资源，带来“总量”效益。

(3) 改扩建项目以现有企业为对象，主要是在现有企业和技术基础上进行，而不是铺新摊子、上新项目，建新的企业，项目一般要利用既有企业的部分或全部资产与资源，且不发生资产与资源的产权转移，以增量调动存量，以较小的新增投入取得较大的新增效益。

(4) 建设期内既有企业生产（运营）与项目建设同时进行，并且生产经营的状况还在不断发生变化，因此项目的效益和费用的识别、计算比较复杂。

因此，改扩建项目的经济评价除应遵循一般建设项目评价的原则和基本方法外，还必须针对以上特点，在具体评价方法上和效益费用识别上做一些特殊的规定。

1. 正确识别分析改扩建项目要使用到五种数据

改扩建项目经济评价应正确识别与估算“无项目”、“有项目”、“现状”、“新增”、“增量”五种状态下的资产、资源、效益与费用 。“无项目”与“有项目”的口径与范围应保持一致。避免费用与效益误算、漏算或重复计算。

(1) “有项目”（with project），指既有企业进行投资活动后，在项目的经济寿命期内，在项目范围内可能发生的效益与费用流量。“有项目”的流量是时间序列的数据。

(2) “无项目”（without project），指既有企业利用拟建项目范围内的部分或全部原有生产设施（资产），在项目计算期内可能发生的效益与费用流量。“无项目”的流量是时间序列的数据。

(3) “增量”（increment），是“有项目”的流量减“无项目”的流量，是时间序列的数据。“有项目”的投资减“无项目”的投资是增量投资；“有项目”的效益减“无项目”的效益是增量效益；“有项目”的费用减“无项目”的费用是增量费用。

(4) “现状”数据是项目实施前的资产与资源、效益与费用数据，也可称基本值（baseline），是一个时点数。“现状”数据对于比较“项目前”（before project）与“项目后”（after project）的效果有重要作用。现状数据也是预测“有项目”和“无项目”的基础。现状数据一般可用实施前一年的数据，当该年数据不具有代表性时，可选用有代表性年份的数据或近几年数据的平均值。其中，特别是对生产能力的估计，应慎重取值。

(5) “新增”（additional）数据是项目实施过程各时点“有项目”的流量与“现状”数据之差，也是时间序列的数据。新增建设投资包括建设投资和流动资金，还包括原有资产的改良支出、拆除、运输和重新安装费用。新增投资是改扩建项目筹措资金的依据。

“无项目”时的效益由“老产品”产生，费用是为“老产品”投入；“有项目”时的效益一般由“新产品”与“老产品”共同产生；“有项目”时的费用包含为“新产品”的投入与为“老产品”的投入。“老产品”的效益与费用在“有项目”与“无项目”时可能有较大差异。

2. 应明确界定项目效益和费用的范围

财务分析中，效益和费用的范围指项目活动的直接影响范围。在国民经济效益费用分析中，效益费用范围指项目活动的直接和间接影响的范围。在保证不影响分析结果的情况下尽可能缩小项目的范围。

（1）对于“整体改扩建”的项目，项目范围包括整个既有企业，除要使用既有企业的部分或全部原有资产、场地、设备，还要另外新投入一部分资金进行扩建或技术改造。企业的投资主体、融资主体、还债主体、经营主体是统一的，项目的范围就是企业的范围。“整体改扩建项目”不仅要识别和估算与项目直接有关的费用和效益，而且要识别和估算既有企业其余部分的费用和效益。

（2）对于“局部改扩建”项目，项目范围只包括既有企业的一部分，只使用既有企业的一部分原有资产、资源、场地、设备，加上新投入的资金，形成改扩建项目；企业的投资主体、融资主体与还债主体仍然是一致的，但可能与经营主体分离。整个企业只有一部分包含在项目“范围内”，还有相当一部分在“企业内”但属于项目“范围外”。

（3）在保证项目的费用与效益口径一致以及不影响分析结果的情况下，应尽可能缩小项目的范围，有可能的话，只包括与项目直接关联的财务费用与效益。

在界定了项目的范围后，就应当正确识别与估算项目范围内、外的费用与效益。

3. 改扩建项目经济评价要考虑项目对企业经济效益的影响

改扩建项目是实现既有企业总体战略目标的手段，其目的是通过实施项目，提高既有企业总体经济效益。企业总体经济效益可表现在多个方面。对于有直接财务收益的改扩建项目，项目的增量收入或减少亏损一定会增加既有企业的经济效益；对于环境治理与保护的项目，既有企业不能得到直接的财务收益，但是可能减少排污费，进而节约了生产成本，减少社会为治理污染发生的费用，从而节约了经济费用，最终提高了既有企业的财务与经济效率。改扩建项目对既有企业的生产活动可能还有“乘数效应”，或对既有企业上下游产业链条有带动作用。

分析项目对既有企业经济效益的影响，在财务上主要看营业收入和利润总额的影响，这两个指标比较直观，计算也比较简单。由于有分配的影响，税后利润一般不作为考核指标，净现金流量由于受到既有企业本身现金流量的影响，也不作为考核指标。对于整体改扩建项目，有条件时也可以作财务或经济净现金流分析。

12.1.2 改扩建项目经济评估内容

改扩建项目财务评价采用一般建设项目财务分析的基本原理和分析指标。由于项目与既有企业既有联系又有区别，一般可从项目层次和企业层次进行分析。

改扩建项目在完成财务费用效益识别和估算以后，要进行融资分析、盈利能力分析、项目层次的偿债能力分析、企业层次偿债能力分析以及生存能力分析。

1. 融资分析

改扩建项目的资金筹措是比较复杂的。从法律上来讲，项目的所有资金都来源于既有企业，因为项目要用的债务资金是以既有企业的名义去借的，项目的权益资金也全部来源于既有企业。既有企业的债务资金包括既有企业自身运行和发展需要的贷款，也包括为实施项目的贷款。银行在为项目贷款时，一方面考虑项目未来的现金流量，项目是否有可能盈利；另一方要考虑企业的信用与还款能力，而且后者的影响可能重于前者的影响。项目的权益资金由两个部分组成，一部分是既有企业资产（含固定资产和流动资产），如既有企业的土地或现金盈余；另一部分是既有企业定向募集的股本，这部分股本对于既有企业和项目来说都是增量股本。

2. 盈利能力分析

盈利能力分析应从项目层次进行分析，即利用时间价值的原理，遵循“有无对比”的原则，利用“有项目”与“无项目”的效益与费用计算增量效益与增量费用，求出增量净现金流，并依此计算内部收益率，考查项目实施的效果。由于既有企业不实施改扩建项目的“无项目”数据是固有的且是非零的，在进行既有企业改扩建项目的盈利能力分析时，要将“有项目”的现金流量减去“无项目”的现金流量，得出“增量”现金流量，依“增量”现金流量判别项目的盈利能力。“增量”现金流量包括“增量权益资金”、“增量借贷资金”、“增量营业收入”、“增量补贴收入”、“增量经营成本”、“增量所得税”等。既有企业改扩建项目的盈利能力分析是“增量分析”的最好体现。

3. 偿债能力分析

从法律上讲，改扩建项目是由既有企业出面向银行借款，当然还款的财务主体是既有企业，也就只应考虑既有企业的偿债能力。然而，既有企业借款是为了项目，不管项目将来是否独立核算，都应当考察项目本身的还款能力，这是企业财务管理本身的需要。因此，改扩建项目的偿债能力分析宜进行两个层次的分析：

（1）项目层次的偿债能力分析。编制借款还本付息计划表并分析拟建项目“有项目”时的收益偿还新增债务的能力，计算利息备付率和偿债备付率，考察还款资金来源（折旧、摊销、利润）是否能按期足额偿还借款利息和本金，若还款资金来源足以还款或倘有节余，表明项目自身的还款能力强；如果项目自身的还款资金来源不足，应由既有企业动用自有资金补足，或采用其他方式还款。计算得到的项目偿债能力指标可以表示项目用自身的各项收益抵偿债务的能力，显示项目对企业整体财务状况的影响。虽然债务偿还是企业行为，但项目层次偿债能力指标可以给企业法人和银行重要的提示：即项目本身收益是否可能完全偿还债务，是否会因此增加企业法人的债务负担。若项目范围内“无项目”时倘有借款（整体改扩建），应用“有项目”的整体收益一并偿还，需要编制“有项目”的借款还本付息计划表，包括新增借款和原有借款。

（2）企业层次的借款偿还能力。项目决策人（既有企业）要根据企业的经营与债务情况，在计入项目借贷及还款计划后，估算既有企业总体的偿债能力。

银行等金融部门在做贷款决定之前，往往要了解现有企业财务状况，尤其是企业的债务情况（含原有贷款、其他拟建项目贷款和项目新增贷款），考虑企业的综合偿债能力，企业应根据债权人的要求提供相应的资料。在项目产出与企业产出相同或相近时，企业的资金成本与项目的资金成本相同；在项目资金投向其他行业时，项目的资金成本与其他行业的投资风险或投资机会成本相近。

（3）在项目范围与企业范围一致时（整体改扩建），“有项目”数据与报表都与企业一致，可直接利用企业财务报表进行借款偿还计算、资金平衡分析和资产负债分析。

在改扩建项目范围与企业范围不一致时（局部改扩建），偿债能力分析就有可能出现项目和企业两个层次。

在直接用增量进行简化时，仅有项目一个层次，同时应结合企业现行财务状况进行分析。

对于一些信誉好的公司，或者银行已通过信用评级，并授以一定的授信额度的公司，这些公司的贷款项目一般只需进行项目层次的偿债能力分析。

对于财务状况良好的大公司进行建设的小项目，一般也只需进行项目层次的偿债能力分析。

4. 生存能力分析

改扩建项目只进行“有项目”状态的生存能力分析，分析的内容同一般新建项目。通过编制项目实施后的企业财务计划现金流量表，分析项目建设期、还款期及还款后三个阶段净现金流量的余缺，来考察项目的财务生存能力。

在对改扩建项目评价时，还应注意，与迁建同时进行的改扩建和在停产基础上复建、改扩建的项目，当产权不变时，要考察生存能力和总量指标；清偿能力分析有时还要考虑改建前的负债情况。当产权变化时，其经济评价应视同新建项目，原有资产按评估价值计为投入费用。

改扩建项目的国民经济效益费用分析应采用一般建设项目的经济效益费用分析原理，在正确识别"有项目"与"无项目"的经济效益和经济费用前提下，计算增量经济净现值和经济内部收益率。

改扩建项目经济评价所用的表格可参照财务分析表格和国民经济评价表格，所用指标也与一般建设项目相同。通常，财务（国民经济）效益与费用分析应分别单列"有项目""无项目"的流入与流出表格。

由于项目融资主体与盈利主体可能不一致，改扩建项目需要从项目层次和企业层次两个角度进行分析。从项目层次分析，能够得出项目的投资回收、盈利情况和盈利水平等；从企业层次上的分析，则可以看出项目给既有企业带来的利益，是否提高了既有企业的整体效益，既有企业的绩效指标是否改善等，从而为投资决策提供依据。

12.1.3 改扩建项目经济评估的简化处理

改扩建项目一般要用到"有项目"、"无项目"、"现状"、"新增"和"增量"数据，增大了数据预测的工作量；在企业规模比较大时，有些必要的企业数据比较难于获得，或即使得到了可靠性也比较差；还款主体与经营主体异位，一般要进行项目层次与企业层次的分析。因此，改扩建项目经济评价比较复杂，在项目评价的实践中，往往简化处理按新建项目进行评价。符合下列条件之一的改扩建项目，可按一般建设项目经济评价的方法，简化处理。

1. 项目与既有企业的生产经营活动相对独立

在这种情况下，项目的边界比较清楚，可以进行独立经济核算，项目的费用与效益比较好识别，现金流入与流出比较好测度，符合新建项目评价的基本条件，可简化处理。

2. 以增加产出为目的的项目，增量产出占既有企业产出比例较小

在这种情况下，既有企业产出规模大，项目的增量产出不会对既有企业现金流量产生较大影响，项目实际上也相对独立，可以简化成新建项目处理。

3. 利用既有企业的固定资产量与新增量相比较小

被使用的既有企业的固定资产量小，意味着"有项目"情况下现金流入与流

出基本不受既有企业的影响，新增投资是项目建设期内主要的现金流出，项目其他现金流入和流出也是总现金流的主要组成部分，所以可以简化处理，使用新建项目的评价过程。

4. 效益和费用的增量流量较容易确定

“有无对比”是项目评价的根本原则，对比的结果是求出增量现金流量，增量现金流量可直接用于项目（含新建项目）的盈利能力分析。新建项目实际是改扩建项目的特例，“无项目”的净现金流量为零，也不利用既有企业的任何资产，增量现金流量可以视作“无项目”的流量为零时“有项目”的现金流量。

对于可以进行简化处理的项目，一定要阐明简化处理的理由，不能直接用新建项目的做法进行估算和分析。

12.1.4 改扩建项目经济评估应注意的问题

1. 计算期的可比性

根据“费用与效益口径一致”的原则，既有企业改扩建项目经济评价的计算期一般取“有项目”情况下的计算期。如果“无项目”的计算期短于“有项目”的计算期，可以通过追加投资（局部更新或全部更新）来维持“无项目”的计算期，延长其寿命期至“有项目”的结束期，并于计算期末回收资产余值；若在经济或技术上延长寿命不可行，则适时终止“无项目”的计算期，其后各期现金流量计为零。

2. 原有资产利用的问题

既有企业改扩建项目范围内的原有资产可分为：“可利用的”与“不可利用的”两个部分。“有项目”时原有资产无论利用与否，均与新增投资一起计入投资费用。“可利用”的资产要按其净值提取折旧与修理费。“不可利用”的资产如果变卖，其价值按变卖时间和变现价值计作现金流入（新增投资资金来源），不能冲减新增投资。如果“不可利用的”资产不变现或报废，就仍然是资产的一部分，但是计算项目的折旧时不予考虑。

3. 停产减产损失

改扩建项目的改建活动与生产活动总是同时进行，但一般总会造成部分生产停止或减产。这一部分停产减产损失的直接结果是减少“老产品”的营业收入，同时也会减少相应的生产费用。这些流量的变化均应在营业收入表和生产成本表中有所体现，最终反映在现金流量表中，因此不必单独估算。

4. 沉没成本处理

沉没成本是既有企业过去投资决策发生的、非现在决策能改变（或不受现在决策影响）、已经计入过去投资费用回收计划的费用。如前期工程为后期工程预留的场地与设备，均为前期工程的沉没成本，不计入后期投资决策费用。沉没成本是“有项目”和“无项目”都存在的成本，对于实现项目的效益不会增加额外的费用。对于项目是否应当实施的决策来说，沉没成本不应当包括在项目增量费用之中。改扩建项目的经济效果不取决于项目开始前已经支出多少费用，而仅仅取决于在改扩建过程中新投入的费用。改扩建项目的效益也只能是超出原有项目效益之上的部分。对沉没成本的这种处理办法可能导致项目的内部收益率很高，但这恰恰反映了当前决策的性质。如果为了弄清原来投资决策是否合理，可以计算整个项目（有项目状态）（包括已经建成和计划实施的项目）的收益率，这时就应把沉没成本计算在内。

5. 机会成本

如果项目利用的现有资产，有明确的其他用途（出售、出租或有明确的使用效益），那么将资产用于该用途能为企业带来的收益被看作项目使用该资产的机会成本，也是无项目时的收入，按照有无对比识别效益和费用的原则，应该将其作为无项目时的现金流入。

12.2 并购项目的经济评估

并购项目是指既有企业通过投资兼并或收购目标企业，获得目标企业的部分或全部产权的项目。并购项目包括兼并和收购。兼并是指一个企业采取各种形式有偿接收其他企业的产权，被兼并方丧失法人资格或改变法人实体的经济行为。企业兼并的形式主要有：承担债务式兼并、购买式兼并、吸收股份式兼并、控股式兼并。收购是指一个企业通过购买公司股份而使公司经营决策权易手的行为，包括企业收购和股权收购。

并购的目的在于扩大既有企业规模，提高既有企业效率，减少竞争对手，取得管理、经营、财务协同效益，降低经营成本，或获得特殊资源，增强既有企业的竞争能力，同时维持或改进目标企业原有的生产系统。

12.2.1 并购项目的评估内容

并购项目一般只做财务分析，分析财务效益，资产经营效益和发展速度等。对于影响行业结构和地区发展的重大并购项目，则应作国民经济评价，判断并购产生的失业、垄断等后果的社会承受能力。并购项目评价的主要内容包括：

（1）分析目标企业所处行业地位与竞争对手，行业发展趋势，市场格局与前景。

（2）分析目标企业经营管理现状、资产与债务结构、盈利能力与管理水平、发展前景预测。

（3）分析既有企业管理能力与水平、财务状况、品牌信誉、市场份额、融资能力、企业现状等。

（4）测算并购成本。并购成本包括产权交易价格、并购后对目标企业的投资（包括对目标企业改造、改组、人员安置与遣散费等）、咨询费、律师费、佣金等。产权交易价格以目标企业价值评估为基础。

（5）测算改组改造所需投资。

（6）预测并购效益和经营费用，判断并购企业价值。

（7）构造并购后的现金流量表，依据内部收益率等指标判断并购的可行性。

（8）并购风险分析，提出并购决策建议等。

12.2.2 并购企业价值评估

并购项目评价的核心内容之一是并购企业价值评估，这是决定并购企业股权转让价格的关键。企业价值是公司所有的投资人对于公司资产要求权价值的总和，企业价值可分为三个层次，即企业的基础价值、内在价值和战略价值。

基础价值（basic value），即净资产价值，是目标企业转让的价格下限；内在价值（internal value），是目标企业在持续经营的情况下可能创造出的预期的现金流量价值，是目标企业的动态价值；战略价值（strategic value）是指并购完成后，经过总体重组与协同，使得外部交易内部化、生产要素重新组合、市场份额进一步扩展、消除或减轻竞争压力、绕过各种限制或贸易壁垒、规避各种风险和税收、提高垄断地位、拓展新的利润增长点，从而取得的规模经济效益。

确定合理的并购价格区间时，需要综合考虑企业的三种价值。并购价格估算方法包括收益现值法、财务比率法、账面价值调整法等，每种方法都有其适用条件。虽然并购价格最终取决于市场，但并购价格的估算为企业并购谈判提供了一个价格基础。

1. 收益现值法

收益现值法是将拟投资企业的未来收益换算成现值的各种评估方法的总称。从投资人、企业的定义来看，收益现值法是评估企业价值的一条最直接、最有效的方法。企业价值的高低主要取决于其未来的获利能力，而不是现实存量资产的多少。

收益现值法是从目标企业未来收益的角度，在企业“持续经营”的假定前提下，将目标企业未来预测的现金流量进行贴现，计算目标企业的价值，并以此为基础确定测算目标企业的最高收购价格。采用收益现值法估算目标企业价值的收购价格，可由下式计算

$$\mathrm{MAP}=\sum_{t=1}^{n}\frac{\mathrm{CF}_t}{(1+k)^t}+\frac{\mathrm{CF}_{n+1}/(k-g)}{(1+k)^n}-L$$

式中：MAP——应付兼并方的最高购买价格；

k——被兼并企业的加权平均资本成本；

n——被兼并企业预期成长的计算时间；

CF_t——被兼并企业在兼并后第 t 期所有资本产生的税后净现金流量；

g——被兼并企业第 t 年后的 CF_t 成长率；

L——被兼并企业负债的市场价值。

CF_t 的计算公式为

CF_t＝经营利润×（1－所得税率）＋折旧和其他非现金支出－（增量营运资金和固定资产等支出）

2. 账面价值调整法

账面价值调整法或称重置成本法，其评估思路是从企业重建的角度，即在评估点时企业的投入成本之和，或在造一个与被评估企业完全相同的企业所需的投资，并把这个投资额作为被评估的企业价值。

企业账面价值等于企业资产减去企业负债，但由于不能反映通货膨胀、技术贬值和企业组织资本等，基于历史成本记录形成的账面价值很有可能不等于其市场价值。因此需要对账面价值进行调整。

账面价值调整法是从资产成本的角度，以目标企业的资产净值为基础估算确定收购价格，即按照财务报表中的资产净值，采用经过注册会计师审计调整后的资产账面价值进行估算。它是目标企业价值评价估算的基本依据。

账面价值调整的方法通常有重置成本法和资产变现法。

企业价值＝调整后的总资产－调整后的总负债

账面价值法通常只应用在企业破产清算或资产出售时的价值评估，对企业整体的出售，特别是对高科技企业和服务类企业尤其不适用，因为这些企业的组织资本产生了大量价值。

3. 市场比较法

市场比较法是通过把被评估企业与类似的上市公司或已交易的非上市公司的市盈率（或市净率）作为倍数，乘以被评估企业的当期收益（或净资产），从而

计算出企业的市场价值。运用市场比较法需要有高度发达的证券市场为前提，要有足够多的上市公司做备选参照物。

在实际使用市场比较法来评估目标企业的价值时，一般可选定5～10家与目标企业类似的上市公司或已交易的非上市公司，分别求“每股净利润”、“每股息税前利润”加权平均值，再将其股价与两个加权平均值相比，所得的两个比值再分别乘上目标企业的“每股净利润”及“每股息税前利润”即可得出两个股价，作为估算目标企业价值的“上下”限范围。

上述方法中，理想的方法是收益现值法，最简便的方法是比较法。但是，在我国企业并购、股份制改制的估值中，广泛采用的却是重置成本法。其原因在于：

（1）根据中国资产评估协会的专业操作标准规定，企业整体评估一般要求采用成本法，收益法是作为验证法。

（2）我国国有企业资产盘子大，非经营性资产占相当大比例，由于国有企业的法人缺位，运用收益法很容易造成国有资产流失。

（3）我国传统企业效益低下，采用收益现值法缺乏市场基础。

（4）我国的市场机制不完善，企业经营受政府宏观调控的影响大，且法制不健全，未来收益不可控因素多，难以估算未来收益。

12.2.3 并购项目效益评估

并购项目效益评价包括企业自身的效益和由于并购带来的企业整体协同效应。前者包括资本经营效益、经济增加值、市场增加值三个方面，后者包括财务协同效应和经营协同效应。

1. 资本经营效益

资本经营效益，评价指标包括投资回报率、总资产收益率等，主要反映并购后的当期经营效益。将目标公司并购后的资本经营效益与并购前进行比较，从而衡量并购对目标公司所产生的绩效增长。

2. 市场增加值

收购后目标企业的市场价值与收购前的市场价值的比较，其差额为市场增加值。

3. 经济增加值（EVA）

收购企业将投资于目标企业的资本变现的收益与资本的机会成本进行比较，两者的差额就是企业的增值收益。

$$EVA = (ROC - k) \times 现有资产的账面价值$$
$$= EBIT(1-税率) - k \times 现有资产的账面价值$$

式中：ROC——资本收益率=EBIT×(1－税率)/现有资产的账面价值；

EBIT——息税前利润；

k——加权平均的资金成本。

4. 协同效应

包括财务协同效应和经营协同效应。

（1）财务协同效应。财务协同效应包括通过业务多样化来降低经营风险，或是收购一家资金短缺但有投资机会的公司获得的商业机会，或是收购一家享受税收优惠企业带来的税收节余等。

（2）经营协同效应。由于目标企业控制着某种关键资源、技能或能力，如果与收购企业资源结合，将产生更大的价值。当处于同一业务领域的两家企业发生水平并购时，由于生产规模提高、成本降低，边际利润水平提高；当收购原材料供应商或产品的分销商或零售商时，协调效应来自对价值链的更完整控制。

利用有无对比和现金流量分析方法，评估经营协同效应。首先，分别评估收购公司和目标企业的价值，根据各企业的现金流计算现值，汇总得到并购前的企业价值；其次，考虑并购完成后企业预期增长率或成本的下降，重新评估企业价值；最后，将“有并购”的企业价值减去“无并购”的公司价值，得到并购协同效应的价值。

第十三章

项目后评估

本章提要：项目后评估是通过对建设项目的经济效益、社会效益与决策阶段的目标相比较，对建设和运营的全过程做出科学、客观的评估，总结经验教训，并通过及时有效的信息反馈，为未来项目的决策和提高完善投资决策管理水平提出建议，同时也对被评项目实施运营中出现的问题提出改进建议，从而达到提高投资效益的目的。本章概述了项目后评估的意义和程序，对项目实施各阶段项目后评估的具体内容进行具体分析。

13.1 项目后评估概述

13.1.1 项目后评估的意义

项目后评估一般是指项目投资完成之后所进行的评估。它通过对项目实施过程、结果及其影响进行调查研究和全面系统回顾，与项目决策时确定的目标以及技术、经济、环境、社会指标进行对比，找出差别和变化，分析原因，总结经验，汲取教训，得到启示，提出对策建议，通过信息反馈，改善投资管理和决策，达到提高投资效益的目的。

1. 项目后评估是深化投资体制改革的客观要求

国务院《关于投资体制改革的决定》提出建立项目后评估制度，是投资体制改革的一项重大措施，一方面按照“谁投资、谁决策、谁受益、谁承担风险”实行项目核准制和登记备案制，真正落实企业投资自主权；另一方面对投资项目要逐步强化监督管理，以确保投资项目的投资效益。因此，对于投资项目必须加强监督管理，确保有限投入能产生较大的投资效益。

2. 项目后评估有利于提高建设项目决策科学化水平

前期评估是项目决策的依据，但前期评价中所做的预测分析是否准确，需要后评估来检验。

项目后评估是指在项目建成投产或投入使用后的一定时期，对项目的运行系统、客观地进行全面评价，将项目决策预期效果与项目实施后的终期实际结果进行全面、科学、综合的对比考核，并以此确定各项技术经济指标是否合理；对建设项目的实际投资-效益进行系统审计，对项目投产产生的财务、经济、社会和环境等方面的效益和影响进行客观、科学、公正的评估的方法。

项目建设是一个投资多、耗时长的生产过程，并且有一次性投资的特点。在这一过程中，可能遇到许多意外风险和干扰因素影响项目目标的实现。通过项目后评估，为未来的项目决策提供经验和教训，有利于实现投资项目的最优控制。

3. 项目后评估有利于提高勘察设计与施工的技术水平

项目后评估可用于对工程咨询、施工建设、项目管理等工作的质量与绩效进行检验、监督和评价。勘察设计与施工，是建设项目生产力运行中的重要环节，通过项目后评估，可以总结经验教训，妥善处理遗留问题，有利于提高勘察设计与施工的技术水平，有利于促进建设实施阶段合理化，效果最佳化。

4. 项目后评估有利于提高引进技术和装备的成功率

在实际工作中，有些项目引进的设备不能用或闲置不用，或不能充分发挥设备的生产能力的现象时有发生。通过对引进技术和装备的后评估，就可对上述问题提出改进意见，为再建项目装备和再引进同类装备的充分利用，发挥更大的效益将有积极作用。

5. 项目后评估有利于提高企业投产运营的管理水平

项目后评估是在项目投产运营阶段进行的，通过对项目投产初期和达产时期的实际情况与预测情况的比较分析，可以找出差距原因，提出改进意见，促进企业改进经营管理，提高项目的经济效益和社会效益。

6. 项目后评估有利于提高资金利用水平

资金是投资建设项目的重要运行形态，是建设项目生产力运行的不可缺少的纽带性因素。投资项目后评估，从决策阶段的资金筹集到资金运用的如何，再到资金收回和积累，都需要与预期概算进行对比分析与研究，从中总结出规律性的经验与问题，以指导企业财务分析与核算工作。

7. 项目后评估有利于适应市场经济的需要

在市场经济条件下，企业生产经营面对的是充满风险、各种因素变化不定的大市场，在这个大市场中，产品价格、供求状况不断变化，生产工艺技术也不断升级换代，企业的一切生产经营活动必须围绕着市场转。通过项目后评估工作，不仅可以检验决策目标、预测效益、实际实施经营效果，还可以总结经验教训，积累信息数据。同时当项目评价预测的情况与市场实际情况偏离较大时，又可根据变化了的市场环境调整企业的生产经营行为，以保证企业生产经营活动经受起市场的考验。

此外，投资项目后评估，还可以检验评价参数的合理性和科学性，为修订、完善检验项目评价参数体系提高信息资料；以及对调整国家的产业政策和优化产业结构、规模、布局、时序都有一定的促进作用。

13.1.2 项目后评估的程序

进行项目后评估应在项目主管部门内组建后评估组织管理机构。组建管理机构的目的是为企业决策层服务；结合项目特点制定指导开展后评估的具体实施办法和工作程序；制定实施计划；选择后评估项目，组织培训工作人员或直接委托有资质的中介机构，判断评定后评估质量；建立后评估数据库；审核、监督下属的或委派的后评估机构所做的评估报告及工作，并向企业决策层提交审核报告及综合报告，供决策参考。

1. 确定对象，提出目的

即首先确定项目后评估的具体对象、评价目的及具体要求。项目后评估的提出单位可以是投资企业、也可以是国家有关部门、银行部门、业务主管部门。

2. 筹划准备

后评估项目确定以后，为保证后评估的客观公正性，应委托信誉可靠、公正不阿、具有权威性的后评估单位，筹建后评估组织，制订后评估的计划安排，包括指派人员、设置组织机构、任务目标、时间进度、工作范围、评价方法、工作经费等。尤其要组织有关人员学习好有关文件、资料、熟悉政策、技术、进一步明确评价目的，做到底数清、情况明，为搞好项目后评估工作奠定良好的基础；同时根据项目性质、特点和日常掌握的情况，制订好评价方案，做好一切准备工作，并应根据评价人员的自身特点，合理分工，团结协作，深入扎实地做好项目后评估工作。

3. 深入调查，收集资料

主要任务是根据评价工作计划制订详细的调查提纲，并开展实际调查工作，收集后评估所需的各种资料和数据。项目后评估是对项目生产运行后的实际情况进行的评价，这就需要通过调查研究搜集项目后评估所需的各种资料和数据，这些资料和数据主要包括：

（1）有关政策法规资料。包括与项目有关的国家宏观经济政策、产业政策、国家金融、价格、投资、税收政策及其有关的政策法规等。

（2）项目研究决策期资料。主要有国家和有关部门批准的项目建议书、可行性研究报告及其论证评价报告以及批准文件，环境影响评价报告及批准文件，初步设计及批准文件；其他配套项目资料；工程概算及资金来源资料项目筹措机构情况等。

（3）项目建设实施期的资料。在设备采购方面，主要有设备采购招标、投标文件等；设备采购合同及履约资料；采购设备的质量、价格储运对施工进度的影响情况的资料。

在安装与财务方面，主要有设计文件，包括评标议标资料：工程合同文件；包括总承包合同、分包合同、采购合同、劳务合同、监理合同；建设准备资料；工程修改变更记录及中间交工验收报告（含隐蔽工程），工程竣工验收报告；财务决算及审计资料；国家验收文件；材料或成品、半成品出厂合格证及检测证；工程监理资料及质量监督机关评审资料；工程遗留项目及后期续建工程清单。

（4）生产准备期资料。主要有生产准备统筹规划文件、物资准备资料：包括原材料、产品包装材料、生产器具与通讯器材准备资料；生产操作规程及管理制度准备材料；产品销售工作准备资料；竣工验收资料：包括竣工清理，决算和质量评定；竣工验收文件；国家预验收鉴定书等。

（5）项目投产运营期资料。主要包括产品、半成品的产量、质量、出厂价格及据此计算的定量分析指标；投产后的生产成本、费用等经济效益资料，环境效益资料等。

（6）涉外项目有关资料。包括询价、报价、招标、投标文件；谈判协议、议定书及签订的合同，合同附件；国外各阶段设计文件及审查议定书；国外设备材料检验及设计联络资料；国外设备储存、运输、开箱检验记录，商检及索赔方面的资料。

（7）本行业有关资料，如国内外同类行业、同类项目的资料以及与项目后评估有关的技术资料及其他资料。

4. 分析研究

采用定量和定性分析方法，针对问题进行深入的分析研究。即深入实际，认真做好实地调查，核实账目，运用定性、定量分析方法，计算有关实际指标，并与项目前评价数据与指标或与计划进行对比分析，从而发现问题，提出改进措施、补救意见。

5. 编制评估报告

将分析研究的结果进行汇总、整理，编制出项目后评估报告。

依据分析、论证和评价的材料，实事求是地分析、总结，根据已掌握的情况和核实的数据，肯定成绩，总结项目评价工作的经验教训，查清问题及产生的原因；并广泛征求各方面的意见，从企业项目实施到提高经济效益、提高项目管理水平、实现资金的良性循环等方面进行总结。在此基础上，写出有情况、有数据、有分析、有改进建议的项目后评估总结报告。

13.1.3 项目后评估的方法

项目后评估方法的理论基础是现代系统工程与反馈控制的管理理论。目前，国内外项目后评估实践中，总体上采用定量分析与定性分析相结合的方法，常用方法有对比分析法、逻辑框架分析法（简称 LFA）和成功度分析法（即打分法）。

1. 对比分析法

项目后评估的主要分析方法是对比法，即根据后评估调查得到的项目实际情况，对照项目立项时所确定的直接目标和宏观目标及其他指标，进行分析研究。对比分析法是项目后评估的基本方法，它包括前后对比法与有无对比法。项目后评估对比法的关键是要求投入的代价与产出的效果口径一致，即所度量的效果要真正归因于项目。要做到这一点就必须剔除那些非项目因素，对归因于项目的效果加以正确的定义和度量。

（1）前后对比法。将项目实施前与项目建成后的实际情况加以对比，测定该项目的效益和影响。在项目后评估中是将项目前期阶段，即项目可行性研究与前评估阶段所预测的建设成果、规划目标和投入产出、效果和影响，与项目建成投产后的实际情况相比较，从中找出存在的差别及原因。

项目建成后对各指标以原预测指标数为基准，评定实际实现指标数值。变化和差距等于实际实现指标减去原预测指标。

（2）有无对比法。“有无对比法”是指将项目实际发生的情况与若无项目可能发生的情况进行对比，以度量项目的真实效益、影响和作用，该方法是通过项目实施所付出的资源代价与项目实施后产生的效果进行对比，以评价项目好坏的项目后评估的一种重要方法。

有无对比法是指在项目地区内，将投资项目的建设及投产后的实际效果和影响，同没有这个项目可能发生的情况进行对比分析。由于项目所在地区的影响不只是项目本身所带来的作用，而且还有项目以外的许多其他因素的作用。因此，这种对比的重点是要分清这些影响项目的作用和项目以外的作用，评估项目的增量效益和社会机会成本。

项目的有无对比不是前后对比，也不是项目实际效果与预测效果之比，而是项目实际效果与若无此项目实际或可能产生的效果的对比。由于无项目时可能发生的情况往往无法确定地描述，因此项目后评估中只能用一些方法近似地度量项目的作用。理想的做法是在项目受益范围之外找一个类似的“对照区”，进行比较和评价。

2. 逻辑框架分析法（LFA 法）

逻辑框架法是将一个复杂项目的多个具有因果关系的动态因素组合起来，用一张简单的框图分析其内涵和关系，以确定项目范围和任务，分清项目目标和达到目标所需手段的逻辑关系，以评价项目活动及其成果的方法。

LFA 为项目计划者和评估者提供一种分析框架，用以确定工作的范围和任务，并通过对项目目标和达到目标所需手段进行逻辑关系分析（表 13-1）。

表 13-1 项目后评估逻辑框架表

项目描述	可客观验证的指标			原因分析		项目可持续能力
	原定指标	实现指标	差别或变化	内部原因	外部条件	
项目宏观目标						
项目直接目的						
产出/建设内容						
投入/活动						

（1）项目目标：体现为企业发展计划、规划、政策方针等对项目提出的目标要求，往往是企业投资决策的整体目标。这个层次的目标要求项目必须与国家发展目标、国家产业政策和行业规划等要求相联系。项目目标往往需要多个具体目标（单项工程）的贡献才能实现。

（2）具体目标：是指“为什么”要实施这个项目，是项目达到的直接效果和作用，是项目后评估的重要依据，一般应考虑项目为企业和社会群体带来的效果。这个层次的目标由项目决策机构和独立的评价机构来评估确定，往往一个项目有多个具体目标。

(3) 项目产出：这里的“产出”是指项目“干了些什么”，即项目的建设内容或直接产出物。一般要提供可计量的直接结果，要直截了当地指出项目所完成的实际工程。各项成果是为实现项目目标必须达到的具体目标。它们从其效果来看应是合适的、必要的、足够的。

(4) 投入和活动：该层次是指项目的实施过程及内容，包括人、财、物和时间等的投入。投入活动要详细到可以运作的程度，要做到可行性和可信度的结合。

3. 成功度分析法

成功度评价是以用逻辑框架法分析的项目目标的实现程度和经济效益分析的评价结论为基础，以项目的目标和效益为核心所进行的全面系统的评价。它依靠评价专家或专家组的经验，综合后评估各项指标的评价结果，对项目的成功程度做出定性的结论，也就是通常所称的打分的方法。

项目评价的成功度可分为五个等级：

(1) 完全成功的 (A′)：项目的各项目标都已全面实现或超过；相对成本而言，项目取得巨大的效益和影响。

(2) 成功的 (A)：项目的大部分目标已经实现；相对成本而言，项目达到了预期的效益和影响。

(3) 部分成功的 (B)：项目实现了原定的部分目标；相对成本而言，项目只取得了一定的效益和影响。

(4) 不成功的 (C)：项目实现的目标非常有限；相对成本而言，项目几乎没有产生什么正效益和影响。

(5) 失败的 (D)：项目的目标是不现实的，无法实现；相对成本而言，项目不得不终止。

项目成功度的测定步骤和方法如下：

首先，测定相关程度，根据具体项目的类型和特点，确定综合评价指标及其与项目相关的程度，把它们分为“重要”、“次重要”和“不重要”三类。一般的项目实际需测定的指标在 10 项左右。

其次，确定权重。在测定各项指标时，采用权重制和打分制相结合的方法，先给每项指标确定权重。再逐项打分；根据实际执行情况逐项打分，即按上述评定标准的第 2 至第 5 的四级别分别用 A，B，C，D 表示或打上具体分数。

最后，综合。通过指标重要性权重分析和单项成功度结论的综合，可得到整个项目的成功度指标，用 A，B，C，D 表示，填在表的最底一行（总成功度）

的成功度栏内。

在具体操作时，项目评价组成员每人填好一张表后，对各项指标的取舍和等级进行内部讨论，或经必要的数据处理，形成评价组的成功度表，再把结论写入评价报告（表 13-2）。

表 13-2 项目成功度评价表

序号	评定项目指标	项目相关重要性	评定等级
1	宏观目标和产业政策		
2	决策及其程序		
3	布局与规模		
4	项目目标及市场		
5	设计与技术装备水平		
6	资源和建设条件		
7	资金来源和融资		
8	项目进度及其控制		
9	项目质量及其控制		
10	项目投资及其控制		
11	项目经营		
12	机构和管理		
13	项目财务效益		
14	项目经济效益和影响		
15	社会和环境影响		
16	项目可持续性		
17	项目总评		

项目成功度评价表格是根据后评估任务的目的和性质决定的，包括评价项目及其权重和评价结论。不同的组织和机构的表格设计各不相同，在评定具体项目的成功度时，并不一定要测定表中所有的指标。

13.2 项目前期工作后评估

项目前期工作亦称项目准备工作，包括从编制项目建议书到项目正式开工过程中各项工作内容，是基本建设全过程中一个重要组成部分。项目前期工作后评估的任务是评价项目前期工作的实绩，分析和总结项目前期工作的经验教训。其意义在于分析研究项目投资实际效益与预测（计划）效益的偏差，为今后加强项目前期工作管理积累经验。该阶段工作评价的主要任务是评价各项工作实绩，总结正确决策经验、找出决策失误的原因，确定这一阶段实际经济效益的影响程度。具体包括以下内容：

1. 筹建工作评价

筹备工作评价要从分析项目筹建计划入手，重点考核和评价项目筹备工作效率，并总结其经验教训。主要评价项目筹建机构及其人员构成、素质，组织领导工作是否得力，各项工作制度岗位责任是否明确、落实。详细分析项目筹建机构的设立是否符合投资体制改革的基本方向，具体的项目筹建机构是如何组成的，有哪些经验和教训。

2. 项目决策的评价

主要分析和评价项目可行性研究单位资格审查情况，项目可行性研究的依据是否可靠、经历的时间是否符合建设单位的要求；项目决策程序是否符合规定，项目决策效率以及项目决策质量情况等。

项目决策效率可用实际决策周期和决策周期变化率衡量。实际决策周期指建设项目从提出项目建议书到项目可行性研究批准所实际经历的时间。

$$决策周期变化率=\frac{实际项目决策周期（月数）-预计项目决策周期（月数）}{预计项目决策周期（月数）}\times 100\%$$

这个指标反映实际项目决策周期与预计项目决策周期相比较变化的程度。指标大于零时，表明实际项目决策周期比预计项目决策周期长；当指标小于零时，表明实际项目决策周期比预计项目决策周期短。

3. 项目投资、融资方案评价

项目的投资、融资方案直接影响到项目的效益和影响，特别是在我国当今的投资环境和条件下，后评估对项目融资的分析评价更有意义。项目后评估主要应分析评价项目的投资结构、融资模式、资金选择、项目担保和风险管理等内容。评价的重点是根据项目准备阶段所确定的投融资方案，对照实际实现的融资方案，找出差别和问题，分析利弊。同时还要分析实际融资方案对项目原定的目标和效益指标的作用和影响，特别是融资成本的变化，评价融资与项目的债务的关系和今后的影响。在可能的条件下，后评估还应分析是否项目可以采取更加合理经济的投融资方案。此外，项目贷款谈判也是融资的一个重要环节，谈判中的各种承诺关系，也是后评估应该关注的方面。

4. 项目建设与生产经营条件评价

（1）厂址选择。主要分析和评价厂址的选择是否符合国家建设布局及城镇建设规划的要求；是否有利于节约土地和投资，是否有利于环境保护和维护生态平衡。工程地质、水文地质等自然条件是否符合建厂要求，与原材料供应地和销售市场的距离是否经济合理，是否具备能源供应、交通运输、动力、水源等建厂外部条件。生产技术协作条件能否符合要求。

（2）征地拆迁。主要分析和评价征地拆迁工作进度是否按计划要求完成，是否满足项目开工建设的需要，征用土地的标准是否符合国家有关规定；是否贯彻了节约土地资源的原则。

（3）勘察设计。分析评价承担勘察设计任务的单位的力量与建设项目工程技术要求是否相适应，其资格、信誉情况。设计依据、标准、规范、定额等是否符合国家规定，是否满足建设单位和施工单位的实际需要，是否存在实际设计标准超过国家规定标准的情况。设计的效率、质量怎样？实际设计周期与合同规定的设计周期比较有何变化？是否对项目建设带来影响。

（4）委托施工。对于委托施工项目要分析委托施工是否体现了建筑业和基本建设管理体制改革的有关规定。施工队伍的资格审查情况，项目施工的结果是否与承包单位信誉相吻合，原因何在。施工合同双方职责是否明确。

（5）“三通一平”。主要分析和评价“三通一平”（道路通、水通、电通和平整场地）工作是否按计划完成，能否适应正式开工的要求，如未能按计划要求完成，其原因何在。

（6）资金落实情况。主要分析和评价项目资本金来源是否正当、可靠，是否存在挪用国家财政拨款的行政事业经费、生产流动资金的现象。银行贷款资金来源是否落实，是否与银行签订有关合同。资金总额是否符合项目开工建设的要求，项目实际投资总额超过设计投资额情况及其原因。

（7）物资落实情况。分析项目所需要的主要建筑材料在开工前是否落实，供货货源和合同规定的时间是否适应建设进度的需要，实际供货是否违约，给项目建设带来的影响如何。建设项目所需成套设备是否与有关单位签订供货合同或与有关单位合作生产，实际到货时间能否满足建设进度的需要。订购材料设备是否控制在设计任务书和初步设计规定的范围内，材料设备的实际贷款是否超出了计划（预测）的规定，其原因何在。

13.3　项目实施阶段后评估

项目实施阶段包括从项目开工起到竣工验收、交付使用为止的全过程。项目实施阶段是项目财力和物力集中投放和耗用过程，也是固定资产逐步形成的时期，它对项目能否发挥投资效益有着十分重要的意义。项目实施阶段的后评估应注意前后两方面的对比，找出问题，一方面要与开工前的工程计划比，另一方面还应把该阶段的实施情况可能产生的结果和影响与项目决策时所预期的效果进行对比，分析偏离度。在此基础上找出原因，提出对策，总结经验教训。这里应该注意的是，由于对比的时点不同，对比数据的可比性需要统一，这也是项目后评估中各个阶段分析时需要重视的问题之一。项目实施阶段后评估的内容如下。

1. 项目开工评价

主要分析和评价项目开工条件是否具备，手续是否健全，是否有经有关部门批准的开工报告，项目实际开工时间与计划的开工时间是否相符，提前或延迟的原因是什么？是否对整个项目建设乃至投资效益发挥产生影响。

2. 项目变更评价

主要分析和评价项目范围、项目设计是否发生变更，变更的原因是什么？项目范围变更、设计变更对项目建设工期、建设成本、投资总额的实际影响如何等。

3. 工程实施及管理评价

建设实施阶段是项目建设从书面的设计与计划转变为实施的全过程，是项目建设的关键，项目单位应根据批准的施工计划组织设计，应按照图纸、质量、进度和造价的要求，合理组织施工，做到计划、设计、施工三个环节互相衔接，资金、器材、图纸、施工力量按时落实，施工中如需变更设计，应取得项目监理和设计单位同意，并填写设计变更、工程更改、材料代用报告，做好原始记录。对项目实施管理的评价主要是对工程的造价、质量和进度的分析评价，工程管理评价是指管理者对工程三项指标的控制能力及结果的分析。这些分析和评价可以从工程监理和业主管理两个方面进行，同时分析领导部门的职责。

4. 合同执行的分析评价

合同是项目业主（法人）依法确定与承包商、供货商、制造商、咨询者之间的经济权利和经济义务关系，并通过签订的有关协议或有法律效应的文件，将这种关系确立下来。执行合同是项目实施阶段的核心工作，因此合同执行情况的分析是项目实施阶段评价的一项重要内容，这些合同包括勘察设计、设备物资采购、工程施工、工程监理、咨询服务和合同管理等。项目后评估的合同分析一方面要评价合同依据的法律规范和程序等，另一方面要分析合同的履行情况和违约责任及其原因分析。

在工程项目合同后评估中，对工程监理的后评估是十分重要的评价内容。后评估应根据合同条款内容，对照项目实绩，找出问题或差别，分析差别的利弊，分清责任。同时，要对工程监理发生的问题可能对项目总体目标产生的影响加以分析，得出结论。

5. 项目建设资金供应与使用情况的评价

后评估对项目资金供应与运用情况分析评价是项目实施管理评价的一项重要内容。一个建设项目从项目决策到实施建成的全部活动，既是耗费大量活劳动和物化劳动的过程，也是资金运动的过程。建设项目实施阶段，资金能否按预算规定使用，对降低项目建设实施费用影响极大。通过对投资项目评价，可以分析资金的实际来源与项目预测的资金来源的差异和变化。同时要分析项目财务制度和财务管理的情况，分析资金支付的规定和程序是否合理并有利于造价的控制，分析建设过程中资金的使用是否合理，是否注意了节约、做到了精打细算、加速资金周转、提高资金的使用效率。

6. 建设工期评价

建设工期，是指建设单位或单项工程从开工之日起，到全部建成投产时止所经历的时间。通过对建设工期的后评估，能够反映工程合同中工期履约要点和各单项工程施工网络的执行情况，核实单项工程实际开工、竣工日期，计算实际建设工期和实际建设工期变化率，分析施工进度提前或延误的原因，以及对建设项目经济效益的影响程度。

建设工期分析要核实各单位工程实际开、竣工日期、查明实际开、竣工日期提前或推迟的原因并计算实际建设工期，计算实际建设期变化率，其中主要是竣工项目定额工期率指标，并具体分析实际建设工期与计划工期或其他同类项目实际工期产生偏差的原因。计算建筑安装单位工程的施工工期，以分析建设工期的变化。

实际建设工期是指建设项目从开工之日起至竣工验收止所经历的有效日历天数（不含停建、缓建所间隔的时间）。这一指标能够反映项目的建设速度。竣工项目定额工期率，反映实际建设工期与国家制定的定额建设工期，或与设计确定的、计划安排的计划工期的偏离程度，表明竣工项目实际建设速度，其计算公式为：

竣工项目定额工期率＝竣工项目实际工期/竣工项目定额（计划）工期×100％

该指标如果大于1，表明竣工项目实际工期比计划工期长；如果小于1，则表明竣工项目实际工期比计划工期短。

项目建设工期后评估时，还应分析和研究投产前生产准备工作情况及其对建设工期的影响。生产准备工作未按设计要求做好，同样会拖延建设工期。

7. 建设成本的评价

主要分析评价：①主要实物工程量变化是否超出预算；主要原材料消耗变化情况，是否超出预算，并分析超出预算的原因。②设备、工、器具购置数量，其他基本建设费用中的土地征用数量以及项目临时工程的建设数量等是否与预计情况相符，购置设备的选型和质量与设计中所列的设备规格、型号、质量标准是否相符。③原材料实际消耗量是否与预计情况相符，材料实际购进价格是否超出了概（预）算中的预算价格，是否出现过因采购供应的材料规格和质量达不到设计要求而造成浪费的情况。各项管理费用的取费标准是否符合国家有关规定，是否与工程预算中的取费标准一致。

在对施工成本进行评价时，可计算实际建设成本和实际成本变化率指标。实际建设成本是反映实际竣工项目以价值形态表现的总投入情况，是全部建设实施中各生产能力因素的总消耗。

实际建设成本变化率是反映实际建设成本与批准的（概）预算所规定的建设成本的偏离程度，即反映（概）预算的实际执行情况。实际建设成本变化率大于零，表明其成本高于预计或计划建设成本；其正值越大，高出的就越多，如果小于零，则表明项目实际建设成本低于预计或计划成本，其负值越大，节约的费用越多。其计算公式为

实际建设成本变化率＝（实际建设成本－预计建设成本）/预计建设成本×100％

8. 工程质量和安全情况评价

工程质量和安全情况分析与评价的主要内容包括，计算实际工程质量合格品率，实际工程质量优良品率，并将实际工程质量指标与合同文件规定的或设计规定的或其他同类项目工程质量状况进行比较。分析设备质量情况，设备及其安装工程质量能否保证自投产后正常生产的需要，有无重大质量事故，计算和分析工程质量事故的经济损失。如计算返工损失率，因质量事故拖延建设工期造成的实际损失。

9. 项目竣工验收的评价

主要分析和评价项目竣工验收组织工作及其效率，项目竣工验收是否符合国家有关规定，是否遵循有关部门规定的验收标准；是否存在先使用、后验收的情况。竣工验收后是否及时办理固定资产交付使用手续，收尾工程和遗留问题的处理情况，处理方案实际执行情况如何，是否对项目投资效益有重大影响。

10. 同步建设条件评价

主要分析和评价相关项目在时间安排上是否同步；建设项目所采取的技术与

前序、后序项目的技术水平是否同步；相关项目之间的实际生产能力是否协调、配套；建设项目内部各单项工程之间工程建设速度能否满足要求；项目同步建设方面有哪些经验教训，并提出改进意见。

11. 项目生产能力的评价

投资项目的实际生产能力是指建设项目形成生产力的综合生产力，是对建设项目后评估的综合指标。对项目生产能力的评价包括：项目的实际生产能力与设计生产能力有多大偏差，对实际投资效益影响如何；项目实际生产能力与产品成本、与规模效益的关系；实际生产能力与原材料、辅助材料、动力等适应情况如何，对投资经济效益有何影响，以及项目实际生产能力与市场需求量是否适应等。

13.4　项目运营的后评估

项目运营阶段是指从项目投产到项目生命期末的全过程。项目运营后评估是通过项目投产后的有关实际数据资料或重新预测的数据，衡量项目的实际经营情况和实际投资效益，找出差距，分析原因，以系统总结项目的经验和教训。

项目运营后评估的内容很多，既要从技术、经济、管理等方面进行评价，也要分析项目运行对环境与社会的影响。具体内容有以下几个方面。

1. 企业经营管理状况的评价

分析评价生产经营组织是确定完成投产运营前准备工作的中心，对以后的投产运营系统顺利运行有重要的作用，对生产经营组织的评价，主要看其是否高效统一，是否具有创建性和开拓精神，是否具有综合全面的生产经营组织能力。

分析企业管理人员配备情况，管理人员在职工中所占比重，管理人员的选拔，管理人员的知识结构和人员素质。管理人员是否适应企业现在和未来发展的需要。

正确的经营活动，来源于正确的经营战略，缺乏经营战略，会给建设项目的运行带来严重的影响与损失。要分析企业经营管理的主要策略是什么？实施的效果如何？包括市场开拓策略、质量策略、创新策略等。

分析现行管理规章制度情况。各项规章制度是否完善、是否符合国家有关政策和企业发展的需要？并分析需要完善的规章制度。

2. 项目产品的评价

产品方案评价包括项目投产后到项目后评估时点为止的产品规格和品种的变化情况。产品方案调整的次数，每次调整的依据是什么。

产品方案调整对发挥项目投资效益有何影响？产品方案调整的成本有多大？现行的产品方案能否适应消费对象的消费需求？现行产品方案与前评价或可行性研究时设计的产品方案相比，有多大程度的变化？产品方案的变化对项目投资效益的影响程度？产品销售策略、销售方式的选择是否适应市场需要。

3. 项目达产年限评价

建设项目达产年限是指项目从投产起到达到设计能力所经历的时间，其经历时间越短，就说明投资回收期越短，就可能为社会生产更多的物质产品，提高项目投资效益。

对项目达产年限的评价，主要应衡量与计算项目的实际达产年限，找出实际达产年限与设计达产年限的偏差及原因，分析实际达产年限的变化对实际投资效益的影响程度。其主要指标如下：

（1）实际达产年限。如果进行项目后评估时，项目已达产，则可直接计算，即投产之日到实际达产之日所经历的时间；如果进行项目后评估时，项目尚未达产，则需要根据现实生产能力水平来推测达产年限。

（2）实际达产年限变化率。这是一个反映项目实际达产年限与设计达产年限偏离程度的指标。其计算公式为

$$\text{实际达产年限变化率}=(\text{实际达产年限}-\text{设计达产年限})/\text{设计达产年限}\times 100\%$$

实际达产年限变化率，如果大于零，表明实际达产年限长于设计达产年限；如果小于零，则表明其短于设计达产年限。

（3）拖延达产年限损失。这是一个反映项目没按设计规定实现达产能力而造成经济损失的指标，拖延达产年限越长，表明经济损失越大。其计算公式为

$$\text{拖延达产年限实际损失}=\sum(\text{年设计产量}-\text{年实际产量})\times \text{单位产品销售利润}\times 100\%$$

4. 产品成本的后评估

主要分析计算实际产品成本，衡量实际成本与预测成本的偏离程度；分析生产总成本的变化情况，其开支范围与具体开支款项是否符合有关政策规定；分析实际生产单位成本的构成与变化情况，找出影响单位生产成本变化的因素；分析实际产品成本的变化，衡量对投资效益的影响程度，并提出降低实际产品成本的有效措施。

分析实际产品成本可计算实际产品成本变化率指标，这是一个衡量建设项目前评价成本预测水平的指标，它可以部分地说明实际投资效益与预测投资效益的偏差原因，也可以为重新预测建设项目寿命期内产品成本变化的依据，其计算公式为

$$\text{主要产品成本年变化率}=(\text{实际产品成本}-\text{预测产品成本})/\text{预测产品成本}\times 100\%$$

5. 项目产品销售利润的评价

销售利润是综合反映项目投资效益的指标。项目产品销售利润评价可以考核项目的实际产品销售利润和投产后各年产品销售利润额的变化情况，比较和分析实际产品销售利润与项目前评价或可行性研究中的预测销售利润的偏离程度及其原因，为进一步提高项目产品销售利润提供参考。项目产品销售利润评价主要分析计算投产后历年实际产品销售利润；计算实际产品销售利润变化率；分析项目实际产品销售利润偏离预测产品销售利润的原因，计算各因素对实际产品销售利润的影响程度，提出提高实际产品销售利润的对策和建议。

6. 项目技术后评估

技术后评估主要是对工艺技术流程、技术装备选择的可靠性、适用性、配套性、先进性、经济合理性的再分析。在决策阶段认为可行的工艺技术流程和技术装备，在使用中有可能与预想的结果有差别，许多不足之处逐渐暴露出来，在评价中就需要针对实践中存在的问题、产生的原因认真总结经验，在以后的设计或设备更新中选用更好、更适用、更经济的设备，或对原有的工艺技术流程进行适当的调整，发挥设备的潜在效益。

7. 项目经济后评估

建设项目经济后评估是项目后评估的一项重要内容，也是整个项目后评估的核心内容之一。项目经济后评估是指对建成投产后的项目投资经济效益的再评价。它是以项目建成投产后的实际数据为基础，重新预测项目生命期内各项经济数据，计算出各主要投资效益指标，然后将它们同项目前评价预测的有关经济效益指标进行对比。其目的是分析和评价项目投产后重新计算的项目经济效益指标与预测指标的偏差情况及其原因，吸取经验教训，为提高项目投资实际效益和制定有关投资计划、政策服务。从评价角度的不同来分，项目经济后评估包括两项主要内容：项目财务后评估和项目国民经济后评估。

项目财务后评估是从企业角度出发，根据项目投产后的实际财务数据，如产品价格、生产成本、销售收入、销售利润等重新预测整个项目生命期的财务数据，计算项目投产后实际的财务评价指标，然后与前评价中预测的财务效益指标进行对比，分析两者偏离的原因，以对财务评价重新做出评价，吸取其经验教训，提高今后项目财务预测水平和项目微观决策科学化水平。

项目国民经济效益后评估是从整个国民经济乃至全社会角度出发，根据项目有关的实际数据和国家新近颁布的影子价格和有关参数，计算出项目国民经济评价指标，比较和分析重新计算的国民经济评价指标与前评价时的国民经济评价指标的偏离程度及其原因，为提高今后的宏观项目决策科学化水平提供依据。从宏观经济角度考察项目投产后的经济效益情况，既要考虑项目的直接成本，又要考虑项目的间接成本。

8. 项目的环境影响后评估

项目的环境影响后评估，是指对照项目前评估时批准的《环境影响报告书》，重新审查项目环境影响的实际结果。审核项目环境管理的决策、规定、规范、参数的可靠性和实际效果，实施环境影响评价应遵照国家环保法的规定，根据国家和地方环境质量标准和污染物排放标准以及相关产业部门的环保规定。在审核已实施的环评报告和评价环境影响现状的同时，要对未来进行预测。对有可能产生突发性事故的项目，要有环境影响的风险分析。如果项目生产或使用对人类和生态危害极大的剧毒物品，或项目位于环境高度敏感的地区，或项目已发生严重的污染事件，那么，还需要提出一份单独的项目环境影响评价报告。环境影响后评估一般包括：项目的污染控制、区域的环境质量、自然资源的利用、区域的生态平衡和环境管理能力。

9. 项目社会后评估

社会后评估包括社会效益与影响评价和项目与社会两相适应的分析。既分析项目对社会的贡献与影响，又分析项目对社会政策贯彻的效用，研究项目与社会的相互适应性，揭示防止社会风险，从项目的社会可行性方面为项目决策提供科学分析依据。

社会效益与影响是以各项社会政策为基础、针对国家与地方各项社会发展目标而进行的分析评价。其内容可分为四个方面、三个层次。即项目对社会环境、自然与生态环境、自然资源以及社会经济四个方面的效益与影响评价，对国家、地区、项目三个层次的分析。一般项目对国家与地区（省、市）的分析可视为项目的宏观影响分析，项目与社区的相互影响分析可视为项目的微观影响分析。

项目与社会相互适应性分析以分析项目与当地社区的相互适应性为主，但大中型项目则还有适应国家、地方（省、市）发展重点的问题。这部分适应性分析的目的是：使项目与社会相适应，以防止发生社会风险，保证项目生存的持续性；使社会适应项目的生存与发展，以促进社会进步与发展。

13.5 项目后评估的实施

13.5.1 项目后评估机构

投资项目后评估的组织实施，主要是以企业为主体，项目业主作为项目法人单位，配合投资主体具体实施项目后评估。凡是对企业长远发展和提升核心竞争力有较大影响的项目；投资额较大，建设周期长，建设条件和组织管理体系比较复杂的项目；在建设过程中，产品市场、原料供应及融资条件等发生重大变化的项目，都应该进行后评估。

具体选择谁来进行项目后评估要根据项目性质、复杂程度、后评估的时间要求、工作难度以及经费情况等来确定。通常，项目后评估组织机构只负责后评估的组织工作，多数项目的后评估工作要由外部机构来承担，但项目后评估组织机构要尽力为外部机构进行具体后评估工作创造条件。

项目后评估承担机构要按照项目后评估的有关规定，遵循项目后评估的基本原则，按照后评估委托合同要求，独立自主认真负责地开展后评估工作，并承担国家机密、商业机密相应的保密责任。受评项目业主应如实提供后评估所需要的数据和资料，并配合组织现场调查。

项目后评估需要提供的资料包括：

（1）国家及项目所在地区对政府投资建设项目管理的相关法律、法规、规章及规定；项目所在城市总体规划、各项事业行业发展规划和专项建设规划。

（2）项目前期文件。项目建议书（或项目申请报告）、环境影响评价报告、项目可行性研究报告、项目评估报告以及相关的批复文件。

（3）项目实施文件。初步设计文件、开工报告、招投标文件、主要合同、工程概算调整报告、监理报告、竣工验收报告及其相关的批复文件与资料。

（4）项目自我总结评价报告。后评估项目的自我评价是从项目业主或项目主管部门的角度对项目的实施进行全面的总结，为开展项目独立后评估作准备的工作。

项目的自我评价与竣工验收不同。一是评价的重点不同。竣工验收侧重在项目工程的质量、进度和造价方面；而自我评价侧重在项目效益和影响方面。虽然自我评价需要了解工程方面的情况，但重点是分析原因，解决项目的效益和影响问题，为今后项目决策和管理提供借鉴。二是评价的目的不同。竣工验收的目的是为把项目形成的固定资产或服务正式移交给业主或客户，使之进入运营阶段，同时总结出项目建设中的经验教训；而自我评价的目的是为项目后评估服务，需要全面总结项目的执行、效益、作用和影响，为其他项目提供可以借鉴的经验教训。

项目的自我评价是业主处在项目层次上对项目的实施进行的总结，是按项目后评估要求，收集资料、自我检查、对比分析、找出原因、提出建议，以总结项目经验教训为目的的一种技术经济活动。

（5）其他资料。项目运行和企业生产经营情况、财务报表以及其他相关资料等；与项目有关的审计报告、稽查报告和统计资料等。项目所在地区的资料，包括国家和地区的统计资料、物价信息等；评价方法的有关规定和准则：如联合国开发署、亚洲开发银行、国家计委、国家开发银行等机构已颁布的手册和规范等。

13.5.2 项目后评估的资源要求

项目后评估本身是一项费时、费事的工作，同时还要耗费一定资源，也就是说，要开展项目后评估，就必须有一定数量的资源投放。项目后评估投入的资源包括评价人员、一定的时间和经费。

1. 项目后评估人员

项目后评估是一项极其复杂的工作，要求对项目立项决策、设计施工、生产运营等全过程进行的系统评价，这种评价不仅涉及项目生命周期的各阶段而且还涉及项目的方方面面包括经济效益、社会影响、环境影响、项目综合管理等方面，因此是比较系统、比较全面的技术经济活动。因此对评价人员素质要求较高，需要项目后评估人员要既懂投资，又懂经营；既懂技术，又懂经济。为此，需要组建具有上述各方面知识结构的后评估小组来解决。项目后评估小组一般应由以下几个方面人员组成：经济学家、技术人员、项目管理人员、经营管理人员，市场预测人员、财务与统计分析人员、社会学家等。后评估内容的全面性原则要求参与评价的人员遵循广泛性原则。参与评价的人员要涉及决策机关、主管部门、建设单位、设计咨询单位、施工队伍等诸多人员或代表。为了确保评价结论的公正性和科学性，项目当事者的自我评价应与“局外人”作为独立的第三方的外部评价相结合，自上而下的领导评价和自下而上的评价领导相结合。

后评估的开展关键在于人才，只有加强后评估人才培训工作，形成比较完善的培训体系，培训出大批合格的人才，才能为做好投资项目的后评估工作奠定坚实的基础。因此，有必要在后评估管理机构内设置专门组织、管理培训工作的机构，指导和推动后评估体系的形成和相应的法规建设，制订和实施培训规划，使后评估培训工作系统化、制度化、规范化。具体来说，是在后评估领导机构下有专人负责后评估培训工作，由工作人员定期邀请有关部门、高等学校和学术团体的专家，为规划和进行后评估人才培养的各项工作提出意见和建议，经后评估领导机构采纳和决定之后组织实施。

2. 项目后评估的经费

项目后评估需要有一定的经费投入，其经费的数量视项目规模大小而不同。根据国外项目后评估经验和我国的具体情况，我国项目后评估的取费标准大约是：大中型项目 0.25‰～1.5‰；小型项目 1.5‰～3.0‰。

国务院关于投资体制改革的决定强调，要完善重大项目稽查制度，建立政府投资项目后评估制度，对政府投资项目进行全过程监管，必将促进项目后评估工作。地方或国家也应对项目后评估投入的资源做出相应的规定和标准，以便各部门参照执行。

要全面评价项目投资的实绩，系统地总结项目管理经验，项目后评估需要经历一个较长的时期。对于每一个具体项目，由于项目规模大小、复杂程度、投入人力的多少、组织机构对后评估内容的具体要求等的不同，后评估的时间要求也不完全一致。就一般项目而言，从项目后评估课题的提出到提交项目后评估报告大约需三个月时间。

13.5.3 项目后评估时机的选择

由于对项目后评估认识不同和经济体制的不同，世界各国项目后评估时机的选择也不同，有的国家选择在项目实施结束时进行后评估，有的选择在投产后的生产过程。根据项目后评估的概念和作用以及我国的实际情况，我国项目后评估应选择在竣工项目达到设计生产能力后的一至两年内进行，此时项目已经过竣工验收，投资决算已明确，并经历了一至二年的生产经营活动，初步取得了经济效益或社会、环境影响，基本具备了后评估的条件。时间选得过早，项目效益和目标难以达到，项目所产生的影响看不清楚；时间拖得太久，熟悉项目的人员难免有所变动，项目的经验和教训不能及时总结和推广，都不利于后评估的进行和后评估效果的发挥。

我国投资的实践表明，不少投资项目由于各种原因在投产后不能按设计要求按时达到设计生产能力，有的项目甚至长期不能达产。对这些项目进行后评估就应选择在其投产后的三至五年。

我国项目后评估选择在项目达到设计生产能力后一至两年进行，主要是考虑到项目达产后，企业供、产、销基本上步入正轨，建设、生产中各方面的问题也能得到充分的体现。同时可以积累足以供计算各项后评估指标所需要的数据资料。这时就可以对项目实际产出影响进行综合评价，从而便于将项目后评估的内容从前期工作后评估延伸到正常生产时期后评估，全面总结项目准备、项目决策、项目实施、试生产、正常生产全过程的经验和教训。不仅可以总结项目全过程中的经验教训，而且可以分析和挖掘生产经营管理中的问题，进而对经营管理现状进行诊断，并提出改进意见，提高经济效益。

主要参考文献

白思俊 . 2002. 现代项目管理 . 北京：机械工业出版社

毕梦林 . 2002. 技术经济学 . 第二版 . 沈阳：东北大学出版社

曹尔阶 . 1987. 建设项目评估 . 北京：中国财政经济出版社

陈戈止 . 2002. 技术经济学 . 成都：西南财经大学出版社

陈有安 . 2000. 项目融资与风险管理 . 北京：中国计划出版社

〔英〕菲尔 · 荷马斯 . 1999. 投资评价 . 北京：机械工业出版社

冯文权 . 1983. 经济预测与经济决策技术 . 武汉：武汉大学出版社

傅家骥 . 2001. 工业技术经济学 . 北京：清华大学出版社

国家发展和改革委员会，建设部 . 2006. 建设项目经济评价方法与参数 . 第三版 . 北京：中国计划出版社

和宏明，薄立馨 . 2002. 投资项目可行性研究工作手册 . 北京：中国物价出版社

胡珑瑛 . 2004. 技术经济学 . 哈尔滨：哈尔滨工业大学出版社

姜伟新等 . 2001. 投资项目后评估 . 北京：中国石化出版社

蒋先玲 . 2000. 项目融资 . 北京：中国金融出版社

李荣融 . 2002. 中国企业融资运作全书 . 北京：中国统计出版社

刘国恒 . 1989. 建设项目可行性研究与项目评估文献集 . 北京：学术书刊出版社

路通，刘立 . 2006. 咨询工程师（投资）实务手册 . 北京：机械工业出版社

邱菀华 . 2003. 现代项目风险管理方法与实践 . 北京：科学出版社

《投资项目可行性研究指南》编写组 . 2002. 投资项目可行性研究指南 . 北京：中国电力出版社

王国玉 . 2000. 投资项目评估学 . 武汉：武汉大学出版社

王立国，王红岩，宋维佳 . 2002. 工程项目可行性研究 . 北京：人民邮电出版社

王五英等 . 1997 投资项目社会评价指南 . 北京：经济管理出版社

徐国祥 . 2005. 统计预测与决策 . 上海：上海财经大学出版社

徐莉 . 2003. 技术经济学 . 武汉：武汉大学出版社

许晓峰等 . 2000. 建设项目后评估 . 北京：中华工商联合出版社

杨华峰 . 2001. 资本限量下投资决策方法研究 . 统计与决策，(5)

杨华峰 . 2002. 投资项目财务评价动态风险分析 . 技术经济，(3)

杨华峰 . 2003. 项目财务评价风险分析方法比较研究 . 长沙电力学院学报，(3)

杨华峰 . 2005. 基于 AHP 法的资本限量投资决策研究 . 统计与决策，(5)

杨华峰等 . 1996. 投资经济学 . 天津：天津科学技术出版社

杨华峰等 . 1997. 投资项目经济评价 . 北京：中国经济出版社

于九如 . 1999. 投资项目风险分析 . 北京：机械工业出版社

于守法 . 2002. 投资项目可行性研究方法与案例应用手册 . 北京：地震出版社

张三力 . 1998. 项目后评价 . 北京：清华大学出版社

张三力，李开孟，邱志青 . 2002. 工程咨询业务知识读本 . 北京：中国工程咨询杂志社

张毅，陈仁中 . 2001. 工程建设前期筹划 . 上海：同济大学出版社
张仲敏，王天锡，黎谷，和宏明 . 1996. 投资项目决策与业务管理全书 . 北京：新华出版社
中国国际工程咨询公司 . 1998. 投资项目经济咨询评估指南 . 北京：中国经济出版社
中国项目管理研究委员会 . 2002. 中国项目管理知识体系与国际项目管理专业资质认证标准 . 北京：机械工业出版社
周惠珍 . 1992. 项目可行性研究与项目评估文献续集 . 北京：中国科学技术出版社
周惠珍 . 2005. 投资项目评估 . 第三版 . 大连：东北财经大学出版社